春风化雨桃李芳
——大别山乡村教师之声

主　编　余本海　李宝峰　韩艳婷
副主编　李建章　王　艳　于树龙
　　　　李文德　吴　松　江为民

河南大学出版社
·郑州·

图书在版编目（CIP）数据

春风化雨桃李芳：大别山乡村教师之声 / 余本海，李宝峰，韩艳婷主编 . -- 郑州：河南大学出版社，2022.9

ISBN 978-7-5649-5315-7

Ⅰ．①春… Ⅱ．①余… ②李… ③韩… Ⅲ．①乡村教育－中国－文集 Ⅳ．① G725-53

中国版本图书馆 CIP 数据核字 (2022) 第170668号

责任编辑　任湘蕊
责任校对　时　娇
封面设计　翟淼淼

出版发行　河南大学出版社
　　　　　　地址：郑州市郑东新区商务外环中华大厦2401号
　　　　　　邮编：450046
　　　　　　电话：0371-86059701（营销部）
　　　　　　网址：hupress.henu.edu.cn
印　　刷　广东虎彩云印刷有限公司
版　　次　2022年9月第1版　　　　　　　**印　次**　2022年9月第1次印刷
开　　本　710 mm×1000 mm　1/16　　　**印　张**　17
字　　数　288千字　　　　　　　　　　　**定　价**　52.00元

（本书如有印装质量问题，请与河南大学出版社联系调换。）

序　　一

在大别山革命老区新县，5.5万英雄的儿女血洒林海，为新中国的成立建立了不朽的功勋。从1921年党的火苗传递到大别山到新中国成立，党的红旗在大别山28年屹立不倒，红色的教育种子在这片红色的土地上生生不息。从红军被服厂工人夜校到彭杨军政学校，从扫盲识字班到列宁小学、列宁高小，新旧学校徘徊酝酿，破土萌发，在一时一地发光发亮。新中国成立后，在一穷二白的红土地上，从城到乡，由乡到村，瞬息间，各类成建制的学校如雨后春笋般拔地而起。特别是1979年以来，新县学前教育、义务教育、职业教育、特殊教育、高等教育沐浴着改革开放的春风，刹那间百花齐放，蔚为大观。

党的教育事业关乎国家未来、民族希望，是关乎民生福祉的千秋伟业。百年栉风沐雨，百年风雨兼程，在百年的历史长河中，老区教育人不负初心，不负人民，或扎根山村，或往来城区，躬耕三尺讲台，奋蹄学海书山，精心教书，潜心育人，交出了一份份优异的教育答卷，留下了无数可歌可泣的教育故事。欣闻《春风化雨桃李芳——大别山乡村教师之声》付梓，作为一名教育人，我心潮澎湃、饱含期待。

立德树人，德育为先。每个教育者都是有故事的人，每一个故事都会增加人生书页的厚度。一个有故事的教育者，必将更加悉心体悟教育生活，也能探寻到教育的真理。在我们身边，闪耀着许多精彩动人的教育故事，带给我们最真挚的感动和共鸣。这些故事的主人公，有的从亲身经历中阐述"师者，人之模范也"，有的从人生感悟中解读"学高为师，德高为范"，有的从学校管理层面总结治校方略，有的从班级管理层面提炼治班理念，有的从一线教师角度分享如何做到育人先育己、修身先立德……

这些故事因教育缘起，因帮扶升华。"义务教育素质提升工程"县域教师专业发展支持服务体系（新县）项目是河南省首批"一对一"精准帮扶培训项目，是贯彻落实习近平总书记考察调研河南时重要讲话精神，更好地服务老区基础教育改革发展的重要举措。

信阳师范学院作为承训名校，是全省师范院校的行业翘楚，多年来一直关心支持老区新县教育事业发展。特别是在教师培训领域，依托河南省中小学教师校长研修院，构建了"一对一"帮扶教师专业发展支持服务体系，2020年8月，指导我县成功组织举办了首期全县中小学校长专题研修班，大幅提升了全县中小学校长的治校能力，收到了"示范引领、研修共进、帮扶精准"的良好效果。接着，精心调研，按需施训，先后举办五期培训师培训班，为我们请来了五湖四海的专家大咖，也有来自一线、具有丰富经验的省级名师、名班主任和名校长，还邀请了北京第二实验小学洛阳分校、信阳市第三小学等优质校及信阳市教研室、信阳师范学院专家团队联合联动，对新县光彩实验学校和吴陈河镇中心学校等学校进行实地诊断、协同提升，为我们打造了一支师德高、学术强、接地气、用得上、干得好的本土专家团队，带动我县教育由"输血"到"造血"。

为提升我县学科建设的核心竞争力，深入推进校本研修，信阳师范学院为我们组建了5个校本研修基地校、10个"红色园丁"名师工作室，并倾情指导基地校、工作室按期开展活动。聚焦课堂，把脉问诊，邀请专家团队进驻基地校、工作室听课评课，打磨我县教师的公开课、示范课。这些活动进一步将我县教师专业发展体系构建系列培训推向了高潮。

最难忘的是，信阳师范学院投资12万元，为我县援建了一个"红色园丁"图书馆，捐献图书3000多册，涉及教育理论、教育管理、专业成长、文学艺术等类别，深受广大教师喜爱，极大地丰富了教师的业余生活，改变了教师"只顾埋头上课，不愿抬头学习"的状况，加快了教师的专业成长，推动了革命老区的教育事业发展。

生命总是充满奇迹！奇迹需要爱与教育来孕育。当一棵树摇动另一棵树的时候，树叶就随着风儿飘舞；当一颗心感动另一颗心的时候，美好就不知不觉发生。《春风化雨桃李芳——大别山乡村教师之声》如期出版，让我们看到教育的多彩颜色，感到生命如此之美好！

新县教育局党组书记、局长 李建章

2022 年 7 月 20 日

序　二

拿到《春风化雨桃李芳——大别山乡村教师之声》书稿，重温那片红色土地上的乡村教育守望、求索与创造故事，胸中涌动着无尽的能量与感动。

2020年10月，河南省义务教育师资薄弱环节改善暨中小学教师素质提升工程启动。彼时，作为该工程重要组成部分的"新县县域教师发展支持服务体系建设"试点项目落户刚刚成立的信阳师范学院河南省中小学教师校长研修院。故事的作者们带着渴望和期盼，怀着激情与梦想，与研修院的同志们一起投身到新县教师发展支持服务体系建设中。

他们中，有躬耕不辍、孜孜以求，探索乡村学校自主发展、内涵发展、特色发展、创新发展之路的乡村校长；有潜心育人、慧爱有光，照亮乡村孩子成长路的乡村班主任；有静守初心、温暖且行，护佑山里娃走上成长快车道的乡村教师；还有千磨万击、求法问道，在淬炼与蜕变中寻求己立立人、利人利己融合之道的乡村教师培训者。

在那片"山山埋忠骨，岭岭铸忠魂"的土地上，他们与研修院的同志们一起寻觅乡村教育的"根"与"魂"，叩问老区乡村教师发展的真谛，破解乡村教育振兴难题。组建新县教师发展中心、新县教师培训师团队，启动新县教师发展学校培育建设工程、新县"红色园丁"名师名校长名班主任工作室培育工程……一个"U-G-T-S"（即高校—市县教育行政部门—县教师进修学校—中小学）联合联动的县域教师发展平台在他们与研修院同志的共同努力下搭建了起来。两年来，二十余名乡村校长、二百余名乡村骨干教师进入"U-G-T-S"新县教师发展平台，他们带着对乡村教育高质量发展的思考与追问同省内外专家学者对话，在探索中前行。他们记录下山里的孩子们和自己成长的点点滴滴，将所思所想、所行所为、所感所悟写进学校、班级和自我的成长故事。

他们的成长故事中，字里行间流淌着红色土地的真诚与质朴，更诉说着凤凰涅槃向阳而生的坚韧与执着。他们已然将"发展"融入自己的血液中，在学校发展、学生发展、教师发展中焕发着生命的活力，演绎着乡村教育跨越与蜕变的精彩，印证着乡村教育人逐梦的初心、筑梦的艰辛与圆梦的光明。

在城镇化进程不断演进的大潮中，红城新县的校长们面临着重复城市模式还是回归乡土本原的抉择。他们怀着"野芳发而幽香，佳木秀而繁阴"的信念，践行着在地化教育理念，谋划着学校优质特色发展的新蓝图。他们将自己的治校策略向我们娓娓道来：黄燕林独创特色"三桌"活动、"四课助成长"活动，创办乡村特色少年宫，"把学生放在最中央，让老师拥有幸福感"，使地处大别山腹地的苏河镇中心学校爱心满园，温暖馨香；曹积秉与箭厂河列宁小学的"书香校园"成长路，令红色血脉中氤氲着儒雅气质，让传承红色基因有了更为丰富的内涵；吴国富"回望中流击水路，三个发展育新人"的宏桥教育模式诠释了这位小学校长"静心办教育，潜心育人，满怀对教育的敬畏之心，努力办好人民满意的教育"的初心；扶庆坤励精图治，"唱好空城计，打好组合拳；弘扬正能量，提振精气神"，将因为历史原因士气低落、缺乏生机的新县二中改造成"为学生终身发展奠基，让教师享受教育幸福"的精神家园；杨正新因地制宜，采撷新县金兰山丛林中星罗棋布的兰花植入校园，多途径、全方位打造兰雅文化，使新星小学浸润在"不以无人而不芳，不因清寒而萎缩"的兰花精神中，将兰花的执着坚韧、高洁典雅印入了师生的心房里；刘建良在守正中创新，坚持四线托底，五育并举，办励志教育，建幸福校园，育阳光学子，创乡镇名校，以新县八里中学为家，将小家的成长融入八里中学的发展中，守望着每个孩子，等待他们长成"一棵会开花的树"……一字字，一句句，他们的治校策略朴实而温暖，凝结着大别山深处的校长们为了学生和老师用心创造、努力改变的智慧与创举。

当城镇化浪潮推动农村人口向城市流动，红城新县的乡村班主任们遭遇着学生身份认同感淡漠、教师身份迷失以及学校社区失联等多重危机。他们唱着"钟情教育路，欢歌染山乡"，将"采得百花成蜜后，为谁辛苦为谁甜"的治班方略传递给我们：经验丰富的金德权用"严、爱、勤"绘出了爱班如家的氛围；初出茅庐的陈欣然用"每一个孩子都能发出他自己独特的光芒"的巧思把班级化作"百花齐放"的花园；一年级小朋友的"大姐姐"邹桂云用"牵一只蜗牛去散步"的诗意触摸孩子们的童心，观察到虽然速度很慢很慢，但小"蜗牛"正在努力地爬；当了几十年班主任的朱小四在"用打造企业的方式带班"还是"把班级当作家来经营"的思考中选择了后者，倾力培养"眼中有光，心中有爱"的社会公民……风格迥异的"老班"们各有千秋的"妙招"背后，道不尽的是身处危机的坚持与修炼、化危机为转机的勇气和胆识。为山里娃插上梦想的翅膀的过程又何尝不是"老班"们羽化成蝶的写照？！

教育理论家朱永新教授曾用"孔雀东南飞了"来描述乡村教育难以留住人（师、生）的难题，红城新县的师生们用他们平凡而又真实的故事为破解这道难题写下了自己的注解：扶朝阳亲历了"两个文件夹和两个小女孩"的故事后，将成为真情、热情、温情的"多情"老师的感悟讲给我们听；默默耕耘了十二年的李梦华思考着孩子们的思考，奋斗着孩子们的奋斗，喜悦着孩子们的喜悦，担忧着孩子们的担忧，将与孩子们的相遇化成一次次"双向奔赴的爱"；苏萍老师将自己的芳华刻进了"追梦青春不负韶华，坚守初心静待花开"的一次次挑战、拼搏与超越中，给予孩子们"你们的苏老师行，你们也一定行！"的力量，感染和影响着越来越多的年轻教师；吴汉秀砥砺十年，将自己的教师生命写成"一个长长的句子，艰辛是定语，耐心是状语，热情是补语，无私是谓语，奉献是宾语"……他们的教育故事里有着太多的"十年"，这些"十年"又交织着一个个"三年""五年"，故事发生着，继续着，生命的宽度随着这些故事而开阔丰富……

一百年前，陶行知先生就曾经说过："我们深信乡村学校应当做改造乡村生活的中心，乡村教师应当做改造乡村生活的灵魂。"在与红城新县的教育人并肩前行的两年时光中，"U-G-T-S"新县教师发展平台从无到有，架起省内外学者专家、名师名家与红城乡村教育人沟通交流的桥梁，大别山革命老区教育人真诚地发出自己的声音，也许尚显稚嫩，但满溢着淳朴与真实，彰显着他们重塑乡村文化之于乡村教育价值的本真思考。在城镇化浪潮中，他们用自己的探索撑一支长篙，向乡村教育振兴深处漫溯，为山里的孩子们、家长们满载了一船星辉，也终将令自己的教育人生在星辉斑斓里放歌！

是为序。

信阳师范学院副院长　余本海
2022年7月16日

目　录

第一辑　我的治校策略

办爱心教育，建温暖校园 …………………………… 黄燕林（003）
传承红色基因，建设书香校园 ………………………… 曹积秉（007）
搭建专业成长平台，促进乡村教师发展 ……………… 胡　伟（010）
锚定发展筑高地，踔厉奋发向未来 …………………… 吴国富（013）
为学生终身发展奠基，让教师享受教育幸福 ………… 扶庆坤（020）
依托兰雅文化，打造美雅校园 ………………………… 杨正新（028）
真心滚烫，与时偕行，一路追光 ……………………… 张　玲（032）
做"成就教育"，建"品质校园" ……………………… 黄庆友（035）
做励志教育，建幸福校园 ……………………………… 刘建良（038）
做幸福教育，建品质学校 ……………………………… 刘光峰（042）
做忠孝教育，建和美校园 ……………………………… 白先辉（046）

第二辑　我的治班方略

我的班主任心得 ………………………………………… 金德权（055）
采得百花成蜜后，为谁辛苦为谁甜 …………………… 陈欣然（058）
用爱更用心，润物细无声 ……………………………… 王丹丹（061）
浅谈班主任治班策略 …………………………………… 余志刚（064）
严在当严处，爱在细微中 ……………………………… 欧阳梦萍（067）
浅谈我的治班方略 ……………………………………… 郑桂云（071）
我把班级尊为家 ………………………………………… 朱小四（075）

班主任专业发展逐梦之旅	余长玲	(078)
中学班主任治班策略与方法浅论	林　波	(081)
春风化雨育桃李，润物无声守初心	岳丽娟	(088)
自信促成长，创新有乐趣	吴胜国	(091)
让工作成为快乐，让追求成为乐趣	吴早霞	(094)
牵一只蜗牛去散步	邹桂云	(097)
默默耕耘，静待花开	王梦圆	(100)
教育无小事，事事都育人	冯　琪	(103)
班主任治班方略	杨望春	(106)
勤奋树人，静待花开	叶玉环	(109)
努力耕耘，静待花开	杨　柳	(112)
做一个专业的有心人	吴宾香	(114)
钟情教育路，欢歌染山乡	钟　欢	(120)
做一位会"偷懒"的班主任	刘生辉	(124)
立德树人，智慧治班	管详圆	(128)
做一名严慈相济的老师	黄姗姗	(131)
山村"孩子王"修炼手册	谢香逸	(134)
用爱心陪伴学生成长，用热情点燃学生激情	张月月	(137)
星光不负赶路人	范秋玲	(140)
我的班主任治班方略	程知情	(143)
让学生在互帮互助中成长	吴玉玲	(146)
班主任治班方略	韩宗姣	(150)
管好班级的三件事	黄赶良	(154)
爱与责任齐绽放，我与学生共成长	杨心和	(157)
我的治班方略	裴晓芬	(160)

第三辑　我的教育故事

我们的故事，未完待续	陈　淼	(167)
三十年前的记忆	方秋琳	(171)
两个文件夹和两个小女孩	扶朝阳	(174)

目 录

双向奔赴的爱	李梦华	(177)
爱的守护	刘发定	(180)
追梦青春不负韶华，坚守初心静待花开	苏　萍	(183)
做教育的追光者	王　艳	(187)
砥砺十年，我与学生共成长	吴汉秀	(190)
不负芳华不负心，不负青春不负梦	徐丹丹	(193)
有了对生命的包容，才能看到美	周文春	(197)
莲说爱	操良莲	(200)
爱与责任，逐梦前行	黄海涛	(205)
班主任的酸甜苦辣咸	余　进	(209)
用耐心浸润学生的心田	胡贞贞	(212)
从世纪楼到致远楼只有三年	查新建	(214)
极尽琐碎，却浸满美好	郝琳娜	(217)
教学相长，修身正己	郑桂云	(220)
教育，从爱开始	易文静	(223)
梦想之路，坚定地走	汪晓玲	(226)
牵着蜗牛散步	彭　冰	(229)
让青春之花盛放在大别山间	孔文芳	(232)
师爱与责任同行	陈芸波	(235)
桃李芬芳为师路，静守初心从容行	李桂兰	(237)
微笑，让学生亲近你	张　静	(240)
说不完的故事，道不尽的爱	杨莹莹	(243)
心中有坚守，青春会值得	林向兰	(246)
在这里遇见更好的自己	邵保锋	(249)
纵是平凡也动人	代春兰	(252)
做孩子成长路上的一缕阳光	匡　婷	(255)

第一辑

我的治校策略

办爱心教育，建温暖校园

苏河镇中心学校　黄燕林

苏河镇中心学校位于新县西北角，坐落在苏河镇街道和韵新区内，交通便利，校园环境优雅，文化氛围浓厚。学校下辖明德、文昌两所村小和中心幼儿园，现有教职员工90余名，在校小学生和幼儿共计820余名。学校始终遵循"勤奋学习、快乐生活、健康成长"的办学宗旨，让"快乐、有趣、青春、活力"在教学中充分体现，在长期的办学实践中，大胆探索，勇于创新，以"教学有特点、学生有特长、学校有特色"为工作目标，与时俱进，全面实施素质教育。

近年来，在新县县委、县政府和新县教育局的正确领导下，我校实现了跨越式发展，取得了丰硕的成果，先后荣获河南省乡村温馨校园、河南省义务教育规范化管理特色学校、信阳市花园式学校、信阳市文明校园、信阳市未成年人思想道德建设工作先进单位、信阳市校园建设示范单位、新县文明单位、新县教育教学先进单位等多项荣誉。

一、真抓实干，用实际行动为学校发展助力

1. 以党建为引领，全面落实党的教育方针，坚持立德树人

学校各项工作的开展始终坚持以党建为引领，充分发挥党支部的战斗堡垒作用，组织带领党员进行常态化理论学习，扎实开展"两学一做"，坚持"三会一课"、民主生活会等组织制度；组织党员走进社区、走进乡村、走进贫困家庭送温暖；通过学习"四史"、习近平新时代中国特色社会主义思想及系列重要论述，做到学有记录、学有心得，确保学习取得实效；组织党员教师观看建党百年影视作品，赴何家冲、中原突围纪念馆等红色教育基地接

受革命精神洗礼，赓续百年初心，担当育人使命。通过开展系列活动，党支部核心作用不断强化，抓班子、带队伍、树正气，作风实、纪律明、工作细、管理严，效果明显。

2.强化教师队伍建设，为教师的成长铺路

加强师德师风建设，提升教师品德修养。学校每学期组织开展师德师风集中学习，教师通过自我学习、反思、总结，提高自身素质；通过提高人文素质，净化校园环境，营造高雅氛围，塑造高尚灵魂；引领全体教职工用责任和担当成就人生，用爱心和智慧开启未来。

强化教育常规管理，不断提升教师个人素养。开学初，学校召开学科组教研工作研讨会，制订教学工作计划，明确学期目标，并根据既定的目标有条不紊地开展教育教学工作；提高集体备课的实效性，根据县教育局提出的"课没备好不进教室"的指示精神，学校及时调整集体备课策略，每周二下午分年级组、分学科开展集体备课活动，同组教师就本周的教学内容进行分析、探讨、交流，取长补短，形成合力。

传承匠心携手共进，师徒结对教学相长。学校为青年教师制定"一年站稳讲台、两年初出茅庐、三年成为骨干"的发展目标；加强对青年教师的培养，开展"师徒结对"活动，骨干引领、同伴互助，发挥以老带新、以新促老的团队互助作用，建设了一支高水平、高素质的青年教师队伍；学校通过跟岗培训、外出学习以及组织开展汇报课、达标课、研讨课、优质课等，使青年教师幸福地、迅速地成长。这些举措提高了青年教师的综合素质，促使青年教师尽快成长为思想过硬、业务精良的教育教学能手。

关怀教师的思想动态，构建温馨和谐的人际关系。学校始终坚持"把师生身心健康放在第一位"，努力做到"把学生放在最中央，让老师拥有幸福感"，全力打造"学生快乐、教师幸福、家长信任、社会赞誉"的理想学校。同时积极开展春季踏青远足、夏季研学旅行、秋季师生田径运动会、冬至包饺子等活动，丰富师生课余生活。

着力培养教师兴趣爱好，鼓励教师参加体育锻炼。学校开展"三桌"活动，组建男教师篮球队、女教师合唱团，愉悦教师身心，培养高尚情操；开放学校练唱室、体育运动中心，引领教师"每天锻炼一小时，轻松工作五十年，幸福生活一辈子"，为精彩人生积蓄力量。

后勤保障有力，让教师安居乐业。因苏河镇距离县城较远，教师们每周只能往返家一次。为鼓励教师以校为家，学校多年来一直从教师工作和生活后勤保障上发力，为教师配备新的课桌椅，购买发热桌垫，为办公室安装空调，同时配备电脑、打印机等设备，让大家轻松办公。生活上，为教师周转房安装抽油烟机、浴霸、热水器、空调，让教师们在学校有家的感觉，无后顾无忧。

以六一儿童节文艺会演为契机，举行退休老教师荣退仪式，为每一位退休教师制作精美纪念奖杯，颁发荣誉证书，邀请教育局和镇有关领导为退休教师颁奖，以隆重的仪式为老教师们的职业生涯画上圆满的句号，使老教师获得职业幸福感。

争取北京培植公益基金，发放教师奖每人1000元、培植奖学金每生200元、培植助学金每生500元。学校已连续两年获得培植公益基金捐资，共10万元，奖励30余名教师、280余名学生。

二、广开渠道，发动社会力量捐资助学

发动社会力量捐资助学，让贫困学生享受更多更好的照顾的同时，也为学校的发展增添活力。

利用个人关系，联系北京爱心衣橱公益组织捐资助学。近五年来，该组织累计为我校捐款达到20万元，为贫困生和其家庭提供部分保障，并且承诺，学生上学上到什么时候，资助就延续到什么时候。

跑项争资，积极改善办学条件。争取新县交通局为中心校明德小学门前修建了200米长的水泥路；争取新县水利局项目资金35万元，为中心校本部建造了一个142米深的水井及相关配套设施。

此外，学校还通过多种渠道争取深圳市和众保安服务有限公司等爱心企业为学校捐赠了校服、大功率空调、标准化心理咨询活动室、五人制标准化足球场等。

作为校长，我始终将为全体师生服务的使命牢记心间，竭尽全力让全体师生感受到学校这个大家庭的温暖，所有捐赠项目的争取，凝聚着全体班子成员的辛苦付出，体现了各级领导和社会爱心人士的关心关注。社会力量是每一所学校持续发展的重要力量，借力发力，可以进一步激发教师团队的内驱力。学校各方面条件的改善也赢得了苏河老百姓的广泛赞誉。

三、全面落实"双减"政策，开展独具特色的课后延时服务

在充分发挥教师特长，结合学生兴趣特点的基础上，学校根据不同年级学生的认知水平，依托学校乡村少年宫，不断开发课程建设，开展有利于学生全面发展、个性成长的形式灵活、内容丰富的延时服务活动，如食育课堂、心理团体辅导活动等，为家长提供安心、放心、精心的托管服务，让孩子从容、幸福、快乐地成长，使学校真正成为孩子们健康成长的乐园。

四、乘风破浪，勇立潮头开新篇

俗话说"人心齐泰山移"，没有团结和谐的班子团队是不行的，在以后的工作中，学校要更加重视教师队伍建设，对于表现突出的教师，学校会及时向上级报告，让有担当、业务能力强、上进心强的教师得到提拔和重用。

继续做好筑巢引凤、争资助学工作。学校的长期可持续发展，离不开社会各界的关心和支持。今后，我们将在争资助学的经验基础上，进一步拓宽渠道，为学校师生争取更多的资源。

改革和发展是学校永恒的主题。回眸过去，信心百倍；展望未来，任重道远。我们将凝聚人心、群策群力，向着更高的目标迈进，使苏河镇中心学校各项工作再上新台阶！

传承红色基因，建设书香校园

新县列宁小学　曹积秉

新县列宁小学位于新县箭厂河乡，这里地处鄂豫两省交界处，南与湖北省红安县毗邻，北距县城13公里，属长江流域，气候温和，土地肥沃，特产丰富。革命战争时期，箭厂河乡群众前赴后继，抛头颅，洒热血，参加革命，为新中国的成立做出了巨大贡献，"村村有烈士，户户有红军，山山埋忠骨，岭岭皆丰碑"是这里的真实写照。箭厂河乡红色资源体量较大，现存革命遗址300余处，其中国家级文物保护单位3处，省级4处，市、县级14处，保存了苏区土地法大纲等众多革命文物。

学校以"团结奋进，立志报国"为校训，坚持立德树人，强化红色引领，实施素质教育，全面提高教育教学质量，被中宣部评为全国爱国主义教育示范基地，获评信阳市平安校园、信阳市电化教育先进单位、信阳市以校为本教研制度建设基地学校、教师教育协同培养基地、市级最美校园、全县教育工作先进单位，是河南省实验小学结对帮扶学校。

列宁小学地处乡镇，学生大多为农村孩子，家长虽然对孩子的期望值很高，但多数家长不能为孩子提供良好的学习环境和家庭教育，学生的家庭藏书量极其有限。学校缺乏特色学科教师，不具备创建艺体特色的条件。面对这种现状，结合我校实际情况，本着"为学生的持续发展提供动力，为教师的不断提高拓展途径"的原则，我校将创建书香校园作为创办特色学校的突破口，使学校在凸显"基础扎实、亮点纷呈"的办学理念的同时，张扬办学个性，创办具有我校特色的书香校园。

创建书香校园，我们的具体目标为：校园环境充满书香，让师生在成长中学习，在休闲中学习。通过开展读书活动，营造读书环境、氛围，让全校师生以读书为乐、以读书为荣，树立终身学习的观念，培养儒雅气质。

一、创设书香环境，营造读书氛围

在校园内布置校情、乡情文化版面，用图文结合的方式向学生展示红色内涵，吸引他们去了解箭厂河乡的红色历史、学校的发展历程，充分利用学生的随意注意，让他们在不经意间就能学习、积累。

在各个教室设立开放式图书角，由学校图书室定期更换图书，学生自己填写借书、换书记录，完全实行自主管理。教师墙上的名言和书架上的鲜花相得益彰，花香伴着书香，让读书更加自由、惬意。

布置舒适、优美的教师阅览室，把教师阅览室办成集教师休闲、沙龙研讨、读书交流于一体的综合场所，让读书成为享受。教师读书是创建书香校园的关键，只有丰富教师的内涵和底蕴，学生读书才有正确的向导，才能读得深刻。

二、实行书香引领，激发读书兴趣

每月举办一次读书讲座，以本校教师讲课和视频学习相结合。本校教师讲课注重结合学校实际，贴近学校生活，以好书推荐、读书指导为主；视频学习时把央视的《百家讲坛》和《子午书简》等优秀栏目推荐给师生，提升师生读书品位。

开办校级和班级两个层次的读书板报，校级板报由教师轮流负责，班级板报由学生自主策划。师生利用板报交流读书体会，增强读书氛围。

每学年由校长带领全体教师共同学习至少两本书，全书学习结束后每位教师写出学习体会，并交流分享。

每个班级每月办一期读书手抄报，报刊规格、名称与内容要求符合学生年龄特点，学校每学期进行一次评选，对优秀班级和学生给予一定奖励。

开辟校园图书交易市场，让学生以书换书，既增加学生的阅读量，又减少买书的支出，同时也符合"书非借不能读也"的读书心理。

三、搭建书香舞台，展示读书成果

每学期举办一次四、五年级读书知识竞赛。初赛采取笔试形式，学生全员参加，决赛采取口答的形式，根据初赛成绩按比例选取学生参加，决赛时向全校学生展示，让学生看到身边的榜样，激励全体学生的读书热情。

每学年开展一次教师读书活动，教师全员参加，活动形式视情况而定，学校对读书活动中表现突出的教师给予奖励和考核加分。

举办校园读书节活动，团体展示与个人展示相结合。通过读书节活动，总结推广书香校园建设中的经验，查找不足，及时调整我校的特色学校建设工作。

举办"成语故事表演赛""经典古诗文诵读比赛""古诗配画展"等活动，把读书与丰富多彩的活动结合起来，让读书充满乐趣。

为保证创建活动顺利开展，我们重点做好以下几项工作：

强化宣传引导。大力宣传创建书香校园对学校发展的意义，对学生、教师成长的重要性，让书香校园的理念深入每个师生甚至家长心中。

实行科学管理。通过健全奖励制度、定期举办读书讲座、开展教师学生读书知识竞赛等方式引导师生读书，培养师生良好的读书习惯和持久的读书热情。

加强科研指导。开展校本课题"小学生读书兴趣和读书习惯培养的研究"，通过研究，集中力量突破特色建设中的难点，使我校的书香校园特色建设具有前瞻性和一定的理论高度。

搭建专业成长平台，促进乡村教师发展

千斤乡中心学校　胡伟

千斤乡中心学校位始建于1981年，校园占地面积16000平方米，建筑面积8238平方米，有完全小学2所，教学班24个，在校学生822人，专任教师77名，其中市县骨干教师7人，高级职称6人，中级职称15人。学校现有青年教师56人，占全校教师队伍的72.7%，大多为2009年以来招聘的非师范类毕业生。结合校情实际，我上任以后，提出了"以建设学习、发展型学校为目标，以打造优秀青年骨干教师团队为核心，以校本研修为载体，全面推进教师专业发展"的培养目标，以此强力推进教师专业化发展，加快教师发展、学校建设的步伐。

用科学规划、加快发展的理念，系统思考学校整体管理工作

我校坚持以"立德树人，守正创新"为办学宗旨，以抓好教师专业成长和课堂教学改革为工作重点。认真落实晨读（读好书）、午练（写好字）和延时服务（作业辅导、社团活动）三项活动，进一步规范课堂教学常规、教学教研、学生习惯养成、社团开展等四大主题，制订了学校三年发展规划。并结合新时期乡村学校发展实际，将校训、教风、学风融于新发展理念之中，细化工作目标，将各项要求落实到学校管理和教育教学的全过程，做到年初有计划、实施有方案、督查有记录、年末有总结评比。

教师专业发展已纳入我校整体工作规划，并提出了具体的发展目标，依据校情量身打造实施方案和保障措施。青年教师根据学校发展规划，结合自身发展实际，制订个人成长规划。学校依据规划，定期对教师发展情况进行评估。在实施教师专业发展规划的过程中，学校通过不断反思，及时调整工

作思路和实施步骤，使教师发展建设工作逐步进入良性循环的轨道。

学校要发展，必须要有一个专业过硬、团结协作的管理团队

我校把促进教师专业发展当作学校工作的重中之重，只有教师发展了，才能带动学生和学校的发展。在教师专业发展过程中，作为校长，我深知第一责任人的分量。为了更好地落实此项工作，我校专门设立了教师研修中心，并成立了以我为组长，分管业务的副校长，教导主任和语、数、英学科教研组组长为成员的管理团队，聘请以县教师发展中心主任，宏桥、新星、首府三所学校的9位名师为成员的指导师团队，并从本校认真遴选了首批12位青年教师作为重点培养对象。

学校管理有温度，教师行为有边界，学校管理才能有水平

我校从以下几个方面加强了制度建设。

一是加强校本教研制度建设，规范集体备课模式，形成了"三备一反"的备课模式：一备——独立钻研教材，形成预案；二备——教研组内集体研讨，深入解读教材；三备——课前再次修订教案，让预设更充分；一反——针对教学预设、课堂教学情况和课后效果，进行深入反思。

二是激励教师开展教育科学研究，鼓励教师将在教学实践中遇到的重点难点和具有普遍性的问题，通过典型课例进行深入研究，并提炼为研究课题，在理论和实践层面积极探索。

三是建立"青蓝工程"结对帮扶制度，通过师徒带教、名师培养机制，为青年教师专业发展搭台铺路。

四是制定教师教育教学效果评价制度，从备课、上课、作业、教研、学习等各方面，对教师进行过程性评价，并结合家长、学生的问卷调查，对教师的工作效果做出全面的评估。通过评价调动教师教学工作积极性，促使教师认真履行岗位职责，更好地完成教育教学工作。

把办学理念化为宏图，把发展计划付诸行动

一学年来，我校围绕三个关注，搭建三个平台，以"思"促"施"，扎实开展教师发展学校整体推进工作。

围绕三个关注。一是关注教材研读。学校邀请县内名师对全体教师开展

新教材培训。学校先后邀请新县宏桥小学名师团队工作室成员陈娟、孔清叶、秦祯祯为全体教师做教材培训，为教师关注教材、驾驭教材打下了基础。二是关注课堂教学。学校定期邀请县内骨干教师来校开展同课异构交流研讨。先后邀约县域指导师徐丹丹为语文组教师上观摩课，并结对帮扶青年教师邱艳；邀请教研协作区在我校开展课堂教学观摩研讨活动，县域指导师陈圣春、于泽胜执教了观摩课，我校青年教师培养对象杨家珍、董婷婷老师上了两节研讨课，活动还邀请了教研室教研员进行现场指导；组织了青年教师课改技能大赛，17位教师分语、数、英三组同台展示，促进学校课改工作全面开展。三是关注教师成长。学校定期组织班主任成长论坛和骨干教师成长论坛，开展"最美教师"评选，宣传教师扎根乡村、无私奉献的精神，让教师获得职业幸福感，为后续发展蓄力造势。

搭建三个平台。一是继续加强教师研修中心建设，搭建优秀教师发展平台。首先建立教师阅读书吧，持续购置专业书籍，定期举行读书分享会，畅谈阅读心得体会，全力推进"教师悦读"活动，营造浓郁的书香氛围；其次加快录播室建设项目的推进，积极争取网络互动教研平台的早日建成，为教师赛课、展课提供优质硬件条件；最后建立完善教师激励机制，从制度上优先保障，促进优秀教师专业成长。二是打造"青蓝工程"，搭建青年教师快速成长平台。学校利用县域指导师团队的力量，拓宽"青蓝工程"结对渠道，充分发挥优秀教师在教育教学中的传、帮、带作用，借力造力，搭建学科骨干教师成长平台。三是发挥教育协作联盟作用，搭建骨干教师交流研讨平台。学校在现有教研协作区的基础上，积极争取与县市内其他名校联手，组建校外教育联盟，通过加强校际交流，共享教育资源，搭建教师发展平台。

青年教师是教育的未来，他们现在的发展怎么样，我们未来的教育就怎么样。打造乡村名校，首先要打造一批乡村名师，这样才能支撑起我们乡村教育的一片蓝天，为振兴乡村提供人才保障。

锚定发展筑高地，踔厉奋发向未来

新县宏桥小学　吴国富

我校是2004年秋在县城东侧新建的一所全日制小学，起点规划高，建设标准高，校园环境优美，硬件设施齐全，吸引了周边众多学子前来求学问道，学校体量迅速膨胀。这种猝不及防的快速扩张与当时薄弱的师资队伍形成了强烈反差：当时的学校不仅缺少支撑引领发展的学科带头人和骨干教师，而且还有相当一部分教师的师德修养、专业知识和理念方法亟待提升，一定程度上制约了学校办学质量的提升，与老区人民心目中向往的名校差距很大；特别是改革开放以来，全国教育都在又好又快发展，我校却与沿海发达地区名校的鸿沟越来越大。如何立足本土教育资源，迅速实现弯道超车，打造老区教育名片，进而落实习总书记"要把革命老区建设得更好，让老区人民过上更好生活"的要求，让老区的孩子也能足不出县接受最好的教育，是我担任校长以来心心念念、寝食难安的目标。在反复研读教育名家治校策略、多次前往名校取经、广泛听取社会各界建议的基础上，我结合学校发展的现状，从"高定位、快发力、办名校、育人才"的角度出发，苦苦思索，反复论证，最终提出了"发展教师、发展学生、发展学校"的办学理念，以此来促进学校的高质量发展。

一、发展教师，做强第一资源

习总书记曾指出："国家繁荣、民族振兴、教育发展，需要我们大力培养造就一支师德高尚、业务精湛、结构合理、充满活力的高素质专业化教师队伍。"多年来的学校管理实践，让我深刻认识到，在办学的诸多要素中，教师在学校发展中起着至关重要的作用，从某种意义上讲，教师的发展深刻影响着学生、学校，乃至整个教育事业的发展，是推动学校持续发展的第一资源和核心动力。在探索实践中，我有以下几点感悟。

（一）树立正确的教师观

让德艺双馨成为教师修身的一种精神。"师者，传道授业解惑也。"其中的"道"指的是仁义、道德。作为教师，我们首先要向学生传授的是为人处世的方法与道理。"教师是铸造人类灵魂的工程师"，其一言一行、一举一动，对学生世界观、人生观和价值观的形成，都会起到潜移默化的作用。在许多情况下，教师的修养高度决定了学生的发展高度：只有教师达到一定的境界，才有可能让学生达到更高的境界；只有教师的全面发展，才会有学生的全面发展。"亲其师，则信其道；信其道，则循其步。"因此，打造德艺双馨的教师团队，是校长应该全力以赴做好的事情。俗话说，身教重于言教。一名好教师，其学识能力和人格魅力，是会影响学生一生的宝贵精神财富。教师的垂范引领，对学生的成长至关重要。作为一名校长，要充分认识到"教师是立教之本、兴教之源，承担着让每个孩子健康成长、办好人民满意教育的重任"，教师是打造中华民族"梦之队"的筑梦人，一所学校涌现出一批又一批好教师，学校才能发展，民族才有希望。因此，我在工作中尽我所能地为每一位教师营造一个综合发展、逐步向上的空间，让全体教师在学校搭建的平台上，实现自己的人生价值，成为习总书记要求的"有理想信念，有道德情操，有扎实学识，有仁爱之心"的"四有"好老师。

（二）确立科学的发展观

为教师搭建起跳平台，是校长工作的着力点和学校发展的动力源。学校之大不在大楼之大，而在教师之大。我认为：教师之大，在身正艺高。因此，我把学校教风定位在"博爱、精艺、致远"上，提出了"办好宏桥，教师为要，携手发展，全面提高"的口号。当然，打造这种优质团队并非一日之功，需要学校不断搭建起跳平台，让教师在千锤百炼中成长。因此，不断提升教师的专业素质和道德修养，是校长工作的着力点，也是学校发展的动力源。毋庸置疑，这种发展应该是全方位、多元化的。譬如全员发展，指学校的老中青教师齐头并进发展；公平发展，就是让全体教师在一个平台上学习研讨、展示才能，享有同等的机会；均衡发展，就是学科间、教师间同向同质发展；全方位发展，就是专业提升与品德修炼同步同等发展。只有这样才能激活教师潜能，调动全体教师的积极性，达到科学发展的目的。如果没有教师的发展，再完善的教育改革计划也只会是空中楼阁，绝不会取得最终成功。科学有序地发展教师，让教师收获了成长，提升了综合素质，也让我对教师发展有了更进一步的认识和思考。

一是让名师工作室成为教师们起跳的平台。积极探索实施名师工程，组建学科名师工作室和名班主任工作室，引导校内有影响力的带头人作为领头羊，依靠团队的影响力、吸引力，将骨干教师和优秀班主任凝聚在一起，互助学习，共同进步。通过外出学习培训、交流研讨等，先提升这一部分教师的能力，再通过他们的示范引领、辐射拉动，让全体教师抱团成长，共同进步。目前，我校已有5位教师登上了国培大讲堂，15位教师成为省、市学科带头人或骨干教师。我校的成功做法，得到了市、县教育行政部门的充分肯定，吸引了其他兄弟学校前来参观调研。

二是让综合素质培训成为教师发展的能源。围绕培养德艺双馨教师的战略构想，狠抓教师的综合素质培训。一抓人文素养提升。以学校"道德大讲堂"为载体，组织有关教师职业道德、日常礼仪和健康生活的系列讲座，引导教师崇德尚义，修炼师德。二抓业务能力提高。通过开展教材教法培训、教师基本功训练和现代教育技能培训，将新理念、新方法和新技能不断融于教师的教学行为当中。学校的这些做法，让教师的精神风貌焕然一新，赢得了社会的广泛好评，也受到了上级部门的嘉奖。

（三）夯实全面的教学观

树立"以生为本"的教学观，让"教"皈依"学"。郭思乐教授说："当鞋合脚时，脚就被忘记了。教师的最高境界是'不见自我'，他应该是一只最合脚的鞋子。"新课程理念也告诉我们，要发展学生的个性，让每一个孩子接受不同的教育。我们要允许个体差异的存在，并根据这种差异，对学生实行"量体裁衣""私人定制"的教育。观念和方法的更新，决定着教师教育的质量和高度。在平时的评课中，我始终坚持把"以学生为中心，教会学生学习，三维目标落实"作为评课的主要依据，来衡量教师的课堂教学。我认为课堂教学应该是少教多学，为不教而教，让学生在自我学习、互助学习、向师学习的过程中积累经验，发展情感和悟感。

在这种"以生为本"教学观的引导下，学校教师的教学观念和教学行为发生了质的变化，参与课堂教学改革的积极性得到充分激活，掀起了高效课堂探究的高潮：语文、数学学科打造的"121课堂"和英语学科的"七步法"模式，得到省、市教育专家的一致认可，尤其是英语学科的"七步法"模式在豫南地区遍地开花。观念一变天地宽，学校教育科研也打开了一扇窗口，有多项教育课题获省、市大奖。英语教研室的"贫困山区小学英语教师专业发展研究"，作为省教研室重点课题，斩获优秀成果奖。数学教研室的"信息技术在小学数学图形与几何教学中的应用"，获省基础教育教学成果二等奖。此外，学校教师还自主开发了校本课程"经典诵读"和"美丽的红土地"等。

（四）构建立体的评价观

教育是"一棵树摇动另一棵树，一片云推动另一片云，一个灵魂唤醒另一个灵魂"。教师作为推动教育事业发展的第一资源，所从事的工作是一项具有复杂性、创造性、连续性和示范性的劳动，辛苦程度不言而喻。我校在评价教师时，把师德师风放在首位，根据《中小学教师职业道德规范》要求，细化制定了新县宏桥小学教师考核标准，围绕这一标准逐项考核，并将考核结果纳入教师评先评模、职称晋升等工作中，以此树立正确的导向机制，弘扬正能量，引导教师在立德树人的过程中，修师德，铸师魂，提质量，增效益。

二、发展学生，锚定第一目标

习总书记曾指出，培养什么人，是教育的首要问题。教育之所以被称为"第一民生"，就是因为"少年强则国强"，而少年强，首先是教育要强。因此，我校始终把发展学生作为学校发展的核心诉求和终极目标，以满足老区群众希冀子女成才的殷殷期盼。在办学过程中，我持之以恒锚定第一目标，认真落实总书记"怎样培养人"六个方面的要求，努力做到德智体美劳五育并举，让孩子们健康而快乐地成长。

（一）落实"儿童为本"的理念

教育，是生命对生命的尊重。少年儿童是祖国的花朵，是未来的建设者和接班人，是在跌跌撞撞中逐步走向成熟的新一代。在日常教育教学工作中，我要求教师要有爱满天下的情怀，用博爱和包容，去对待孩子们成长过程中出现的各种问题。成年人有时也难免在工作中出现一些差错，何况是心智尚未成熟、需要教师引路的小学生。处在成长期的孩子，一路向前中难免会出现磕磕碰碰，犯错误在所难免。要与学生构建一种民主平等的师生关系，尊重他们的人格和权利，俯下身子和他们交流，尊重他们的认知和身心发展规律，特别是他们的个性差异，这样才能激活儿童丰富多样的天性，进而达到因材施教、顺势而教的目的。

（二）搭建多元起跳的平台

由于孩子的成长环境和先天因素等各不相同，因此，他们的个性、爱好和特长也不一样，而要让不同的学生爱学习，首先要让他们爱学校。学校应是一个其乐融融的地方，教育的手段和方法，也应该是让学生感到快乐的。如何让学生快乐学习？我在加德纳"多元智能理论"中找到了办学灵感——要求教师从每个孩子的个性特长出发，在抓好文化课学习的同时，依据学生的兴趣爱好，分门别类开发多种社团，如组织书法、绘画、音乐、舞蹈、球类、棋类、播音主持和演讲等兴趣小组，千方百计发展学生的潜能、爱好和特长，激发每个学生的活力，增强他们的创造力，为他们的幸福人生开好局、起好步、奠好基。在多年来市、县组织的各种竞赛中，我校学生总能拔得头筹。

（三）建立综合素质考核机制

提升学生综合素质，为学生搭建展示自我的舞台。重庆谢家湾小学刘希娅校长有"六年影响一生"的名言，强调夯实小学基础的先导性和重要性。在大力推进素质教育，关注学生核心素养的当下，我们考核学生素质的标准应该重构，不能仅仅把目光盯在学生的文化课上不放，要进一步拓宽办学视野，聚焦人才培养质量的宽度和厚度。我校把培养具有"中国灵魂、国际视野"的学生作为己任，以"坚持五个育人，培养八好习惯"为宗旨，通过组织"新时代好少年"评选、"露一手才艺展示"、经典诵读等活动，来拉动学生成长，并从道德品质、习惯养成、文化知识、动手能力和特长展示等方面，对学生的综合素质进行考评，引导学生系好人生的第一粒扣子，打好人生底色，促进学生健全人格的发展，为孩子的终身发展积蓄力量。

三、发展学校，激活第一平台

校园是文化的殿堂，是学习的净土，是莘莘学子人生观、价值观、世界观培养和形成之地，承载着培养一代代学子、成就一批批教师的历史重任，是师生发展的深厚土壤。因此，发展学校既是教育发展的迫切要求，也是校长应该追求的主要目标。多年的工作实践让我深刻体会到：学校的目标不仅仅是学生的全面发展和健康成长，更重要的是一种思想武装，一种精神支撑，一种文化积淀，一种特色形成。把学校办成"孩子成长的乐园，学生成才的摇篮，教师成功的舞台"，这才是校长应该追求的最高境界。

（一）突出校长引领作用

校长是引领教师的"班主任"。人们常说："一个好校长，就是一所好学校。"由此可见，校长在学校管理工作中的作用是何等重要。校长是学校的教育者、管理者和领导者。作为教育者，校长永远不变的身份是教师，担负的首要任务是教书育人，其次是引领教师共同成长。作为学校教师发展的第一责任人，如何在纷繁复杂的事务中理清头绪、分好工、抓好落实非常重要，"让专业的人做专业的事，适合的人做适合的事"，是我一以贯之的管理理念。作为领导者，要依据《义务教育学校校长专业标准》，规划好学校和教师发展，千方百计营造育人环境，科学领导课程教学实施，把办学理念贯穿于日常管理之中，用先进的教育理念去影响、带动教师，让先进思想转化为教师的具体行动。我认为校长就是学校的大"班主任"，处事为人一定要公道正派，以身作则，充分发扬民主，发挥表率作用，带好班子，指挥好队伍，耐得住寂寞，忍得住清贫，守得住学校。校长要不断学习，努力提升自己，成为教育教学中的权威乃至专家，成为教师心目中的导师。

（二）打造校园文化高地

文化是滋养生灵的沃土。一所好的学校，校园文化建设非常重要，因为这种文化是师生共有的精神家园，决定着学校的价值追求和发展目标。宏桥小学建校18年，我一直担任这所学校的校长，在学校的长期发展中，我咬定"三个发展"不放松，一张蓝图绘到底，在执着的坚守中，打造着自己的校园文化名片。在我们学校，有激励学生奋发向上的校歌《宏桥之歌》；有引领学校发展的"一训三风"——校训：立德、求真、健体、尚美，校风：文明、和谐、励志、创新，教风：博爱、精艺、致远，学风：乐学、善思、笃行；有评价教师工作的系列制度；有随处可见的校园文化标语。我认为要发展好学校，首先是理念先行、"三风"引领，其次才是制度规范、文化熏陶。这种文化体现在校园的方方面面、角角落落。我校在探索实践中构建了一个制度约束和人文关怀相结合的和谐校园。

（三）开辟"弯道超车"通道

"他山之石，可以攻玉。"一个学校的发展要实现弯道超车，校长必须要有"风物长宜放眼量"的气魄，要有借鸡生蛋、借力发力的智慧。"问渠哪得清如许，为有源头活水来。"作为一名校长，只有在管理中不断创新工作思路，才能为学校的"弯道超车"找到切入点。建校以来，我主要通过两个途经打通学校快速发展通道。一是走出去，和省内外一批名校联手，构建学校发展共同体，借鉴名校的先进办学经验，来拉动本校的快速发展。二是家校和社会拧成一股绳，形成强大合力，共同担负起教育孩子的责任，进而快速提升学校的办学能力。这种立体效应是促进学校高质量发展的不竭动力和制胜之道。

总之，教师的持续发展拉动了学生的发展，学生的发展又促进了学校的高质量发展。学校办学质量的持续提升，得到了党和政府以及社会各界的充分肯定，我校也成为新县学生、家长最满意的学校之一。学校先后获得第三批全国中小学中华优秀传统文化传承学校、全国首批家校共育数字化试点学校、河南省文明学校、河南省德育工作先进单位、河南省中小学师德师风建设先进单位、河南省研学旅行实验学校、河南省教育系统先进家长学校、第二批省级语言文字规范化示范学校等30多项殊荣，奏响了新时代素质教育发展的最强音。学校成功的办学经验，吸引了省内外教育同行纷至沓来。有的县区还将校长培训移师宏桥，开展跟岗学习。市教育局把全市小学教育管理年会放在我校举行，围绕"宏桥教育模式"展开深度研讨。

会当击水三千里，直挂云帆济沧海。在推进教育均衡发展的新征程中，宏桥小学将继续围绕"三个发展"的办学理念，踔厉奋发，笃行不怠，做足做好理论和实践相结合的功课，倾心尽力办好人民满意的教育，努力把学校建成最美丽、最和谐的场所，让每一位教师都能得到充分发展，释放最大的潜能，让每一个孩子都能自信而阳光地成长，健康而美丽地绽放。

为学生终身发展奠基，让教师享受教育幸福

新县二中　扶庆坤

一、我的教育实践

（一）在实践中探索，在反思中成长

我在乡镇担任校长期间：①解决遗留问题。团结带领广大师生，密切联系群众，积极稳妥解决了学校原教师家属闹访的遗留问题。多方协调，征地4亩，促使长期无法实施的营养餐食堂项目落地建成。②加强干部培养。率先垂范，一级带着一级干，严管厚爱，激励引领，抓班子促发展。着力培养一支有担当、有情怀的干部队伍。③改善干群关系。谦虚谨慎，以人为本，努力改善干群关系，回应师生关切，让师生有归属感、幸福感和集体荣誉感。完善各项奖惩制度，充分调动教师工作积极性。④聚焦质量提升。坚持立德树人，五育并重，全面育人。加强学校文化建设，以文化人，以美育人。以教育教学质量为中心，全面提升课堂教学效率，教育教学质量显著提升。⑤改善办学条件。

感悟：最好的管理莫过于示范。校长要主动作为、勇于担当，要善于调适外部环境，要学会造势，要有双赢思维。干部队伍建设是关键。

（二）在理念上突围，在实践中落实

1. 转变发展观念

受历史原因影响，本校教师老龄化严重，基础设施陈旧，师生活动少，校园缺乏生机，师生士气低落，应试教育痕迹过重。针对此情况，我有了自己的思路："治本先治标"，提出"唱好空城计，打好组合拳；弘扬正能量，

提振精气神"的口号，让学校热闹起来！让美好看得见！面对生源质量差的现状，提出"注重分数更要注重德育，抓德育活动就是抓生源建设"。我明确提出"德育为首，五育并重"的全面发展观，要求教师面向全体学生，"让每一个学生全面发展，为学生终身发展奠基"。全面实施素质教育，致力于培养德智体美劳全面发展的学生。

2. 确立办学理念

为落实立德树人根本任务，围绕"德育为首，五育并重"的办学宗旨，确立了"为学生终身发展奠基，让教师享受教育幸福"的办学理念。

3. 制订三年规划

坚持以"规范化管理，特色化发展，优质化育人"为办学总目标，以争做"四有"好老师为教师培养和发展目标，经过"一年稳步提升，两年形成特色，三年品牌影响"，将学校建设成为德育工作充满活力、课堂教学优质高效、课程体系丰富多彩、学校文化充满激情的平安、文明、和谐的现代化学校。

4. 明确发展路径

规范管理——提升质量——培育特色——建构文化——形成品牌。

5. 精心培育特色

德育特色：构建以传承红色基因为主的一主多元的"二中德育"体系。体艺特色：创建足球和体操特色学校。

一年以来，学校和谐稳定，风清气正，教职工干事创业热情高涨，学生快乐学习、健康成长，教育教学质量稳步提升，家长满意度明显提高，学校影响力显著增强，呈现出蓬勃发展的良好局面。

感悟：观念一变天地宽，思路决定出路，文化引领是关键。行动就是改变，改变就是进步。

（三）对薄弱学校改造的思考

1. 薄弱学校的显性特征

社会认可度低（家长不满意、生源质量差）、内部管理失范（班子不团结、干群关系紧张）、外部环境恶劣（周边环境复杂、群众思想落后）、教学质量偏低（师资力量不足、教师成长缓慢）、基础设施落后（教辅用房缺乏、活动场地狭小）、缺少文化引领（办学思想不清、德育活动缺位）、学生行为习惯差。

2.薄弱学校的改造策略

经过在三所学校的历练,我对薄弱学校的改造有了自己的策略:转变观念——目标导向——家校共育——分层教学——特色发展。

二、我的教育思考

(一)教育何为?

1.教育的使命

培养什么人?德智体美劳全面发展的社会主义建设者和接班人,担当民族复兴大任的时代新人。

怎样培养人?六个下功夫。

为谁培养人?为党育人,为国育才。

2.教育的本质

教育就是一棵树摇动另一棵树,一朵云推动另一朵云,一个灵魂唤醒另一个灵魂。教育不是灌输,而是点燃火焰。教育是生命对生命的影响,是文化对生命的浸润。

(二)学校何为?

学校不仅是学园,是学生学习的地方;而且是乐园,是孩子快乐成长的地方;更是家园,是师生共同的精神家园。

学校不是培训机构,不是加工厂。一切为了学生,而不是一切为了分数。

(三)校长何为?

1.校长应具有坚定的教育信仰和教育情怀

一所好学校离不开一位好校长。一位优秀的校长应该拥有对教育事业的坚定信仰和发自内心挚爱的情怀,对教育的规律有着深刻了解和认识,发自内心地热爱教育、热爱学生、热爱教师,并愿意将之作为终生的职业选择和追求,相信教育事业是阳光之下最光荣、最崇高、最值得为之奋斗的事业。拥有这样的教育信仰和情怀,才能有不懈前行的方向和源源不断的动力。校长的教育情怀和教育信仰不应只停留在口头表达上,更应体现在具体的行动中，体现在教育理念、培养目标、管理思路，特别是具体的工作规划中。

2. 校长必须有系统而清晰的教育思想和教育理念

思想决定行动，理念引领方向。校长的教育理念主要体现在对"培养什么样的人"和"如何培养人"这两个根本问题的认识和思考上。校长熟谙教育规律和管理系统的各个环节、学校运转的各个方面，必然会在工作实践中形成自己的真知灼见和独特的观点认识，必将会形成自己鲜明的办学思想和系统的教育理念。办学思想和教育理念反映着一个校长的专业水平、文化底蕴、价值标准和教育格局，也将会决定和影响一所学校的发展前景。

3. 校长应具有善于学习思考和勇于变革创新的能力

教育的基本职责就是促进人的全面发展和传承人类文明，21世纪唯一不变的就是这个世界变化得太快，要适应这瞬息万变的社会发展趋势，学校和教育的变革势在必行。作为学校的领军人物，校长必须要善于学习和思考，勇于变革和创新。只有这样，才能永立潮头，引领教育事业不断向前发展。

4. 校长要掌握科学的管理方法

科学的管理基于对人性的深刻认识和把握。只有真正了解人性、掌握人性，才能够充分调动人的积极性和能动性，发挥人力资源的关键作用。科学的管理要求领导者善于识别人才、发现人才、运用人才和培养人才，要求领导者要掌握辩证思维能力和系统思维能力，在具体的管理实践中既能统筹全局，又能抓住重点，熟知学校管理和运作的各个环节和关键节点，能够最大限度地调动一切人、财、物的因素和作用，整合各种资源，服务于学校的发展目标。

5. 校长要有一定的人格魅力

校长的人格魅力主要体现在：对教育事业的坚定信念和执着情怀，对教师与员工的尊重和关爱，自觉的道德修养和深厚的文化底蕴，坚韧不拔的意志品质，海纳百川的豁达胸怀，宽以待人和严于律己的精神风范。校长的人格魅力是学校发展中无形的宝贵财富和强大的推动力，能够感染人心、凝聚士气，团结广大的教职员工为学校的共同愿景和发展目标一起努力奋斗。

基于对教育、学校、校长的理解和对初中学生成长规律的认识，结合学校实际，我在思考：如何把立德树人根本任务落实落细？学校应该为学生做些什么？通过什么途径？靠谁实现？凭什么靠得住？经过不断思考，我逐渐形成了自己的教育理念：为学生终身发展奠基，让教师享受教育幸福。

三、我的教育理念

（一）为学生终身发展奠基

1. 文化育人培根铸魂

坚持德育为首。文化的核心是价值观。学校深入开展爱国主义教育、法制教育、诚信教育、文明礼仪教育等，将社会主义核心价值观内化于心、外化于行。

加强理想信念教育。加强革命文化教育、中国梦主题宣传教育，引导学生了解中国革命史、中国共产党党史、改革开放史和社会主义发展史，继承革命传统，传承红色基因，坚定理想信念，树立为实现中华民族伟大复兴而奋斗的信念和信心。

营造文化氛围。凝练学校办学理念，加强校风教风学风建设，形成引导全校师生共同进步的精神力量。加强班级文化建设，让学生自主设计班名、班训、班歌、班级口号等，增强班级凝聚力。

二中已形成"崇德向善，求真尚美"的良好校风，教师"敬业博学，严谨善教"，学生"勤学善思，明辨笃行"。德育为首的校园文化逐渐形成，自强不息的校园精神深入人心。

2. 教书育人启智润心

夯实常规教学。规范教学常规管理，制定教学常规管理细则，明确备、讲、辅、批、考、评具体要求，认真落实"课不备好，不进教室"的指示精神，加强集体备课，出台集体备课管理意见，把集体备课落到实处，确保备出成效。坚持听评课制度，中青年教师每学期至少上一节公开课，班子成员深入课堂对课堂教学进行指导。加强教学过程管理，实行教案、作业双周查制度，检查结果及时通报，并提出反馈意见，限时整改。

聚焦课堂改革。全面推广"三段六环"教学模式，坚持以学生为中心，注重"自主学习、合作探究"的学习方式，让学生自己去发现新知，自己去感悟教材，自己去参与操作，自己去解决问题，让课堂教学真正实现了高效。

提升教学质量。在三个年级实行月考制，及时检测，及时反思，以考促学，以考促练，以考促教。加强毕业班管理，明确目标，细化责任，措施具体，干部蹲班组，每周开一次班主任例会，加强学校对班级的了解，及时改进管理措施。

3. 管理育人示范引领

引领教师成长。班子同志率先垂范，当班主任教毕业班，当榜样做示范。日常教学工作中，重在夯实教师基本功，鼓励教师积极参加各级各类培训，扎实开展集体备课，坚持"课不备好，不进教室"。开展各种形式的研讨、论坛、讲座、观摩、竞赛等活动，促进青年教师业务水平提高。鼓励教师读教育经典，读教育报刊，写教学反思、教育叙事、学习心得，坚持实践、反思、再实践、再反思，加快专业成长。充分发挥学校模范人物先进事迹引领作用，讲好二中故事，弘扬正能量。

加强教师管理。大力开展教师的师德师风教育，除组织集中教育活动，逢会必讲师德师风，规范教师的从教行为。加强考勤管理，规范教师签到坐班制度，坚持签到考勤，一周一公示，结果与考核考评挂钩，教师的工作时间得到了保证，上班外出办事现象明显减少。教师集体荣誉感明显增强，涌现出一批敬业爱岗的好老师。

加强学生管理。学校实行封闭管理，午间学生不得外出，降低了安全风险，减轻了家长的负担。午自习时间，班主任全程坐班。上下午大课间，学生进行激情跑操、跳律动操，呼号声响彻校园。早读晚读，书声琅琅，形成了"读书声、歌唱声、呼号声，声声入耳"的校园氛围。成立了学生会、文明监督岗，引导学生自主管理。

4. 活动育人润物无声

以人为本，坚持活动育人，提升德育实效。充分挖掘教育资源，弘扬民族精神，厚植爱国主义情怀，加强未成年人思想道德建设。利用节日、纪念日开展形式多样、行之有效的主题德育活动，适时开展体艺活动，丰富师生校园文化生活。

5. 协同育人家校共进

密切联系家长。学校积极开展家访工作，和家长沟通交流，让家长及时了解学生在校表现，家校共同制订学生发展计划，形成育人合力。定时召开家长会，让家长参与校园管理，了解校园的发展变化，同时告知家长学校的管理策略，从而使家长支持、配合学校各项工作。通过各种渠道畅通家校联系，形成家校共育合力，得到了家长及社会一致好评。

重视学校宣传。除微信群外，学校利用抖音、微信公众号等平台，定期把学校的重大活动、特色活动等推送给家长，把学校工作展示出来，学校的知名度、美誉度得到显著提升。

（二）让教师享受教育幸福

善待教师。校长善待教师最重要的一点，就是要有同理、共情之心，要学会将心比心，以心换心。己所不欲，勿施于人。也就是要学会换位思考，要随时想到自己就是一个教师，一个曾经的教师，自己对教师的态度和行为，换作自己是教师，会怎么想，能不能接受，给不给予支持。这样一来，就很容易走进教师心里，与教师产生共情共鸣。

尊重教师。管理的最高境界是被管理者的自我管理。怎样达到这种最高境界，我认为校长应该更多凭借非权力因素，比如全新的教育理念、优秀的人格魅力、民主的工作作风、良好的人际关系等对广大教师施以影响。如果只注重自身的权力因素，那么教师有可能"畏你"，但不会"为你"，更不会"服你"。这就必然出现管理决策过程中个人独断、一意孤行的不民主行为，从而导致决策低效或无效现象的发生。相反，如果校长对教师的影响来自于优秀的人格魅力、丰富的学识水平、良好的民主作风等非权力因素，那么教师就会从内心"服你""敬你"，会从感情上自觉与你亲近，会把校长的荣辱、学校的荣辱与个人的荣辱紧紧联系起来，会相信并自觉贯彻校长的决策，并使创造性得以发挥。

信任教师。校长治校、做决策的目的不是用制度去束缚人，而是要在做好教育教学整体工作的前提下，想方设法去解放人，创造良好的工作环境，使广大教师的自主精神和创造潜能真正发挥出来。因此，校长应把自己和教师的关系定位为共同完成教育教学任务的合作伙伴、亲密战友。校长和教师应该相互尊重、相互信任、共同参与、团结协作。只有当教师以主动负责的态度，自觉地贯彻执行学校的管理制度和决策时，校长的办学理念才能真正得以实现，学校的教育教学工作才能获得最大限度的成功。

发展教师。搭台子搬梯子，引导教师找到教育幸福的意义。让教师看到学校发展的希望和大家的共同愿景，给予教师更大的发展空间和实现自我价值的平台，让教师体会到职业的尊严和成功的喜悦。

四、我的教育理想

做有情怀的校长,办有温度的学校,育有未来的学生。我认为,一个人生命最好的状态是成长,而不是成功;一个人人生的最大要义也是不断成长,而不是一时成功。成长永远比成功重要!

依托兰雅文化，打造美雅校园

新县新星小学　杨正新

习总书记说过，要把立德树人融入思想道德教育，要在坚定理想信念上下功夫，要在加强品德修养上下功夫。兰花姿态优美，花香迷人，被誉为"花中君子，王者之香"，是中华大地上最美的花卉之一。新星小学位于新县城乡接合部，是一所高起点规划、高标准建设、富有现代气息的花园式学校，被市教育局评为信阳市最美校园、信阳市绿色校园。经过近二十年拼搏奋进，学校现已拥有51个教学班、145名教师、3500余名学生。在占地面积45亩的校园中，栽植各种名贵花木近200种，四季花香，长年有果，绿化率达45%。在建校之初，学校就把金兰山丛林中星罗棋布的兰花移植了一部分到校园，广为栽种，目前已经发展到30万株的规模，成为校园最亮丽的风景线。

多年来学校依托兰花资源，全力以赴抓活动，凝心聚智掘内涵，唱响兰雅文化，打造美雅校园，全力构建学校立德树人新高地。

我校美雅校园的核心要素体现在两个方面：一是以绿色为切入点，打造优美洁净的校园环境，营造以绿育人的文化环境；二是以兰文化内涵为突破口，构建讲文明、懂礼仪、守道德、心灵美、语言美、行为美、积极向上的人文环境。多途径、全方位打出了一系列组合拳。

2003年建校伊始，学校就紧锣密鼓地策划美雅校园打造工程。在用房十分紧张的情况下，专门挤出一处办公地点，成立兰雅文化工作研究室，由校长牵头，政教、教学、后勤密切配合，班主任和语文、科学两科教师具体实施，全面启动兰雅文化打造工程。

一是组织语文、科学学科的精兵强将，集中力量开发兰文化课程，组织编写了校本教材《兰花读本》，教师、学生人手一册，为全校师生进一步认识兰花提供简明读本。教材从"认识我国的兰花""大别山区的兰花""兰花的栽培与保护""兰花的寓意与内涵""历代文人咏兰集萃"等五个方面,系统地介绍了兰花的相关知识。

二是聘请县兰花协会和县文联等部门爱兰、懂兰的知名人士来校,为全校教师作专场报告,提升教师的兰文化素养,为上好兰文化课程做好知识储备。他们或讲解兰花的栽培与保护知识,或阐述兰文化博大精深的精神内涵,或纵论古代文人墨客咏兰的诗文名篇。专家名流的插标立杆、示范引领,大大增强了全校教师打造兰雅文化的信心。

三是成立兰雅社团,培养一批懂兰小专家、爱兰小画家、爱兰小书法家,在全校带头传播兰花知识,弘扬兰花品质。

四是扎实推进《兰花读本》的学习活动。各班主任利用活动课,讲解兰花知识,解读兰花内涵,在学生幼小的心田里播下兰文化的种子,为打造美雅校园奠定坚实的基础。

为了全面营造知兰、赏兰、赞兰的校园氛围,提升兰文化的育人功能,我校全方位、多层次开展丰富多彩的活动,立体打造兰雅文化阵地。

一是举办校园兰花节。自2015年开始,学校已连续成功举办八届校园兰花节。围绕"品兰花芬芳,塑美好品格"主题,以"三知"(知属性、知品质、知兰史)、"五举"(画兰、书兰、写兰、吟兰、唱兰)为载体,精心组织系列活动,让师生通过实实在在的活动,了解兰花知识,欣赏兰花芳姿,陶醉兰花芬芳,吟诵兰花诗词,创作兰花美篇,领悟兰花精神,培养兰花品格,在潜移默化中受到兰文化的熏陶,做一个具有兰花品质的人。

二是举办兰花节家长开放日。每年兰花盛开时节,学校都安排一周时间对学生家长开放,组织他们有序进入校园欣赏,鼓励他们用手机或相机记录下一个个精彩的画面,让他们耳濡目染,在不知不觉中接受兰文化的洗礼。

三是聘请县内文化界名家助力兰花节。这几年,我校先后请来县作协副主席林然诵读即兴创作的咏兰佳作,县博物馆汪心恩馆长展出他的摄影作品,县美协副主席杨一峰、汪玉梅联手挥毫泼墨现场作画,新县籍知名作家金波奉上上乘美文《兰花赋》。最为难得的是,我们还请来了中国书法协会理事、新县籍书法家曾鑑来校展示他的墨宝。每一届校园兰花节,我们都面向社会征稿,征集到教师、学生、家长及社会人士的诗文、书法、国画、摄影作品等均逾千幅,学校组织专业人士进行评选,向获奖师生、家长及社会贤达颁发荣誉证书和奖品。

四是组织师生咏兰诗歌朗诵会，举行优秀习作、书法、绘画作品展评等。

五是通过学校固定文化展板、学校微信公众平台、学校艺术节、校刊《星星雨》等多渠道、多平台全面宣传报道，营造浓郁的兰雅文化氛围。

六是创编校园歌曲《校园兰花花》，通过优美的歌词、动听的旋律，让学生在歌唱中自然而然地受到美雅教育。

兰花"不以无人而不芳，不因清寒而萎缩"，执着、自信、坚韧、无私、高洁。打造校园兰雅文化，就是要让师生在知兰、爱兰和学兰的过程中，修炼高雅气质，塑造美好品格，养成良好习惯。为了让兰雅精髓入脑入心，就要在不断的探索中提炼兰花精神，指导师生行为习惯，进一步提升校园文化品位。兰花生长在深山密林，不与群芳争艳，淡泊明志的优秀品质激励着我们的教师不图名利，默默奉献；兰花执着自信、坚韧不拔的刚毅气质，鞭策着我们的教师坚守教育初心，百折不挠，勇攀高峰；兰花的无私奉献，质朴高洁，提醒着我们的教师敬业爱岗，廉洁从教。正是在兰雅文化的影响下，学校在不断实践中提炼出"诚实做人，踏实做事"的优良校风。

同时，学校还把兰花执着坚韧、高洁典雅的品质融入思政课的育人理念当中，对学生提出"五个好""六个一"的要求，教育学生在遭受挫折时要"不坠青云之志"，拼搏向上，积极进取，文明守纪，彬彬有礼，做一个有志气、有毅力、品德高尚、志趣高雅的人。

兰花芳香四溢，令人神清气爽。具有兰花一样品质的人，更令人敬佩和景仰。多年来，为了打造校园兰雅文化，让兰文化的内涵发扬光大，以此弘扬正能量，树立师生心目中的榜样，引领学校持续健康发展，进一步营造风清气正的新星校园，每个学年，学校都要组织开展"兰雅教师"和"兰花少年"评选活动。"兰雅教师"的评选，将兰花高洁、典雅、执着的品质与教师职业道德规范要求紧密结合起来，制定出"爱岗敬业、无私奉献，关爱学生、严慈相济，教书育人、诲人不倦，为人师表、廉洁从教，终身学习、勇于创新"等5条评选标准。评选在年级学科组提名、学生问卷调查、家长网络投票、全体教师民意测评的基础上，最后由学校确定人选。"兰花少年"的评选，依据学校学生在校一日常规二十条的要求和兰花自信自律、坚韧向上的品质，制定出"文明礼貌、诚实守信，自立自强、乐观向上，尊师孝亲、关爱他人，勤奋好学、勇于探索，热爱自然、全面发展"等5项评选条件。

评比由班级小组提名，少先中队组织测评，班主任结合学生平时表现最终确定上报名单。每个学年末，学校都要举行隆重的颁奖仪式，对评选出来的10名"兰雅教师"和100名"兰花少年"颁发证书和奖品，并在学校微信公众号和校刊《星星雨》上分期分批予以宣传报道，以此树立学习标杆。

多年来，我校在打造兰雅文化的道路上，尽管有探索的艰辛，但也有意想不到的惊喜。建校以来，学校先后有76个班级被评为市、县"文明班集体"，有85名教师被评为省、市、县"文明教师"，还有126人被评为省、市、县"文明学生"。特别是近五年，学校的办学实力明显增强，综合考评始终稳居全县小学首位，办学水平评估一直在城区名列第一，学生体育运动团体成绩位居全县小学榜首，学校的"最美大课间"获全市小学一等奖第一名，在各类竞赛中，学生都有上乘表现，屡屡摘金夺银。学校先后被评为省级中小学多文本阅读教学实践研究实验校、科学调查体验活动示范校、语言文字规范化示范校、教育系统优秀家长学校和示范留守儿童之家，市级文明单位、教育教学先进单位、首届最美校园、绿色校园、平安校园等，县级荣誉更是不胜枚举。我个人也被评为河南省教育厅优秀管理人才、河南省中小学德育工作先进个人、河南省文明教师、信阳市优秀教师、信阳市学术技术带头人。

"兰雅文化，美雅校园"是我校师生全力以赴树起的精神坐标。兰文化博大精深，内涵丰富多彩，做大做强兰雅文化，以兰育人，以文化人，进一步打造美雅校园，是我校锲而不舍、执着坚守的德育底线。

风景这边独好，未来无限可期。今后，我会将这张蓝图一绘到底，咬定兰雅文化不放松，通过继续打造精品兰园、开辟兰文化展厅，深掘兰文化内涵，将兰雅文化和德育工作深度融合，进一步拓宽德育工作途径，一以贯之抓细抓实抓好。

真心滚烫，与时偕行，一路追光

吴陈河镇中心学校　张玲

"一个好校长，就是一所好学校"——这是我在当校长之前，在各级校长培训会上听得最多的一句话，意思就是学校要想发展好，校长的引领是关键，同时也诠释了那句"火车跑得快，全靠车头带"。2021年8月，我被局领导抬爱，很荣幸地加入了小学校长队伍，成了新县首名"女校长"。初担重任，我诚惶诚恐，在努力做好日常工作的同时，不断学习和总结。为推动学校发展，我在管理上力求精细化，让学校走内涵式的可持续发展之路。

我校坚持党建引领、校训铸魂、"三风"为本。一方面，学校坚持以党建引领学校发展，积极推进党组织领导下的校长负责制，党组织全面领导学校工作，履行把方向、管大局、作决策、抓班子、带队伍、保落实的职责，切实把党对中小学的全面领导落实到教育教学的各环节，做到"横到边、纵到底、全覆盖"；抓好学校党支部的"五化"建设，围绕"五化"标准结合学校实际，抓基础建设、抓主题活动，促进支部组织能力提升，凸显战斗堡垒作用；落实人才"双培养"机制，把党员培养成骨干教师，设立党员示范岗，发挥党员在教育教学中的示范引领作用，带领广大教职员工争先创优，不断提高教育教学质量，提升学校核心竞争力。今年，我校获得信阳市党建示范学校荣誉称号，浓厚的党建氛围激发着教师们潜心从教的热情。

另一方面，学校坚持落实立德树人根本任务，以"求真、向善、优美"为校训，积极贯彻落实党的教育方针政策，时刻牢记"培养什么人、为谁培养人、怎样培养人"这一终极目标。我校始终坚持党建引领、德育为先、智育为重、五育并举培养社会主义新时代接班人。要求教师以德立学，以德立身，以德育才，以德施教，为育英才孜孜以求。学校政教德育工作开展始终坚持与时偕行、向新而行的践行思路，周周有主题、日日有安排、次次有总结，让文明伴随学生成长，让德育渗透至细微之处。

依托信阳师范学院支持县域教师发展体系，助推教师专业发展。我校近几年新入职了一大批优秀的特岗教师，他们年轻富有朝气，知识渊博且全面，在接受了短期的岗前培训后匆匆走进课堂，担负起乡村教育振兴的重任。作为首批信阳师范学院支持教师发展体系之校本研修基地校，我们有责任把他们培养好，让他们在自己的教学专业领域迅速成长起来，因为好老师才能培养出好学生，才能担负起为党育人、为国育才的使命。为此我们打造了高标准的校本研修工作室，使其成为教师日常研修、专业成长的摇篮。我们遴选了本县较有经验的教师培训师作为他们的指导教师，实行青蓝结对，一对一指导他们专业成长。我们还开展了一系列校内研修、校外学习的实践研修活动，给教师创造平台和机会，提升教师的理论水平和教学能力。

常规教研促进步，践行课改提质量。我校语文、数学教师每周一、周二、周三下午分别开展学科组集体备课活动，教研组间开展经验交流、业务学习活动，提前定时间、定任务、定中心发言人，活动由分管教学的副校长督导，教研组长、备课组长负责组织。在推行课改大背景下，我校推出"三步教学法"，将课改精神投注课堂，在实践中求效能，在效能中求卓越，举行专题赛课活动，从活动中折射出了我校一个个课改人开拓进取的精神。

主题活动显本领，交流分享促专业。"一枝独放不是春，百花齐放春满园。"我校开设了"我的教育故事"青年教师论坛，让教师们在回看自己的过程中，明确理想的师者形象；组织班主任进行经验交流，在动人动情的交流里达到共享共勉共激励的效果；举行读书分享会，以会为载体，引领共读，营造学习提升之风。以校本活动为引，引教师之潜能，激奋进之心骨，促团队之专业。

一直以来，我校坚持以五育并举为抓手，以校本研修为助推，坚持贯彻"双减"政策，落实五项管理，确保教育质量良性发展；强基固本，培养教师队伍，为教育质量提升奠基；开展课堂提质增效、作业提质减量研究，为教育质量的提升注入内驱力；开展精细化管理，强化服务意识，围绕中心开展工作。未来，我校还会在校本研修这一领域改革创新，把培养教师作为助推学校发展的主动力，将培根铸魂塑全人任务办出特色。

学校发展内涵特色先行，示范引领振兴有路径。在"双减"政策下，学校推动活动课程提质，实施全方位育人，助推教育质量提升。本学期，学校开启延时服务，特色社团竞相亮相。目前学校已成立10个社团，分别是"追风少年"乒乓球社团、"童心童话"美术社团、"阳光少年"美术社团、"墨轩"书法社团、"春晖"朗诵社团、"舞动青春"舞蹈社团、"同心同韵"合唱社团、"大嘴"英语社团、手工社团、泥塑社团。学校把每周三定为"无作业日"，延时时间全部上社团课，每周五下午为社团专用时间，所有学生实行走班上课，选择自己喜欢的社团参加活动。在活动中，教师悦教，学生乐学，兴趣使然，因而取得了良好的效果，在各种比赛中，我校师生频频获奖。

少成若天性，习惯成自然；养成好习惯，奠基好人生。学校坚持以创办文明校园为抓手，以培养"十好"文明少年为目标。"十好"即读好书、说好话、写好字、吃好饭、走好路、唱好歌、扫好地、结好伴、爱好物、做好操。每一项都有标准的要求，每学期以"十好"作为学生的评价标准。每周国旗下的表扬、每月全校学生会上的鼓励、每期总结会上的奖状，都是给孩子最好的激励。

关注留守儿童，补齐成长短板。我校留守儿童占比较大，平均每10个学生里就有3个是双留守孩子，其父母常年不在家，他们跟随爷爷奶奶生活，只能满足基本的温饱，解决不了作业辅导等问题。我校实行留守儿童教师包保责任制，每个教师都承担起了临时家长的责任，每天关注这些孩子的作业、心理健康、生活等情况，给予他们亦师亦友亦家长般的关爱，实行一周一交流活动。不仅如此，我校每学期至少开展两次留守儿童入户走访、送教到家等暖心活动，营造"爱一直在"的成长氛围，竭尽所能补齐短板。

今后，我校还会进一步落实"双减"政策，加强"五项"管理，校领导班子将齐心协力，以特色项目丰富学校办学内涵，谋高、谋准、谋新，精准定位，助推学校提档升级，共同带领教师迈向更快、更好的发展，努力办乡村明星学校，建设更加美丽的校园。

做"成就教育",建"品质校园"

首府实验学校　黄庆友

首府实验学校是城区一贯制学校,于2014年春建校,目前在校学生3700余人,在编教师187人,教师平均年龄34岁左右。我于2019年2月调入该校任校长,经过不断的办学探索,结合专家指导意见,确立了"成就教育"办学思想,着力打造"品质校园",取得了良好进展。

我们坚持做"成就教育",构建生命成长共同体。"成就教育"就是教育参与各方通过教育活动和多维互动,在学习、身心发展、思想认识、社会适应等方面,均实现在原有基础上的不断提升,从而体验超越自我、获得成功的成就感和幸福感,进而产生追求新发展、新成就的学校特质精神文化。首府实验学校从"成就学生、发展教师、影响家长"三个维度实施"成就教育",努力构建生命成长共同体,彰显教育的本真要义和最大功效。

学校以学生的发展为中心,坚持"五个育人",探索全过程、全方位育人新路径。坚持课程育人,根据国家要求开全课程、创优课堂,重新摆正非统考学科和实验教学应有的位置;推行社团育人,整合校内外资源组建近80个学生社团,实行自选式、个性化特长培养模式;突出文化育人,构筑师生精神家园,丰富校园文化内涵,让文化的阳光雨露润泽孩子们的心灵;探索活动育人,举行丰富多彩的竞赛、演出、户外实践等活动,促进学生综合素养的提升;践行德育育人,通过入脑入心的德育教育,塑造学生的良好品行和健全人格。多种育人渠道,为孩子们的成长提供了更足的养分和更多的选择。

学校以发展教师为己任,多措并举助推教师专业化成长,让每个教师的成长如虎添翼。提供专家引领,邀请刘忠伟、陈静、徐文祥、刘新选等名师莅临学校讲学；搭建成长平台，举办优质课大赛、班主任技能大赛、班会课比赛、教师成长论坛等赛事活动；促进抱团生长，组建四个名师工作室和两个名班主任工作室；创造研修机会，精心策划"变好行动成长营"、交流分享会、读书会、朗诵会等主题活动。学校的一系列举措，让一些优秀教师逐渐成长为县域名师，还有一大批青年教师正在脱颖而出。

孩子的成长离不开父母高质量的陪伴，学校教育只有串联起家庭教育，才能形成最大合力，取得最佳效果。我们在用好班级群、校讯通、家长会等传统宣传、沟通方式外，尝试开展家长开放日、家庭教育沙龙、家庭教育征文、亲子共读、优秀家长评选等活动，帮助广大家长提升家庭教育水平，力争让每个家庭的亲子关系回归和谐，让每个孩子一步步走向优秀。

在推进"成就教育"的同时，我们着力打造"品质校园"，擦亮新县教育新名片。"品质校园"是指有品位、高质量、特色鲜明的学校，是坚持党的教育方针，遵循教育规律，适合师生发展需要的学校。首府实验学校以"立德立志、求实求新"为校训，以创建"品质校园"为目标，坚持走内涵式发展之路。

追求管理品质，夯实发展之基。我们立足学校实际，发扬"深耕细作、精益求精、善作善成"的优良作风，落实精细化、规范化管理要求，用高品质的管理打造高品质的学校。学校班子成员每日参加早会，及时研判分析问题，打磨管理细节，堵塞管理漏洞；管理人员重心下移，靠前指挥，以实际行动践行"现场管理"理念；教师全员参与学校管理，人人充当德育工作者和安全管理员；学校每年举行"年级管理论坛"和"管理人员论坛"，总结经验得失，交流管理智慧。

提升文化品位，铸造奋进之魂。文化，是潜移默化的浸润，也是无形无声的力量。我们致力于培育优秀团队文化，为学校发展培根铸魂、凝聚力量。开学伊始拍摄"全家福"已成为学校的传统。当一年的光阴匆匆流逝，我们会制作年度记忆视频，把奋斗的身影和美好的瞬间永久珍藏。每学年，我们都会评选一期"首府好老师"，让教师手中的奖杯印证拼搏的意义。我们的校刊《首府新苑》，承载着学校文化和发展愿景。在学校走廊，我们设置有"教师阅读休闲区"、"教育名家长廊"和文化小品，让校园多一份惬意和厚重。每年元旦，我们会组织集体登山活动，让大家的欢笑声在山谷间回响；我们还有属于自己的联欢会，大家一起唱歌跳舞，共同迎接新年的到来！

打造学校品牌，探索强校之路。品牌，是学校的"颜值"和核心竞争力。我们结合校情，锚定方向，不遗余力地推进三大品牌建设：质量品牌，继续用过硬的教育质量回应家长的关切和期盼；社团品牌，目前"人人有社团""网上选课、走班上课"已成为现实，相信更多的特色社团会不断涌现；德育品牌，将路队吟诵、洁净校园、无声就餐等作为系列德育品牌来打造。

教育是美好的事业，让我们怀揣美好，彼此温暖，相互照亮，把教育的初心与使命镌刻在呵护学生成长的日常里，让教育之花盛开在一路追寻的旅途中！

做"成就教育"，建"品质校园"，我们定当竭尽全力！

做励志教育，建幸福校园

新县八里畈镇初级中学　刘建良

八里畈镇初级中学是1987年迁址兴建的，学校以"修身启智，严谨务实"为校训，以"文明、团结、守纪"为校风，以"敬业、严谨、务实"为教风，以"勤勉、善问、精思"为学风，坚持"质量立校，教研兴校，特色强校"的办学理念。学校自1994年以来，质量考评已经连续28年蝉联全县乡镇初中第一名。我是2020年秋到校任职的，我的主要目标就是和全体班子成员、教师一起，传承八里精神，擦亮八里教育名片。培养有成就感、归属感和幸福感的师生，打造幸福校园。

做励志教育，树品牌意识

在第一次全体教师会上，我提出了四点要求：守住师德红线，筑牢安全底线，突出教学主线，编织教育金线。做幸福教师，育阳光学子。树立品牌意识，把"豫南乡镇名校"作为奋斗目标。

夯实教学常规，提升教育质量

为激发教师的工作热情，进一步提升教育教学质量，学校采取了一系列举措：

教学检查常态化。实行教案作业、听课记录、单元检测双周查，及时反馈，立行立改。

"三课"活动常态化。通过特岗教师达标课、骨干教师示范课、年度教师优质课等系列活动，真正把"三课"活动落到实处。

教研活动常态化。坚持每周开展集体备课和教研会，通过集体备课集思广益，缩小差距，加速教师成长。

教师考核常态化。将过程性考核和结果性评价相结合，形成制度文化，实现文化化人。

"四清一测"常态化。采用学生知识性清单目标达成式学习方式，为高效课堂的推进找到了抓手。

培优辅差常态化。一对一辅导，帮助孩子发现优点，补齐短板，让孩子在学习上能够实现均衡发展和全面发展。

通过系列举措，进一步压实教学常规，突出教学主线，优化教学管理，树立品牌意识。

注重教师培养，搭建成长平台

据不完全统计，我校每年考入县城学校的教师都在10人以上，每年新特岗教师也是批量进入。作为一所农村优质学校，我校始终把发展教师作为学校工作的重中之重。

加强培训指着走。多层次、多维度、全方位的培训为教师成长指明方向。

师徒结对领着走。师徒结对、跟岗指导、示范引领、现场点评，骨干教师领着走，青年教师不迷茫。

观摩听课跟着走。新入职的教师全程参与听评课、集体备课和教研活动，实行跟岗、跟人、跟班、跟时。

考核评比推着走。进行公开课展示、教案作业检查、听课次数考核等评比，通过过程性考核推着青年教师加速专业化成长。

搭建平台给你走。组织开展特岗教师汇报课、成长论坛分享、演讲比赛、读书比赛、试卷命制、才艺展示、班主任基本功展示等活动，给青年教师提供展示的舞台。

细化安全教育，筑牢安全底线

为了筑牢安全底线，学校多措并举，多管齐下，把安全教育渗透到教育教学的各个环节。

安全值日定岗定人。学校安全值日实行定时、定岗、定人值守管理，实现学生课间安全管理全区域、全时段无死角全覆盖，从早上学生起床到晚上学生就寝，安全值日表覆盖到了所有区域。

法制报告警示教育。法制副校长每学年至少开展两次法制报告会，邀请派出所干警举办安全专题讲座，通过典型案例和专业剖析，对学生进行警示教育。

信息提醒及时到位。用校讯通、微信群、一封信等方式，让安全信息及时送达，安全教育全面覆盖。

疏散演练防患未然。每月开展一次防地震疏散演练和消防安全疏散演练，增强学生的自护自救能力，进一步降低安全风险。

集中教育入脑入心。学校利用周一升旗、各种集会和大课间进行安全教育，班级则利用主题班会和板报来进行安全教育，真正让安全教育入脑入心。

安全平台学习同步。每个月教师、学生、家长都会根据安全平台上的专题，进行相关的学习，增强安全意识。

建幸福校园，沐高雅情操

快乐传递快乐，幸福滋养幸福。我校把幸福校园的建设作为奋斗目标，让教师幸福，让孩子快乐，让校园成为师生共同成长的乐土，努力让每个教师做孩子一生幸福的奠基人。发挥四大育人功能，即文化育人、活动育人、节日育人和课堂育人。

抓好习惯养成，落实五育并举。好习惯铸就好品质，好品质成就好学校。我校始终关注学生综合素质的提升，真正落实五育并举的教育教学目标，抓好学生习惯养成，开展了大量的活动。

文明礼仪伴我成长。学校专门开展文明礼仪教育，推出文明礼仪强化周，强化内容包括见面问好、有序上下楼梯、排队无声就餐等。通过对文明礼仪的强化，学生在一举一动中彰显了良好的综合素养。

尊老爱幼形成风尚。学校以重阳节为契机开展敬老活动，组织学生走进敬老院，发动全社会为老年人创造一个良好的社会环境和生活环境。

体育锻炼增强体质。学校坚持每天两操，落实"每天锻炼一小时，健康工作五十年，幸福生活一辈子"的理念。在两操活动展示中，学校的"最美大课间"荣获全县初中组第一名。学校足球队在"县长杯"足球赛中斩获第四名。

厉行节约树立榜样。勤俭节约，反对浪费。开展了"厉行勤俭节约，反对铺张浪费"主题教育活动，向全体师生发出倡议，真正将厉行节约落到实处。

讲究卫生干净做人。在卫生方面坚持做到净化、亮化、美化。实行寝室管理"六条线"、食堂管理"6S",通过大处着眼、小处着手的卫生管理,培养孩子讲究卫生、干净做事、磊落做人的品质。

社团活动培养特长。学校共成立了13个学生社团,通过开展丰富多彩的社团活动,让学生有特长、教学有特点、办学有特色。

学习习惯点亮梦想。把自主学习、安静自习、诚信考试、独立作业、激情早读、预习课文、认真笔记等习惯渗透到日常的教学中,让好习惯伴随学生一生。

凝聚团队力量,建设幸福校园

学校以活动为载体,凝聚团队力量,建设幸福校园。

逐梦赛场,放飞梦想。举办体育艺术节、春季运动会、朗诵比赛、演讲比赛等。

亮化环境,卫生评比。选定办公室主任,加强办公室管理,开展办公室评比,把办公室建设作为学校整体水平提高的一个重要支点。

学习强国,与时俱进。学校开展了"学习强国"平台学习评比活动,引领教师热爱学习、投身学习,与祖国同呼吸、共命运、齐成长。

退休教师,蓄力助航。利用重阳节、元旦等节日,邀请退休教师到校指导,向他们汇报学校发展现状,询求他们对学校发展的指导意见,为学校的发展续航。

关注节日,至校如家。教师节,我们在食堂自娱自乐;冬至,为老师们准备了可口的饺子;元旦,我们欢聚餐厅,自导自演……每一次活动,都让我们的心更近、情更深。建设幸福校园,沐浴高雅情操,我们矢志不渝。

作为教育工作者,我们要努力做到办学有温度、教育有温情、师生有温暖。要做一个有温度的教育工作者,传递温暖,传递感动,传递幸福。努力让每一个教师在这里安居乐业,幸福生活,找到自己的存在感、价值感和归属感,在这里找到一生的教育梦想。让每一个孩子在这里健康、快乐、幸福成长,在这里留下最美好的回忆,在这里种下人生理想的种子。让教育永远徜徉在温暖的河流中。

做励志教育,建幸福校园,我们一直在路上。

做幸福教育，建品质学校

沙窝镇中心学校　刘光峰

沙窝镇中心学校创建于1946年，地处乡镇，位于两省三县交界处，主要服务于沙窝镇境内适龄儿童和邻县就近入学的适龄儿童。学校现为一所乡镇中心小学，管辖沙窝镇10所教学点的教育教学工作，基础设施薄弱，正在加大基础设施建设力度。

学校坚持为党育人、为国育才，落实好立德树人根本任务，实现教育的高质量发展。

学校积极打造以"持续、协调、健康、创新"为核心理念的"幸福教育"文化，创办出具有现代化气息和创新精神的，有人性、有温度、有故事、有美感的学校，让学校成为孩子们的精神家园和成长乐园。

近年来，在学校党支部的带领下，全体教师共同努力，始终坚持以党建为引领，不忘初心、牢记使命，为党育人、为国育才，用心用情办好人民满意的农村教育。在教育教学过程中，学校以"党建引领校园文化建设促发展"贯彻教育教学全过程，致力培根铸魂，紧紧围绕"德美、智强、体健"的办学理念，全面实施素质教育。立足课堂抓质量、立足课程搞教研，加快教育信息化建设，推动学校教育跨越式发展。学生核心素养全面提升，教学质量大幅提升，各项工作亮点纷呈。

积极探索，创新打造"自主、合作、探究"的课堂文化。课堂是教育教学的主阵地。课堂教学不仅要让学生学会知识，更重要的是培养学生的核心素养。学校通过积极探索，从2021年春季开始在全校推行"三段六环"高效课堂教学模式课改实验，重建"学生主动参与、乐于探究、勤于动手"的高效理想课堂，让学生愿意在课堂上开口说话，能在小组合作中体验学习带来的成就感、快乐感，减轻了课下的学业负担，提高了学习效率。

立足于实，着眼于趣，开发"学科课程""拓展课程"等校本课程。学校从实际出发，构建了以师生核心素养发展为统领的校本课程体系，包括以养成教育为主的入学课程，以理想信念教育为主的入队课程，以及升旗课程、毕业课程、多彩社团课程、传统节日课程、快乐德育课程、日常活动课程等。努力开发学校课程体系，让学校的一切活动体现课程文化。同时结合学校实际情况，发挥教师特长，充分利用功能室、运动场地等，根据学生兴趣爱好，利用课后延时服务时间，开设了音乐、美术、体育、书法、朗诵5个独具特色的社团。社团活动的开展，为校园文化注入了新的活力，使学生的特长得以发挥，个性得以张扬，让学生在多样化的课程活动中收获幸福。

创设"主题鲜明、内容丰富、形式多样"的德育活动。学校每月结合节日、纪念日等开展形式多样的德育主题教育活动，让学生享受和城里孩子一样的学习生活，在快乐的活动中获取知识、形成能力。学校经常开展主题鲜明、内容丰富、形式多样的主题队会活动，加强对全校学生的理想信念教育，引导他们树立正确的价值观和远大的理想信念。以活动为载体，德育效果显著，受到社会各界好评，让学生在展示自我中体验幸福。

坚持五育并举的学生发展理念。我校为突出德育实效，提升智育水平，强化体育锻炼，增强美育熏陶，加强劳动教育，开足开全了各类课程，建立健全了学生必备品质、学业质量、艺术审美、劳动创造、身心健康等评价体系，对学生进行跟踪管理、动态评价。让学生在自我评价、教师评价、家长评价等全方位的评价中收获幸福。

做幸福教育，让教师有成就

加强师德师风建设，打造一支"四有"好老师团队。大力加强师德师风建设活动，突出师德师风的核心地位。开展以"礼赞建党百年，矢志为党育人"为主题的师德教育，引导教师进一步树立正确的世界观、人生观、价值观。立足教育改革，围绕教育创新和发展搞好工作。重树"学高为师，德高为范"思想，使教师团队保持艰苦奋斗的创业精神、团结拼搏的协作精神、严谨求实的科学精神、不断进步的开拓精神和不求索取的奉献精神。

立足教师专业发展，拓宽教师培训渠道。教师是教育教学的中坚力量，有高质量的教师才会有高质量的教育。加强师德师风建设，教育和引导教师自觉恪守《新时代中小学教师职业行为十项准则》。学校紧抓教师专业发展主线，科学制订教师个人三年发展规划，提高青年教师、特岗教师教育教学能力，建立教师专业发展支持体系，探索创建符合本校实际的评价体系，完善教师培训体系，创新教师培训模式，通过科研引领，以教促培、以课促训，线上线下相结合，走出去、请进来等各级各类培训，不断提高教师德育、课堂教学、作业和家庭教育指导等能力，帮助教师突破专业发展的瓶颈，助力教师实现从新入职教师到合格教师到骨干教师再到专家型教师的成长之路，打造了一支"四有"好老师团队。

实行集体备课新模式。我校实行"四定七备六统一"的集体备课模式，为村小教师与中心校教师的交流学习搭建了桥梁，提供了很好的平台。教师通过集体备课研讨取长补短、相互学习、共同成长，为沙窝镇的整体小学教育发展带来了明显的效果。通过集体备课，教师既备教材，又备学生，连作业题也都精心研究，改善了教育教学中教师们各行其是、各自为政的随意现象，减轻了师生负担，避免了重复劳动，实现了课堂教学的最优化。

名师引领，快出高徒。学校每年选拔市、县、校级骨干教师、名师、名班主任作为重点培养对象，以"汪兰语文名师工作室"为平台，发挥名师的示范引领作用，引领教师自觉钻研业务、精进业务，让一大批青年教师快速成长为学校的中坚力量，为学校发展做贡献，提升学校办学品位。

做幸福教育，让学校有发展

坚持党建引领，牢牢把握学校教育高质量发展方向。方向正确是高质量发展的前提。学校党支部全面贯彻党的教育方针，落实立德树人根本任务，把党建工作融入办好人民满意的教育全过程。学校以党建促发展，建设了一支"不忘初心、牢记使命"的高素质教师队伍。以评选最美教师为抓手，狠抓师德师风建设，使教师坚定"四个自信"，增强"四个意识"，做到"两个维护"。近年来，沙窝镇中心学校支部委员会根据上级党建工作安排部署，精挑支部班子人选，通过强化党组织阵地建设、完善健全支部各种制度、严格管理党员队伍，保障支部学习活动正常进行。

文化引领价值，创造幸福校园氛围。文化是学校发展的核心精神支柱。学校将显性的物质文化与隐性的精神文化相结合，科学规划校园，着力打造积极向上、格调高雅的校园文化，形成了"两廊两园三馆六阵地"学校文化主体，通过物质文化的直观辐射，实现对儿童精神文化的深层次唤醒与积淀。学校将文化融入德育，以文化人，根据学生的年龄特点和认知能力，结合校园里的墙、园、廊、厅、道、室等文化分布的不同，在不同年级开发不同的常规性教育教学活动。每年举办科技、文化、体育、艺术成果展示活动，始终坚持以"德"为核心，在"妙趣天成，亦知亦行"的教育实践中，不断增强学生的道德自我教育能力和社会责任感。让师生在潜移默化中受到心灵的陶冶，得到人格的升华，从而形成"和而不同，日新月异"的校风。

统筹全镇小学教育资源，进一步完善基础设施。学校基础设施的完善使得城乡差距进一步缩小，让更多的教师坚定扎根乡村教育事业的决心不动摇，真正做到"愿意来、留得住、教得好"，进而促进偏远山区孩子们能更好地茁壮健康成长。把六年级毕业班学生集中到校本部就读，使教师和教育资源配置更加优化。省民生工程中心幼儿园项目也已投入使用，为我镇学前幼儿提供了高质量的教育。

组建强有力的班子管理队伍。沙窝镇中心学校点多面广，下辖校本部、中心幼儿园和6所村级小学（教学点）、2所民办幼儿园。班子成员分工明确，各司其职，各负其责。同时选拔优秀教师作为村级小学负责人，按照中心学校的章程统一管理。班子分片包班，年终按照量化考核评估标准进行考核，表彰先进，激励后进，统筹推进乡村教育齐头并进。

新县沙窝镇中心学校将继续严格落实"双减"政策，深化新时代教育评价改革，推进课程建设体系化，打造家、校、社共育新格局，塑造学校新样态，实现学校教育高质量发展。

做忠孝教育，建和美校园

新县田铺乡九年一贯制学校　白先辉

新县田铺乡九年一贯制学校位于开国上将许世友将军故里，地处深山老区，始建于1958年，前身是南京军区援建的军民医院，是一所根正苗红的红色学校。学校中心部位于田铺大塆，下辖一个教学点和一个中心幼儿园。多年来，学生和家长情况复杂，管理难度大；学校缺乏成熟的制度建设和管理模式，基础设施不完善，文化氛围不强，办学无特色，社会认可度不高，属于偏远乡村薄弱学校；教师结构性缺编，教学质量不高，活力不足，合力不大，方向感不强。

挑战和机遇并存

巍巍大别山，红色基因绽放时代光芒，时代之光照耀豫南山村学校。2019年9月16日，中共中央总书记、国家主席、中央军委主席习近平来到新县田铺乡田铺大塆，远眺新县田铺乡九年一贯制学校，亲切接见了师生代表，关切问道："你看这儿山也好水也好，在这儿待着还安心吧？"总书记走向人群，拉着学生的手，抚摸孩子的脸颊，每一个学生鞠躬并落落大方地向习总书记问好。总书记亲切的话语、慈祥的微笑、温暖的大手，给人无穷的力量。

为了实现习总书记的殷殷嘱托，把革命老区建设得更好，让老区人民过上更好生活，我们教育工作者该怎么做？怎样落实立德树人、办好人民满意的教育？怎样落实国家的"双减"政策，五育并举，实施素质教育？这既是时代课题，更是我们肩负的历史责任。学校何为？

文化引领是力量

学校文化是学校的灵魂。人的天性就是不愿被自己所置身的文化氛围、文化背景所抛弃。因此，能够定位学校发展、构筑教师共同愿景的学校文化显得至关重要。学校把"勤、善、和、美"确定为发展的核心价值观，力求通过实施忠孝教育，构建和美文化体系，形成持续发展的不竭动力。

学校以许世友将军的"忠""孝"为校魂，秉承"红色基因，英雄品格，爱党爱国，成长成才"的办学宗旨，大力营造"团结、活泼、积极、向上"的文化氛围，创建"民主、温馨、和谐"的育人环境，大力弘扬传统文化，坚持立德树人，实施素质教育，努力培养具有红色基因、核心素养的时代新人。

"忠"就是教师要甘当"红烛"，不忘初心，志做"四有"好老师，忠诚于党的教育事业，勤劳勇敢，主动作为。"忠"是内在的信仰，"勤"是外在的表现，是无须提醒的自觉。"孝"就是教师要传承好中华优良传统，催生人善的本性，具有为别人着想的善良品质，培根铸魂，启智润心，带头守好孝道，让师生相伴成长，努力办好人民满意的教育。通过创建许世友将军文化长廊，设置英雄品格标语条幅、文化石等，创设有形的忠孝文化环境；积极开展许世友"三跪慈母"等红色故事宣讲活动，广泛传颂许世友将军"生为国尽忠，死为母尽孝"的佳话，大力推进"忠孝先锋、相伴成长"党建品牌创建活动，追求有序的忠孝文化目标。

"和"是中国哲学的重要内容，是自然社会不同事物的矛盾统一，是辩证法的适宜度量和最高境界。

文化传承"和"。校园文化的形成是在传承中积淀，在继承的基础上再求发展，这种文化的传承本身就体现了一种"和"的思想。全盘否定后再去追求一种新的方式，是一种忘本的行为。因此，不要只盯着自己学校文化建设上的瑕疵，要想让学校的校园文化不断丰满，就必须在继承的基础上不断修正其中不合时代要求的部分，创新思路，让校园文化的精髓与新时代特点相结合，这样校园文化才能逐渐更新，焕发出新的魅力。

干群关系"和"。天时不如地利，地利不如人和，我们要想做好工作，实现学校教育质量的提升和长足发展，必须做到"人和"。学校里最能提升战斗力的就是干群关系"和"。学校工作的引领者是校长，实施者是教师，校长的视野决定了学校发展的理论高度,但实施者教师决定了学校教学实际水平。校长如果一味追求自我实现目标上的要求,而忽视了教师的认同感,那么必将导致干群关系的紧张,进而影响到工作的落实和工作的质量。所以说,校长要想让自己的意向完全落实到学校工作中去,就要特别关注干群关系,改善与维持好干群"人和",这样才能创造校园文化的大"和"。

师生互爱"和"。爱的萌芽需要用爱去浇灌,爱的传承需要用爱来护航,爱才是"和"文化的源头。爱是校园"和"文化的催化剂,教师只有心里充满对学生的爱,才能赢得学生的尊重;教师只要心中充满爱,他在工作中的一切行为都会是良好的教育行为,都能引起学生爱的回应,诱发学生爱的生成。师爱是教育的源头,生爱是教育的追求,师生互爱也就形成了校园"和"文化的基础,让校园这个小社会凝聚起带动社会大环境的正能量。

制度引领"和"。学校管理的最终落脚点就是制度,靠一任校长的人格魅力不会让一所学校长久快速发展,必须要把制度建设的出发点和落脚点都落在"和"字上。学校不必一定有多少名师,但一定要让所有教师能齐心协力,勤奋工作;学校不必非得培养出有名的尖子生,但一定得让所有学生得到最好的发展。学校制度对于评价教师和学生都要体现出集体意识和团队意识,要引领学校所有相关人员向"和"文化的最高处前行。制度的建立追求"和",制度的执行更要体现"和"。一个成熟制度的最终确立,要经过立意、论证、通过实施、反馈纠正和修改再执行的全过程。学校想要达到一个新的管理目标,往往要制定一项新的制度,立意肯定是瞄准这一目标的,但在论证时一定要充分考虑到新制度带来的改变与学校原有管理模式之间的冲突,力求循序渐进,让制度顺利落地。在制度的执行过程中,学校的原有制度会因时代发展而碰上一些新情况,新制度又可能因考虑不够充分而遇到一些执行上的问题,这些都需要学校班子智慧地处理解决,维持好学校和谐的育人环境。

家校沟通"和"。校园文化与家校沟通看似无关,实际上家校沟通的方式方法也能很好地促进校园"和"文化的发展。学校变通方式方法,多渠道和家长取得联系,打造出一个稳定的交流平台,与家长形成融洽的关系,这本身就是学校"和"文化的一部分。学校通过家长向社会辐射,让全社会共同关注和帮助学校发展,进而达到社会、学校和家庭的共"和"。

"家和万事兴,校和事事顺",学校内外和、上下和、人物和、物物和、事事和、身心和，和乐共进、和而共生、和而不同。教师对学校和自己的发展充满愿景，心中有思想、有目标，工作才会更加主动、更加有激情；学生对学校和社会充满友爱，眼中有亮光、脚下有力量，学习才会更加努力、更加愉悦。

"美"即教育的本质，教育之"美"在校园环境，更在教育过程和教育结果。基于此，学校不仅追求环境的雅致优美，实现无痕的熏陶、无言的教育，而且强调教育过程、师生交往、家校沟通都应富有情感、充满美感，课程的开设、活动的组织要充分关注学生身心健康、人格健全。从这一角度看，爱是教育的基石，而"美"是生命的完善臻至，将爱与"美"结合，才能建设真正的"美丽学校"。

健全制度是保证

组织体系管理明晰化。由校长、副校长、主任、教师金字塔管理转变为扁平化管理，学校统一决策领导，处室具体考核指导，年级班级直接管理实施。

制度建设科学化，让管理"有法可依"。建立健全学校规章制度、执行监督制度，实施精细化管理，把责任分解到人，充分利用各处室的监督职能和校务公开，保证"有法必依"。

师生管理人本化。校长要不断提高自身素质，并且具有自我诊断能力和顶层设计理念，拥有大局观，能客观分析学校的优劣势，鉴别并把握住发展的机会，根据实际情况发挥学校的顶层设计功能。顶层设计应该具有前瞻性、指导性、可实施性。要慎重选择中层干部，坚持在学科骨干中选拔干部，方便教学管理。校长大胆放手，让他们充分行使自己的权力，在与学校的共同成长中，真正感受付出的愉悦。要关心教职工，满足教师专业成长的需求。注重教师身心健康，用实际行动尊重和温暖教师，引导教师在专业上主动学习研究，有所发展、有所建树，获得成就感和幸福感。要面向全体学生，落实"双减"政策，提质增效，五育并举，实现"一个都不能少"。在管理上最终达到"人人有事干，事事有人管，事事都规范"之效果。

做实课程是根本

教育质量是学校发展的生命线，因此学校要重视课程体系构建，注重发展学生核心素养，提升教育质量。

课程建设。要认真落实课程计划，加强课程常规管理。为培养全面发展的人，先要明确中国学生发展的核心素养：在自主发展上要学会学习、健康生活，在文化基础上要有人文底蕴、科学精神，在社会参与上要有责任担当、实践创新。课程体系的构建要有利于提升学生核心素养。第一，强调课程整合，注重学科间的融合。第二，提供不同水平的教学内容和教学方案，满足差异化教学需求，做到因材施教。第三，注重学生研究性学习能力的培养，帮助他们养成良好的科学研究思维模式和行为模式。第四，从对知识的简单记忆到运用能力的培养。第五，建立推测——调查——结论的学习方式，整体推进探究式教学方法，通过小组项目学习、合作学习，让学生提高自主学习的能力。第六，提倡批判性思维和质疑精神，鼓励创新思维。第七，制定围绕核心素养的培养目标，完善保证体系和评价体系。

　　校本课程研发。加大对国家、地方课程校本化、生本化的研究，尤其是英语口语、数学思维、语文阅读、艺术素养等课程的开发实施，确保课程全面落实。同时，加强对地方传统文化的研究，做好课程的顶层设计，做到有主线、成体系。

　　夯实课堂教学。设计高效的课堂流程，细化教学过程管理，建立以教学质量为导向的课程改革思路。鼓励教师搞个性化课堂，让广大教师去积极实践、探索。深入解读课标和教材，把对课标和教材的理解转化为教学设计，再把教学设计开展为具体丰富的教学活动。

　　建立合理的教研活动制度。学校以校本教研为基础，通过微课、同课异构、三课两评一反思、教师基本功比赛等不同形式开展教研活动，对部分教学质量较差的教师实行"问题坐诊制"，从课堂上发现、研究、解决问题。

　　重视教师专业发展。一是做好规划，明确目标。学校指导并组织教师认真做好个人发展三年规划和年度专业成长计划，明确工作方向和重点。如第一年明确自我发展目标，实现角色转变；第二年加强教育技能培养，提高班级管理能力，强化自我修炼；第三年教学相长，教研并进，初步形成教学特色。二是文化浸润，提升境界。采用"请进来，走出去"的战略，以及利用名校名师空中课堂等，加强教师培训，让先进思想引领教师成长。三是活动引领，创设平台。首先，开展亮点展示活动。提供平台让教师交流展示自己工作中的亮点和独特的教学策略及技巧，互相学习，共同提高。其次，开展精品课、精品课例、精品教案等项目的评选活动。四是分层培养，加速成长。学校按照"精准培养、逐级提升"的原则，认真实施青蓝、骨干、名师三大教师培养工程，培养优质的骨干教师。五是关心老教师，发挥老教师的传帮带作用。关注老教师的思想状态，帮助他们克服工作和生活上的各种困难。有针对性地开展教研活动并制定相应的激励机制，调动老教师的工作积极性。人尽其才，合理安排老教师的工作岗位，让老教师充分实现自身的价值。创造民主、和谐、宽松的校园环境，让老教师安心、愉悦、自觉地投入工作。注重发挥老教师的示范作用，真正做好新老教师结对子、传帮带活动。

特色建设求创新

特色学校建设是提升学校知名度、打造学校品牌的重要途径，是推动学校发展的重要措施。学校坚持"以特色求发展，以质量求生存"，从自身特点出发，大胆探索实践，锐意进取，着力抓好学校特色建设，形成鲜明的办学风格。为实现立德树人的根本任务，结合学校自身情况，我校把突破点放在了德育阵地上。

抓党建、促发展、创名校。以党建引领发展，全面加强师德师风建设，激发教师团队学习、工作热情；全面贯彻党的教育方针，五育并举，落实"双减"政策，规范办学行为。开展"两进五比"活动，校长进课堂、教师进家庭，上班比守纪、业务比素质、岗位比敬业、教学比能力、待生比爱心，真正做到情况在一线了解、问题在一线解决、决策在一线落实、形象在一线树立，确保各项任务目标落到实处。开展"忠孝先锋，相伴成长"品牌党建活动，引导党员教师"展师风、展业绩、展风采"，激励党员教师争做先锋、争当骨干，带头落实教学常规，带头上好课、晒优课，促进工作高效落实，促进质量不断提升，促进师生成长进步。

构建德育校本课程五大体系。一是传统文化校本课程。我们的民族文化源远流长，为了让学生更好地接触历史，了解传统文化，学校开展了"古诗文诵读课程""传统节日课程"等。二是实践活动校本课程。学校开设了绘画、手工等课程，同时还开设了部分社会课程，让学生对社会热点、国家大事、身边的事及时进行了解和分析，帮助学生更好地融入社会。注重学生的仪式教育，如开学典礼、毕业典礼、入队典礼等。三是学科拓展课程。主要是国家和地方课程的德育拓展，让学生定期接受革命传统教育等。四是礼仪文明校本课程。通过画册、故事等学习文明礼仪行为规范，让良好的文明礼仪意识深入学生的心灵，内化为学生主动自觉的行为。五是社团课程。组织足球、舞蹈、音乐、绘画、手工等各项社团活动，形成完善的社团课程，通过开展社团课程，培养学生的行动力和合作探究等能力。

创建"三位一体"德育实践基地。一是充分发掘利用社区、公园景点、公益服务场所、农业生态园区等德育资源，建立学生素质教育特色基地，促进学生了解社会，培养动手能力，增强社会责任感。二是建立家校合作，拓展德育实践途径。通过家长委员会、家访等形式与家长建立经常性联系，不断完善家校育人新机制。三是大力加强校园德育阵地建设，充分利用校园广播站、宣传栏等方式，以及举办校园文艺节等活动，丰富学生课余文化生活，以活动为载体，促进德育阵地建设。在德育活动实践中，学校形成了"六个一"的工作方法，即建设一支队伍，全面育人；优化一个环境，整洁优美；突出一个重点，文明向上；围绕一条主线，爱国教育；强化一个规范，举止优雅；落实一个目标，全面发展。

专项教育提升行动。广泛深入开展社会主义核心价值体系教育，开展主题班会、演讲比赛、核心价值观传唱等丰富多彩的活动，促进学生树立社会主义理想信念。强化推进学生心理健康教育，开发心理健康教育校本课程，为师生提供心理健康咨询服务。建立学生法制教育长效机制，开展形式多样的法制教育专题活动，聘请法制副校长，充分发挥他们在学生法制教育中的重要作用。

总之，校长要着力提升自己对学校长远发展的领导能力和课程改革的能力，坚持制度为"躯"、人文为"魂"，注重思想文化引领，使管理既有温度、有张力，又让学校班子团队有魅力、有执行力，让老师有动力、有耐力，让学生有活力、有潜力。校长要用高尚的品格带领学校班子团队严格自律，用"德"感染大家，用"行"影响大家，用"言"感召大家，用"创"成就大家。校长要以高视野、宽气度、新思维、大气魄，改善"脚下的土地"，以文化立校，以特色兴校，以质量强校，走内涵式发展之路，打造和美校园，帮助师生找到幸福感、成就感和荣誉感，才能撑起教育艳阳天。

第二辑

我的治班方略

我的班主任心得

吴陈河镇初级中学　金德权

作为班主任，我秉着"德育为首，教育为主，育人为本"的指导思想，结合本班的实际情况，从"严""爱""勤"三个方面说说我的治班策略。

一、班主任必须要"严"

1. 严于律己

作为班主任，自己的一言一行都会成为学生学习模仿的对象。班主任要严于律己，以身作则，凡是要求学生做到的，班主任都要带头做到，禁止学生做的，班主任坚决不为，以自己的示范言行取信于学生。"喊破嗓子，不如做出样子"，在学生心目中班主任是社会人的缩影，学生在班主任影响下，不仅能学会怎样学习，也能学会怎样做人，做怎样的人。

2. 严格要求学生

严格要求学生是师爱的体现和学生成长的需要。严格要求学生是充分发挥学生的内在潜力，促进学生成长的需要。教师对学生的爱应该是一种热爱、尊重与严格要求相结合的爱，这种爱不是宠爱、溺爱和放任，而是要爱中有严、严中有爱、严慈相济。

严而有理。班主任在要求学生时，一方面所提出的要求应符合学生身心发展规律，符合教育的规律，不应压抑学生的天性，使人片面发展；另一方面，教育学生时要摆事实，讲道理，使学生欣然接受，心服口服。之前有学生解答数学大题时偷懒，只写结果，于是我罚他们抄写标准答案，并且跟他们说明白为什么罚他们，并不是我喜欢罚他们，而是为了让他们改掉不写解题过程的毛病，避免影响他们的成绩。学生听了之后，解题再没出现只有答案的情况了。

严而有度。对学生的要求要适度，要恰到好处。要根据学生的实际情况提出适当的要求，否则，学生就会反感、抗议。比如，为提高学生学习成绩而一味加大学习压力以致超过学生的实际接受能力，这样就会使学生把严格要求仅仅看成是一种外在压力，不能使学生个性得到健康发展。另外，班主任要从关心、爱护学生的角度出发，认真考虑每一项要求可能产生的后果，以便做到恰到好处。

严而有恒。对学生的要求必须始终如一、坚持到底，不能朝令夕改、虎头蛇尾。在贯彻中可能会遇到来自学生惰性、理解能力等方面的困难，但教师必须态度坚决、意志坚定。比如我会利用早自习最后的几分钟时间让学生上台演讲，这样既能锻炼学生的表达能力，也能提高学生的心理素质，虽然一开始有的学生比较排斥，但我一直坚持这样做，结果现在这已经变成班级的一个日常活动了，学生们都能踊跃参与。

二、班主任必须要"爱"

要当好一个班主任，就要善于接近学生、体贴关心学生，和他们进行亲密的思想交流，让他们真正感受到老师对他们的亲近和爱。这是班主任顺利开展一切工作的基础。作为班主任，要爱班里的每一位学生，包括那些成绩差、纪律差的学生，要平等对待每一位学生，让每个孩子都能分享到老师的关爱！

要耐心地教育违反纪律的学生，用心地帮助学习有困难的学生，真心地鼓励进步的学生。学生生病时，一句暖心的慰问，也是关心。学生有心事了，可以主动跟他聊聊……学生会感受到我们的爱。

三、班主任必须要"勤"

正如俗语所说："一勤天下无难事。"要搞好班级工作，管理好学生，勤是必不可少的。

1. 手勤

班主任要常打电话或发微信、校讯通与家长联系，这样可以家校教育双管齐下，事半功倍。教室出现纸屑，班主任主动捡起或扫一扫，无形中就能使学生不会乱丢乱扔。很多事情班主任带头来做哪怕仅仅一次、一分钟，对学生的影响都是深远的。班主任的行为能感化学生，换来的是学生行为的规范。

2. 嘴勤

班主任要经常找学生谈话，了解他们的学习情况、家庭状况，特别是当学生学习成绩有波动时，更应及时与学生谈心，找出原因，鼓励其努力迎头赶上，这对学生的成长十分重要。

班主任可充分利用好每周的班会，在宣扬积极向上的班级风气的同时，多表扬学生，少批评学生。要善于挖掘学生的优点，让每个学生都能发现自身的闪光之处。当班级出现不好的现象时，班主任要及时点出学生的问题，班级日常工作的很多事情只要班主任讲到了，多数学生都能做到、做好。

3. 腿勤

课间操时学生跑，我们也应该跟着跑一跑。学校有什么活动，班主任要在第一现场，这都是在给学生信心。从每天的早自习开始，班主任应该经常到教室外面转转，了解学生的动态，时不时地对在课堂上睡觉、玩手机学生过问过问，让学生认识到即使不是班主任的课，班主任也可能在外面看，从而可以减少甚至杜绝不好的现象。

4. 眼勤

腿勤了才会眼勤。眼勤就是多观察。平时要多进教室或多在教室外观察学生的课堂情况、生活情况，发现问题及时提醒学生注意。对于学困生，更要及时抓住他们的问题进行引导。

总之，要想管理好班级，形成一个具有良好班风的优秀班集体，班主任就要从"严""爱""勤"着手，在生活中给学生关心、照顾，在学习上给予其帮助，让学生真正体会到班级如家的氛围，使学生形成爱班如家的良好思想，也为自己管理班级打好基础。

采得百花成蜜后，为谁辛苦为谁甜

新县千斤乡初级中学　陈欣然

金秋九月，我作为2021届新上岗的特岗教师，担任了六年级一班的班主任，对于我来说，这是一种挑战，更是一种机遇。千斤乡初级中学六年级一班是一个由33位同学组成的班集体，每位学生都绽放着不一样的光彩。其中大部分同学是留守儿童，身边长时间缺少父母的陪伴，没有勇气和自信展现自己的长处，上课回答问题时也十分胆怯。每位学生的心理特征也不一样，所以在班级管理中我采用了不同的方式因材施教。

一、爱岗敬业，用心灌溉

作为一名班主任，我时刻严格要求自己的一言一行，身正为范。学生在家里是父母的镜子，在学校就像是老师的镜子。一颗种子能否绽放出美丽的花朵，除了靠自身的努力，还要看园丁的培育。所以在日常生活中，我认为作为一名班主任，无论是在专业知识水平上还是个人的道德行为品质上，都需要高标准严要求！只有自己做到位，在管理学生时，才能具有说服力。

尊重学生的人格，将心比心。热情地回应学生每一次响亮的问好，在我看来是凝聚班集体的一种方法。以小见大，开学之初，只有一两位学生在走廊上看到老师会问好，我一一回应了之后，这种现象逐渐多了起来，看着像是一种效仿，但是时间长了，在潜移默化中也形成了一种好的行为习惯。在日常里我成为学生懂礼貌的好榜样。

二、民主管理，百花齐放

园丁通过辛勤的浇灌让每一朵花绽放出最美的姿态。作为一名班主任，我也会让学生发挥各自最大的优势，一个奋发向上、团结友爱的班集体里一定有一群认真负责的班干部。在班级的管理中，我将权力交给学生，在班级里设立班长、副班长、值日班长、各科课代表、生活委员、小组长等职务，让学生干部积极地参与班级的日常管理，培养其独立工作的能力，为营造一个积极向上、团结友爱的班集体打好地基。

在班级里采用小组长检查组员、课代表检查小组长、班长和课代表互查的形式，营造班级良好的学习氛围。班风正，学风才浓！良好的学习积极性也是每位同学所要具备的，学生干部在班级里起好模范带头作用，同学们互相监督。在每周一次的班会活动上，每位同学都可以畅所欲言，谈谈本周在班级的活动中自己或者班委有什么做得好的地方值得大家学习，又有哪些地方是需要改正的。全班共同反思，有则改之无则加勉。每个人管理好自己才能形成一个有朝气有活力的班集体。

三、关爱为本，"爱"字当头

爱，是教育的根基。我在踏上教师之路的那一天，我的老师对我说的唯一一句话就是"用热心、爱心去关爱你的学生"，这也是我从事教育行业的初心和不竭动力。作为一名班主任，除了要维持好正常的教学秩序，让学生有一个良好的学习环境，更要关注每一位学生的思想状态，尽可能全面了解学生。

在平时我也十分注重与学生的沟通与交流，通过与学生谈心、与家长面谈等方式，帮助学生排解思想上的顾虑，解决他们的难题。在刚接手这个班级的时候我就注意到，有一个女生一直戴着帽子，而且不爱说话。后来通过谈心和跟她的亲戚了解情况后才知道，她的妈妈在她三岁的时候就去世了，爸爸现在也组建了新的家庭，常年在外打工，把她放在她大伯家住着。后来我发现她爸爸跟她的沟通少之又少，而每次的沟通中爸爸都是以命令的语气说话，这让父女关系变得更加紧张，再加上这个年龄段的孩子正处于青春期，比较敏感，沟通更是要注重技巧。我采用了换位思考的方法，让学生理解爸爸在外挣钱的辛苦，体谅父亲不善言辞；在父亲这一边，建议他换一种与孩子沟通的方式，学会倾听，多听听孩子自己的想法。后来在我的种种努力之下，这位女生摘下了帽子，脸上经常洋溢着微笑，在运动会上还拿到了两个个人项目第一名的好成绩。

每一个孩子都能发出他自己独特的光芒，不用与他人争明月之光。一天，我外出学习回来的时候，发现一个学生趴在课桌上无精打采，上前询问才知道是因为他没有吃早饭，我马上去小卖部给他买了面包和牛奶。他吃着吃着哭了，我追问之后才知道，事情的真相是他怕妈妈骂他，所以饭卡里没钱了也不敢问妈妈要。在后面向他妈妈问明情况时，他妈妈话里话外都是责怪孩子学习没有弟弟好，也没有弟弟听话。我就找到了问题的根源——妈妈的一碗水端不平，长期对两个孩子进行比较，让当哥哥的充满了不自信。后来我与家长沟通之后，情况有了很大的改观。我认为这也是我在班级管理中浓墨重彩的一笔。

最后，我认为我还应不断地研究班主任工作，在实践中不断地改进方法，多向有经验的优秀班主任请教，不断总结经验，形成自己的班级管理方法，在反思中进步。在这些学生身上，我也感受到了作为一名人民教师、一名班主任所要担负的责任与义务。同时，我也真切地体会到了一名教师的光荣和幸福感。我将继续在教育行业里奉献自我，为国家人才培养贡献积极的力量。

用爱更用心，润物细无声

新县千斤乡中心学校　王丹丹

泰戈尔曾说："使卵石日臻完美的，并非锤的敲打，而是水的且歌且舞。"我认为这句话是要告诉我们教师，要想让一个人逐渐变得完美，不是靠僵硬的教育和强制的手段，而是需要在长期潜移默化的影响下，润物细无声。我觉得这跟班主任的工作非常相似，班主任真情付出，用心付出，就像是"水的且歌且舞"，通过不断的打磨与雕琢，让一块块普普通通的石头蜕变成圆润、晶莹的卵石。

转眼间，我来到千斤乡中心学校担任班主任已经两年多了。班主任的辛苦、班主任肩上的重任，不用我说，老师们对此必是深有感触。尤其小学的孩子年纪小，他们就像一张张雪白的纸，等着和老师、同学们一起来绘出自己的色彩，因此，作为班主任的我们，需要时时刻刻以学生为中心，真心地付出，真情地投入，只有这样，才能助力学生健康成长。回望来时的路，感慨万分；展望未来的路，又踌躇满志。如何让"水的且歌且舞"富有诗意又充满智慧，这份工作让我不停地去寻找答案，也渐渐地有了一点点心得。

一

作为班主任，我们要有"心"。

1. 心细如发，才能见真知

裴斯泰洛齐说："每一种好的教育都要求用母亲般的眼睛时时刻刻准确无误地从孩子的眼睛、嘴、额的动作来了解他内心情绪的每一种变化。"第一次当班主任，我接手的就是一年级新入学的小学生。从来没有跟小朋友打过交道的我一下子面对47名小朋友，一时有些手足无措，看着他们都睁着大大的眼睛看着我，我却不知道该如何去和他们进行交流。这时我想到了裴斯泰洛齐说过的一句话："和孩子打交道，第一件要做的事，就是要赢得孩子们的信任和热情。"于是，从开始的自我介绍，我记住了每位小朋友的名字，到后来去观察每位学生的特点，主动走近他们，和他们做朋友，我越来越发现他们是如此天真可爱，他们的情绪都是写在脸上的，我可以很明显地看出他们是开心了、难过了，还是生气了。此后的日子里，我关注着每一位学生，尽最大的努力了解学生的家庭状况和思想动态，因为只有这样，才能于细节之中见真知，真正做到因材施教。

2. 耐心倾听，才能察心声

伏尔泰曾说："耳朵是通向心灵的路。"作为班主任，要多倾听孩子们的心声。一年级的孩子年龄小，表达能力不够，有时候很难清楚地向别人表达自己的观点。所以当孩子在表达的时候，老师不能粗鲁地打断或轻易地否定他们，这样不仅会熄灭孩子思维的火花，也会让孩子的心灵受到伤害。班里有一个很聪明的小男孩，他下课总爱来问我一些事。记得有一次下课，他跑过来问我："老师，沙漠里没有水，可为什么'沙漠'两个字的偏旁却是三点水呢？"我告诉他："因为沙漠缺水，与水有关，所以偏旁是三点水。"然后他又问了我很多其他的语文问题，尽管我是一名数学老师，但我还是一一向他解答了。这件事让我感触颇深。孩子的好奇心与求知欲，是我们大人所不能想象的，也是这世上最宝贵的财富。倘若此时我因为时间关系，粗鲁打断，或者告诉他去找语文老师解答，我想孩子就再也不会主动与我交流，这样无形之中我就扼杀了这份难得的好奇心与求知欲。可见，在教育的道路上，耐心与倾听是多么重要。

3. 以宽容之心去包容

宽容大度是班主任基本的师德和品质。由于学生的成长环境和性格志趣不同，我们不能要求所有的孩子都一模一样，整齐划一。要宽容孩子们的"与众不同"，更要宽容孩子们的"人无完人"。因此，班主任对待学生的缺点和错误，要有正确的认识，多理解、宽容他们，善意地指出缺点和错误，循序渐进地帮助学生加以改正，这样才能让师生关系更加融洽，才能让学生变得更好，才能让班级工作有序地开展。所以，作为班主任，我们不仅要懂得尊重学生的个性，还要为他们的个性形成创造条件，在活动中给他们提供施展自己才能的机会。

二

作为班主任，不仅要做到有"心"，还要做到"勤"。只有这样才能不断更新教学理念，改进教学方法，提高业务水平。

1. 勤于学习

当了班主任之后，我才知道班主任的工作是多么重要，也深刻认识到勤于学习的重要性。在班级的日常教学和管理中，总会遇到各种各样的新问题和新情况，而我只是一名经验不足的新手班主任，这就需要通过不断学习来提高自己。有人说，有什么样的班主任，就会带出什么样的学生。班主任处理事情有条不紊，学生做事也会有理有条；班主任做事拖拖拉拉，学生更不可能效率高。可见，班主任在教育教学中有多么强的权威性和导向性。我们要完成肩上的重任、时代的重托，要想让学生亲其师、信其道，就要不断地学习，不断地完善自我，不断地充实自我。

2. 勤于积累与反思

美国心理学家波斯纳提出了教师成长公式：教师成长＝经验＋反思。可见，积累经验与不断反思是班主任成长的必经之路。工作要用心，管理要讲求方法，学习也不可少，但积累更不容忽视。作为一个新班主任，多积累、多反思就显得尤为重要。我们不仅要多向有经验的班主任请教方法与经验，还应及时将自己工作中的所感、所悟、所思及时记录下来，然后加以内化，转变为自己的方法。"学而不思则罔，思而不学则殆。"班主任只有勤于积累和反思，才能增长教育智慧，从而真正提高工作的实效性。

总之，作为一名教师，尤其是作为一名班主任，我们可以说是任重而道远。观察和学习不可偏废，积累和反思更要相辅相成。王文湛教授曾经阐述自己的观点，告诫社会各界教育者要牢记两句话："一是假如我是孩子，二是假如是我的孩子。"让我们用"两个假如"时刻提醒自己、警醒自己，用爱付出，用心工作，无愧于自己的师德信念和人生理想。

浅谈班主任治班策略

八里畈镇初级中学　余志刚

我所在的八里畈镇初级中学是一所农村寄宿制学校，因此我们班主任的工作更加烦琐而劳累，从早到晚，工作时间远远超过12个小时。虽辛苦，但收获时的幸福会冲淡所有的劳累。现结合自身工作经验，谈谈我对班主任治班策略的一些看法。

一、身体力行做示范

乌申斯基说过："教师个人的范例，对于学生的心灵是任何东西都不能代替的最有用的阳光。"作为一名班主任，我时刻严格要求自己，时时检点自己，处处以身作则。无论课上还是课下，都做到穿着落落大方，举止得体从容。平时，要求学生做到的，自己一定首先做到，以自己的示范言行取信于学生。为了争创校园常规示范班级，我和孩子们一起努力。要求学生在劳动中积极肯干，我从不在一旁指手画脚，袖手旁观，而是卷起袖子和学生一起干。地上脏了，弯下腰来认真地扫一扫、拖一拖……渐渐地，主动维护班级卫生的学生多了，关心集体的学生多了，乐于帮助他人的学生多了……班主任的行动是给学生的最好的示范，学生会以班主任为榜样，对照和激励自己。

二、家校互动增交流

我在班主任工作中，特别珍惜和家长交流的机会。学生的健康成长离不开家庭和学校，而家庭教育对孩子的成长是至关重要的。很多时候都会听见家长说，孩子不听自己的话，却很听老师的话，希望老师多多管教等。但是这些家长根本就没想过造成这种现象的原因，每当我听见这种言论的时候，我都会耐心跟家长沟通交流孩子的状况，以便更进一步了解真实的学生，必要时还会去家访，所有的努力都是为了更好地了解学生，以便对症下药。有了家校及时有效的联合，家庭和学校双管齐下，班主任工作才会如鱼得水。

三、推心置腹换真情

如果一个学生生活在批评之中，他就学会了谴责；如果一个学生生活在鼓励之中，他就学会了自信；如果一个学生生活在讽刺之中，他就学会了自卑；如果一个学生生活在表扬之中，他就学会了感激；如果一个学生生活在恐惧之中，他就学会了忧虑；如果一个学生生活在认可之中，他就学会了自爱。育人是一项用心灵交换心灵的工程，有时候教师无意间的伸手，就能让学生摆脱困境，使他们重新看到学习、生活的希望与乐趣。曾经，我的班里有一名叛逆的女生，她的心思没有放在学习上，违反纪律是常态，我与她沟通多次，效果甚微。我看在眼里，急在心里，却一直找不到好办法。事情的转机出现在那年的秋季运动会，她报名参加了400米跑步。当其他选手都尽力奔跑的时候，她却在跑道上慢悠悠地走着，班里的同学敢怒不敢言，其他老师看见了也只能无奈摇头。当她经过我身边的时候，我为她鼓掌加油，说坚持就是胜利。随后，她开始加速，虽然成绩倒数，但坚持跑完了全程。之后这个女生找到我，说出了她的疑惑，我则说道："你是我的学生，我相信你，当然要为你加油。"那一刻，她的眼中闪过一丝光芒。接下来我趁热打铁，经常找她沟通，而她也从最初的抗拒到后来的愿意交流。原来，她的父母忙于工作，忽略了她的感受，她就故意做一些出格的事想吸引父母的注意力，没想到却和父母的关系越来越差。找到原因后，我给予她更多的鼓励和关心，她也慢慢打开心扉，开始主动学习，尽量避免再犯错。

2017年冬季的一天突降暴雪，学校接上级通知停课，我一直在教室里陪着学生等待家长到来。她的爷爷到学校后紧紧握住我的手说："老师，真心谢谢你，孩子的变化我都看到了，真的懂事了！"临走前，她对我说："老师，我走了，您抽屉里面有一封信，谢谢您！"打开信，上面写着："老师，我要走了，去父母那边，所有的事都已联系好，到了那儿我会好好努力的。之前父母都不想管我了，可您愿意相信我，尤其是运动会那次，我本意就是去玩，其他人都笑我，只有您为我鼓掌加油，那一刻，我就想着以后少惹您生气。我后悔以前没用心，现在学习上有点儿吃力，但我愿意去努力。另外想对您提一点小要求，希望您继续关心我的那些朋友，她们虽然调皮，但我相信您会改变她们的。再次谢谢您！"所以说，教育真的需要走心，没有爱就没有教育。

四、平凡琐事暖人心

　　班主任做的都是些平凡的小事，但就在这些小事中，架设了我们和学生之间爱的桥梁。我们需要比任课老师更用心地去观察每一个学生、呵护每一个学生。在工作中，人人喜欢好学生，往往忽视了那些"问题"学生，而实际上最需要教育、最需要关心的正是这些学生，所以我们要善于发现每个学生身上迸发出的小火花，哪怕它很小很小。如：一个调皮的学生，随手将地上的粉笔捡起来放在讲桌上；一个语文成绩平平的学生在讲话中用了一个很贴切的词，等等。班主任要及时抓住这转瞬即逝的火花，激发学生的自信心。因为表扬是人们的一种正常的心理需要，任何人都渴求得到别人的赞扬，"问题"学生更是希望能够得到老师的表扬。法国教育家卢梭曾经说过："赞扬学生微小的进步，要比嘲笑其显著的恶迹高明得多。"作为班主任，要时刻捕捉这部分学生的闪光点，及时予以肯定表扬，满足后进生的自尊和正常的心理需要，以创造转化的契机。

　　我认为，要做到以上这些，并不是很难，但确确实实做好每一项工作，是需要班主任有更多耐心的。我相信，只要一直努力地去做，用心地去听，就可以倾听到学生心中最真的声音，就可以把班主任工作做好、做精。

严在当严处，爱在细微中

苏河镇中心学校　欧阳梦萍

才走上工作岗位两年的我是一名年轻教师，又很荣幸地成为一名班主任，作为一个初次带班的新手，我是在摸索中前进的，也谈不上什么经验，但从我担任班主任以来，想法颇多，收获颇丰。

我班现有44名学生，整体情况复杂，有留守儿童、单亲儿童、残疾儿童等。有些学生学习习惯不好，自制力差，卫生习惯不好。部分家长缺乏责任意识，却又对孩子的期望非常高，他们希望孩子在健康成长的同时学业能够出类拔萃。这些对于我来说都是不小的压力，然而"三尺讲台，三寸舌，三寸笔，三千桃李。十年树木，十载风，十载雨，十万栋梁"，我希望我是那个为孩子们的成长播下最初种子的人，所以我要为之努力！

下面就谈谈我担任班主任以来在工作中使用的方法和策略。

一、用爱关怀，一切都是为了孩子

别林斯基说："爱是教育的工具，也是鉴别教育的尺度。"拥有爱心的班主任，才有可能实施爱心教育，即以爱心对待学生，培养学生的爱心。班主任只有在关心、爱护学生的基础上，才能掌握行之有效的教育技巧，找到有的放矢的教育方法，才能激起学生的上进心、自信心，培养学生高尚的情操。

我依稀记得在一次外出培训时的互动环节中，一位乡村教师问了一个问题："有些孩子不管用了什么方法，他的成绩都提不上去，该怎么办？"我记得管建刚老师回答说："有些树，就是只开花不结果，你要允许它的存在。"

回来后，我一直在思索这句话，真的只开花不结果吗？我苦恼了好久，直到有一天我在网上看到了落花生的视频，落花而生，我才得以安慰——可能不是不结果，只是果实藏在了深深的土壤里，我还没有发现。

这就让我联想到班里的一位残疾儿童，她是语言一级残疾，难以进行正常的言语交流，以致影响其日常生活和社会参与，家长的教育能力不够，最终严重影响了孩子的正常生活。由于语言残疾，她不能像正常的孩子那样与同学们交流、玩耍，只能用羡慕的目光看着同学们在课堂上回答问题。

一年级的时候她对我有着很深的戒备，警戒着我的靠近。我慢慢地走近她，同她一起吃饭，带着她一起做课间操，帮她整理好红领巾……在长期的相处中，她慢慢地愿意打开自己的心扉，尝试着跟我咿呀学语，虽然吐字不够清晰，但对她来说已是一个不小的进步。我开始教她写简单的生字、写自己的名字、数10以内的数……

虽然这只是一些点滴的进步，但我相信长此以往，她一定会有不小的收获，属于她的果实才刚刚开始生长。

二、培养小干部，发展孩子的能力

班干部是班级的核心，是班级的骨干力量，要建设一个良好的班集体，首先要建设好一支责任心强、能力强的班干部队伍。低年级孩子的行为能力都处于不稳定状态，所以我在班内搞了"争当值日生"活动。

孩子们刚入学，对他们而言短期目标更能促使他们从各方面严格要求自己。于是每个星期五的晨会课上，我都请本周值日生与全班同学一起评选出本周各方面最优秀或进步最大的两位同学，并成为下周值日生。这样一来，孩子们的积极性极高，收到了非常好的效果。比如我们班的一个男生，非常调皮，上课老坐不住，总是左顾右盼，甚至在老师讲课时跟同学讲悄悄话。可自从他被选为值日生后，他就发生了改变，每节课都特别认真地听讲，即使后来没当值日生了，也继续保持这些好习惯，老师不在的时候他也做得非常好，经常受到老师和同学表扬。

三、开展丰富多彩的活动

在班级的集体学习生活中，我经常组织学生开展各种有趣的活动，如手抄报比赛、亲子阅读照片征集、朗诵比赛、讲故事比赛、猜谜语比赛等。我利用身边的一切事物，尽可能地为孩子创造条件，别出心裁地举行各类活动，丰富班级文化。孩子们的兴致异常高涨，这些活动的实施面向全体学生，每一位学生都有机会展示自己,并在实践中得到锻炼,发挥自己的才能,进而爱上在学校的学习生活。整个班集体就像一个大家庭,每个人都在不断地进步,整个集体也在不断地完善。学生在集体中互相帮助,共同切磋,相互鼓励,共同进步。

四、建立奖惩制度

建立奖惩制度,奖惩要分明。如果奖罚不分明,这个规矩就白定了。关于奖惩要做到:第一,不要泛滥地奖励学生;第二,一旦许诺奖励就不要食言,一定要兑现;第三,除了兑现奖励,兑现惩罚也同样重要。

我们班的奖惩制度也有很多细则,每个细则都有明确的规定。我主要从以下几个方面对学生进行约束:第一是纪律,第二是作业,第三是安全,第四是卫生,第五是荣誉。

精细化到每一条规矩、每一个细节。班级里面事事都要有人去做,事事都要有人去管,要把所有的事情都分到个人,让学生明白自己的职责。以打扫卫生为例,班上每一个地方的卫生都要具体到个人,责任落实到个人,同时从每天的值日生中选拔出一位小组长,由小组长负责进行检查和督促,再由劳动委员进行最后的检查。这样层层检查之下,教室卫生得到很大的改善,同时也为班主任减轻了工作量。

五、开展家访工作,加强家校沟通

班主任工作充分体现了教育中"育"的价值,而这种价值如果没有家长参与则是不完整的。学会与家长对话,形成家校合力,是新时代做好育人工作的必由之路。

部分家长因为忙于工作,无暇关心孩子的学习生活。这需要我多和家长沟通交流,利用电话、微信、家访、家长会等机会,分享孩子在校的点滴,展示孩子的能力,肯定孩子的优点,增进家长对孩子在校表现的了解,调动家长参与家庭教育和班级管理的积极性;再谈谈孩子的问题,与家长交流教育方法,更新家长的教育理念,更重要的是找到解决问题的方法,与家长共商对策,加强配合,有效监控,找出病因并进行诱导教育。这样家校之间就形成了较强的教育合力,建立了较为完整的教育体系,为教育管理取得实效提供了有力的保障。

班主任工作是平凡而烦琐的，却又是伟大而充满挑战的。我会继续面向全体学生，关注每一个孩子的成长，在实践中探索行之有效的工作方法，使班级管理工作更上新台阶。作为一名新手班主任，我要走的路还很长，要学的东西还很多，培养学生自我管理、自我约束的能力将是我不懈努力的方向！

浅谈我的治班方略

新县特殊教育学校　郑桂云

自参加工作以来，近八年的工作经历中，我很幸运地拥有六年的班主任工作经历，这六年的光阴中，我送走了我带的第一届毕业班，如今这一届，我们正在相爱相伴中走向下一个路口。在教书育人的道路上，我们是教育者，但在班主任工作的道路中，我们是学习者，而我们的"老师"就是班里那些性格迥异的孩子。我的班主任工作经验，都来自于我带过的班、教过的学生。

一、关爱学生用心用情，经验反思入脑入心

所有的教育，起点和终点，都应该是关爱学生，而班主任的工作，是需要全程事无巨细地关注学生。刚参加工作的时候，班里有一位自闭症儿童，除了不愿意开口说话，我看不出她与别的孩子有什么不同，甚至觉得她比其他的孩子更有礼貌，因为她每次见到我的时候，都会冲我微微一笑。由于刚参加工作，对于自闭症儿童了解甚少，我只觉得在学习上不逼迫她，在生活上多照顾她，每天看着她顺顺利利地来学校，平平安安地回到家就行了。然而，自闭症儿童不会表达自己这一最显著的特点反而被我忽略了。直到她的爸爸领着她来到学校，挽起她的裤腿，我才看到已经被扎得惨不忍睹的双腿。原来，坐在她左右的两个同桌，在第一次拿铅笔扎她的时候，她不哭不闹，于是便有了第二次、第三次……而作为班主任的我却毫无察觉，家长声泪俱下、义愤填膺地控诉那两个犯错小孩儿的同时，我的心也在滴血，想起她每次给我的微笑，我内心无比愧疚，我爱我们班的孩子，但是我却忽视了这个孩子太多太多。这件事之后，我明白了，爱学生不光是眼睛上的关爱，更要用心用情去关爱。那个自闭症女孩是我心中永远的痛，每一次班务工作中有

所懈怠的时候，我都会提醒自己，我需要用更多的热心和爱心去关爱我的学生们。现在的班级里，有一位随班就读的聋哑儿童，为了更好地了解她的动态，我写纸条跟她沟通：能不能加你的微信，以后我们可以多沟通？她欣然同意。于是我们开始用手机沟通，就这样，之前的陌生与抵触慢慢在一来一回中渐渐消融了，她对我也越来越亲近了。正是那个自闭症女孩教会了我如何用心关爱学生。

二、用民主引领学生自我管理，以"勋章"助力学生积极成长

马卡连柯"前景教育"思想认为，要激励一个集体，首先必须形成大家共同拥有的希望和追求，而民主开放的班级管理，能让学生在完成繁重的学习任务的同时，感受到师生相处的乐趣，从而让班级氛围变得和谐又积极。当这种局面形成时，这个团体就有了高昂的斗志、饱满的精神和勇往直前的毅力。班主任工作中，培养得力的左膀右臂固然重要，但是外在的约束终究不如学生的自我管理。班主任不仅要关注自己的学科教学，更要着眼班级里所有的大小事务，所以开学的第一周，我会专门征求学生的建议，在学生的启发下制定班规，并网上定制专属印章，学生只要做了对班级成长有利的事情，我都会在他的语文课本首页盖上一枚印章。学生可以在印章上记录自己为何会得到这枚印章，或许因为一件好人好事，或许是书写进步，或许是卫生打扫得非常干净，或许是及时完成安全教育平台的学习任务，或许是作业完成得非常优秀，或许是主动回答问题……都可以盖上这样一枚象征着优秀和进步的印章。学生翻看这些印章，就如同看到通过自己努力获取的一枚枚勋章一样，成就感也会随着小勋章一点点累积，久而久之，在班级管理上，自然而然就会形成自我管理的班级氛围。

三、营造阅读氛围，打造书香班级

古人提倡"读书破万卷，下笔如有神"。随着社会的进步、科技的发展，现代人总结为"书中自有精神食粮，书中自有生命质量，书中自有美感滋养"。在这个多元化的社会，阅读能力逐渐成为一个人的软实力，热爱阅读的人，他的道德品行、人文素养一定会随着文化的熏陶而越发优秀。所以，我一直都相信，一个热爱阅读的班级，学生一定也会随着阅读而闪闪发光。因此，为学生营造一个真正意义上的阅读氛围，实实在在打造一个书香班级，

是作为班主任的我的一个目标。但是每一个美好的想法,都需要有切实可行的方法去实施,结合之前阅读计划中的经验,再结合目前"双减"教育改革的大环境,为了让学生有效利用在家"无业可做"的大块时间,深思熟虑之后,我在班级群里给家长们发了一封倡议书。在倡议书中,我将阅读的意义以及我们班的阅读计划,还有需要家长配合的地方详细告知,最终得到了家长的大力支持。我给每位同学发了一张阅读记录单,从学生每天记录的阅读内容,到家长每天的签字(不会写字的家长也会严谨地采用按手印的方式),再到每堂语文课的课前阅读分享来看,无论是学生还是家长,都在将班级阅读计划认真地实施下去。每位学生站在讲台上做阅读分享时,我都会拍照留念,并将照片展示在班级文化墙上,我希望通过这种留痕的方式,让学生直观地感受到自己的阅读成果。苏霍姆林斯基说:"要天天看书,终生以书为友,这是一天也不能断的潺潺小溪,让它充实这思想的河流。"关于书香班级的打造,我会继续为之努力!

四、关注学生的心理健康,陪伴学生快乐成长

近几年,中小学生的心理健康问题非常突出,教育界与社会舆论呼吁要加强对中小学生心理健康问题的研究,加强心理健康教育。中小学生的心理健康,不仅影响他们的学习效率和学习成绩,而且影响他们的品德形成、人格发展和社会适应。作为班主任,在发现学生情绪出现波动时,就需要随时转变成心理咨询师,通过倾听的方式,了解学生的心理,并适当干预,必要时,可跟家长沟通商量解决办法。

有一次,我注意到我们班非常优秀的一个女生突然变得沉默寡言,眼睛里那种积极向上的光芒消失了,每天都闷闷不乐,持续了好几天,我就尝试着找她聊天。当得知我一直在关注她时,她的眼神躲躲闪闪,不想正面回答我的问题。后来在我耐心的劝导下,终于触碰到她内心最深处的伤痛:她刚出生几个月的时候爸爸就去世了,没多久妈妈带着她重新组建了家庭,而她是最近才突然得知她现在的爸爸不是自己的亲生爸爸,懂事的她似乎理解了为什么爸爸对妈妈不好。于是她便认为,妈妈不幸福,全是她造成的,所以她逼着自己好好学习,不敢放松,不敢休息,甚至不敢大笑,感觉自己不配有快乐的生活,她觉得只要自己有开心的感觉,就是对不起每天过得水深火热的妈妈,认为只有自己好好学习,取得了优异的成绩,才能让妈妈开心一

点。我既心疼她又深刻意识到，她的这种心理，如果再不想办法开解，会憋出病来的。那天，我用了一下午的时间，去倾听，去开解，她哭到快虚脱，似乎是把她不曾说出口的委屈、痛苦一次性发泄出来了，我抓住她的手，尝试着安慰她，我让她放下一切心理负担好好哭一场。我不知道我跟她的这场谈话会起到什么样的作用，毕竟她的生活经历，她看到的、听到的，只有她自己最清楚。意想不到的是，自那天谈话之后，她的委屈和负担似乎真的随着眼泪发泄出来了，少年特有的阳光和积极终于又出现在她的脸上，我发自内心地为她感到高兴。而我，也再一次体会到了班主任工作的重要性和随之而来的成就感。

  总之，班主任的工作事无巨细，要面面俱到。回望来时的路，感慨万分，展望未来的路，又踌躇满志，在自我修身的漫漫长路上，我们任重而道远。观察和学习不可偏废，积累和反思要相辅相成，在今后的班主任工作中，我还需要跟着孩子们的脚步，不断学习，不断成长！

我把班级尊为家

新县首府实验学校　朱小四

"一个班级就是一个家"是我当班主任的理念，这实际是人文精神在班级里的呈现：一是关心人，以人为本，尤其是关心人的精神生活；二是尊重人的价值，尤其是尊重人作为精神存在的价值。

我们习惯把家定义为温馨的港湾，也习惯把班级当作一个企业打理。我在不同的学校做班主任，和不同的学生共同生活学习了几十年。经验、理智、情感都告诉我：用打造企业的方式带班可能会使你成为获得很多荣誉的名班主任，但只有把班级当成家来经营才会培养出"眼中有光，心中有爱"的社会公民。我带班最爱说的一句话就是：我们是一家人。那么把班级尊为家有什么特点呢？具体又是怎样一步一步打造的呢？

第一阶段：稳定学生情绪

学生刚走进一个班级里，身上是带着很多来自家庭、社会还有原班级的痕迹的。只有极少数的学生会随遇而安，迅速融入新的班集体，大多数学生都在观望、试探，甚至排斥新的老师和同学。这个时候，班主任最应该打的就是感情牌。我通常的做法是拿两节课"破冰"。我首先自我介绍，其实更多的是自我标榜，会刻意讲几个和以前学生的温馨小故事。接着就强调我们能在一个班是神奇的缘分，一定要倍加珍惜。然后会请几个学生做自我介绍，重点是让他们说说对新班集体的期许。我在和学生互动的时候，反复表达"我们是一家人，一家人和谐共处最重要的就是相互理解，相互尊重，共同进步"。这样的开学第一课就是用春风拂面的仪式感让学生感觉到这个班不是条条框框的立方体，而是一个有温度的家。接下来的几周，除了和学生单独谈话，我还会因势利导开几次班会，组织一两次活动，让学生尽可能打开心扉接纳和融入班集体。比如举办"我是主角""我能做到""做一个让别人幸福的人"班会，或组织师生野外赏桂花的活动。当然，除了积极引导，平时在处理班级事务，尤其是学生之间的小冲突时，一定要本着"以人为本""和谐友善"的原则。班主任的态度几乎决定了一个班级学生的相处模式。说实话，这样"软着陆"的方式，让最初的班风班纪并不是很好，往往给领导"没有组织纪律性，没有向心力"的感觉，但给学生内心带来的踏实感、给家长传递的善意却是实实在在的。很多老师都羡慕我运气好，说从来没有家长来找我麻烦，也没有家长在家校群里说难听的话。其实这跟我最初主动表达善意有关，因此在之后的工作中会得到许多家长积极的参与和配合。当然，我们服务的对象是学生，他们的感受最重要。我往往会通过周记了解他们的心理活动。我给自己的目标是用两个月的时间"维稳"，也就是组建一个大家庭。当学生每天走进班级感觉像是走进接纳自己的家时，情感的天平就有支架了。情绪稳定、心怀温暖的学生很少会做出危害学校、家庭和社会的事。

第二阶段：激发学生强烈的责任感

一个用情感建立起来的班级，对于班级的荣誉是最在意的。学生不自觉地就会关心班里发生的事情，会有为班争光的意识，也会为班里不好的现象感到羞愧。我所带的班级，最大的优点就是有什么事学生比我还着急，这一急就会出现很多的教育时机。于是常规管理如纪律、卫生、出操、作业等就会有学生主动出谋划策：选出主要责任人，制定相关对策，出奖惩方案。我只是在关键时刻指导提醒一下。学生自己拿出来的方案往往更亲民更有操作性。最重要的是通过这种慢过程产生的规定，学生不会反感，而是会把它作为一个行为参照准则。这实际上是班级意识形态质的变化：由感情维系到纪律约束。就像两个相爱的人会自觉走向婚姻一样，是一种自发的行为模式，是本能地希望走得更远，整个过程是一种幸福体验。

第三阶段：唤醒学生成长的欲望

一个人有了情感的家园是幸福而充满干劲的。孩子们经常不无自豪地告诉我："老师，他们可羡慕我们呢！"我知道他们已经以班级为荣，还会担心他们不好好学习天天向上吗？在作业多成山的现在，老师们常常不得不发动家长一起用各种方法检查学生作业，也不得不用各种方式强迫学生完成作业。但我很少全程监控管理学生作业，甚至不用麻烦家长，因为百分之九十的学生能自觉完成作业，不能完成的则表示可能有学习障碍，反而提醒我在布置作业时注意分层次分梯度。学生在长时间的和谐相处中，都能找准自己的位置和方向。同时他们也会接受来自同伴的激励和竞争，自觉自发力争上游。以我教的语文学科为例，一年下来，我们班几乎没有不及格的学生。我让学生每天早晚至少照一次镜子：早上正衣冠，鼓励自己；夜晚反思总结，奖励自己。这种把学生当作孩子养的教育方式确实唤醒了不少迷途的娃娃。

余秋雨说："我到很晚才知道，教育固然不无神圣，但并不是一项理想主义、英雄主义的事业，一个教师所能做到的事情十分有限。我们无力与各种力量抗争，至多在精力许可的年月里守住那个被称作学校的庭院，带着为数不多的学生参与一场陶冶人性人格的文化传递，目的无非是让参与者变得更像一个真正意义上的人，而对这个目的达到的程度，又不能企望过高。"面对社会历史的风霜雨雪，教师掌控不了什么，只能暂时地掌握这个庭院、这间课堂。那么在我的课堂、我的教室，我就像对待家一样心怀敬畏慈悲宽容，尽可能让学生幸福地成长。他们恰似我的一个个孩子，不是人人优秀，却能与世界和谐共存。

班主任专业发展逐梦之旅

代咀九年一贯制学校　余长玲

从小就立志要当老师我，在2002年秋天，终于成为一名光荣的"园丁"，与此同时也开启了我累并快乐着的班主任工作之旅。

自踏上教育这片热土，我始终把"学高为师，身正为范"的校训和教育家陶行知先生的"捧着一颗心来，不带半根草去"的金石之言作为自己的座右铭，时刻鞭策自己努力钻研业务，做好榜样，默默奉献，因此常被同事们称为"工作狂"。下面简略谈谈我的班主任专业成长历程。

一、辛勤培育，苔花绽放

2002年秋，我怀着满腔热忱和无比敬畏的心情迎来了我的第一批孩子——吴陈河镇杜洼村二年级的十四株"苔花"，成为村小语、数、外、体、音、美都教的"全能"包班教师兼班主任。这个班的孩子家庭普遍较贫困，大多数是留守儿童，单亲的比例也很高。孩子的家教、卫生、学习习惯和基础可想而知。我用爱心、细心和耐心培育着这些在阴暗中顽强生长的苔花。我和孩子们一起学习、一起游戏，我送他们文具、衣物、零食和温暖的话语，他们回馈我纯真的笑脸和养不完的野花。当然学习成绩也由倒三进步到顺五，卫生习惯、文明礼仪、学习习惯都已慢慢养成。

记得一个来自组合家庭被称为"弱智"的女孩邹某，我在课上鼓励她，课下让同学们教她读书识字，一学期下来她竟能用标准的普通话流利地朗读多篇课文。更让我惊喜的一幕是，期末考试中场休息时，我们班的小可爱们竟自发地在走廊上翻看字典学生字，而不是游戏打闹。我教他们学习和做人，他们也教会我怎么当老师。谢谢绽放的苔花们！

二、园艺提升，抽新枝，结新果

2009年暑假，我有幸聆听了全国著名教育家、名班主任魏书生的讲座，如久旱逢甘霖般沐浴着幸福，并自此开启了学习充电模式。我把吴陈河镇中心小学一年级二班当作实验园，更幸运的是我将他们从一年级带到了五年级。我大胆模仿名家，在模仿中改良、创新，在实践中形成了一套适合本校孩子的管理模式：每个学期伊始，通过民主选举成立班委会，然后师生共同制定班规，并取得家长的支持，接下来指导班干部管理班级事务一个月，再慢慢放手。我们还自创了一套科学、全面的评价模式，即纪律、学习态度、作业、成绩、卫生、品德等多维度的综合素质评价办法。我们营造出以"互相帮助，共同进步"为主题的班级文化氛围。我任教的语文学科成绩一直靠前，其中有一年取得了全县第一的好成绩。同时也培养了一批管理能力强且有担当的优秀班干部，班级凝聚力、集体荣誉感极强。我们的教室贴满了运动会、文艺会演、歌咏比赛等活动的奖状。我撰写的论文《让班集体充满阳光》获县级二等奖，《教育孩子学会感恩》获市级三等奖。

我和孩子们在温暖和谐、团结友爱的班集体中常常被感动得热泪盈眶。印象最深的几件事是：一个女孩因家庭贫困有点小偷小摸的毛病，在我的引导和教育下，全班同学都不再叫她小偷，有好吃的、好玩的还主动和她分享，她也学会了表达需求和有借有还；患腿疾的女孩阳某在我班享受着特别的关爱，同学们总是跟她抢着打扫卫生，还有人悄悄地帮她背书包、提重物；聋哑女孩杨某的跟前时常围了许多热情的手语翻译；我用公开和秘密相结合的办法破获了一起盗窃同学现金的案件，事后分别找犯错男孩及其家长密谈，至今谁也不知当初的偷盗者是谁，他也再没有犯过同样的错误；我因做手术请长假，班干部每天组织全班学生自学语文，自我管理，学生们还自发拿出仅有的一丁点零花钱买水果来看望我……每每想到这些，我就觉得一切付出都是值得的。

我对班主任工作总结如下。

班主任工作要凸显六个特性：①更新观念体现时代性；②统筹兼顾体现全面性；③常抓不懈体现经常性；④有的放矢体现针对性；⑤言传不如身教，体现示范性；⑥家校携手，师生谈心，体现合作性、互动性。

要具备五颗心：①对学生要有爱心，时常换位思考——假如他是我的孩子，假如我是孩子，以激发我们的仁爱之情，这是做好班主任工作的根基和前提；②工作中、生活中要细心观察学生的言谈举止，及时掌握学生的心理动态；③对待差生和问题学生要有耐心，允许有转变过程；④常和学生谈心，了解和研究他们的心理，做孩子的知心朋友；⑤对班级管理办法、策略，以及教育学生的方式方法都要精心设计，不可随性而为。

为了成为一名技术精湛的"园艺师"和有高度的智慧型班主任，我一直行进在逐梦的路上。

中学班主任治班策略与方法浅论

吴陈河镇初级中学 林波

学校是培养人才的地方,班级是学生成长的摇篮。班级是学校管理与教学的基本单位,班级管理对学生的全面健康发展,对完成教育教学和各项工作任务都有着举足轻重的作用。特别是中学生,正处在个人意识成长的关键阶段,主体能动性和个人意识较强,对事物有自己独到的见解和认识,世界观、人生观都在逐渐形成中,因此,作为中学的班主任,在管理班级和塑造学生中都面临很大的挑战。现就中学班主任管理班级的策略与方法浅论如下。

一、班级管理的功能

著名教育家马卡连柯说:"集体是个人的教师。"班主任不仅直接对学生施加教育影响,还可以通过集体影响集体中的每个成员。班级管理主要具有如下功能。

为学生社会化提供帮助。学校班级是社会组织的雏形,在班级管理活动中存在着最基本的人际交往、社会生活与社会联系。每个学生可在班级活动中扮演各种社会角色;在教师指导下,学生还可以进行各种角色变换;通过完成各种角色任务,协调各种人际关系;班干部可以学到组织领导集体的各种本领;集体中的成员则可以学到如何遵守纪律,服从命令,发扬民主。可见,班级管理过程就是学生体验社会角色,培养社会责任感和公民意识、参与意识、民主意识的过程,而科学、合理、人性化的班级管理,则有助于学生社会化的顺利完成。

营造学生人际交往的基本空间。人际交往是人的一种重要的社会需求,通过交往不仅可以获取知识,满足心理上的各种需要,还可以学会交往的本领，增强社会适应力，消除个体的孤独感。在学校中，班级作为师生共同生活的基层组织，学生个体与个体之间交往可以建立友谊，学到知识；学生个体与群体之间的交往可以增强个体归属感和群体的凝聚力；班级群体与群体之间的交往可以起到相互促进、交流信息资料、扩大班级影响力的作用。而这些都离不开有效的班级管理。

促进学生的全面发展和学生个性不断成熟。学生进入学校学习，可以接触各种环境，但班级这个环境是最基本、最主要的。从教育学角度看，班级群体是教育教学最基本的单位，对学生的全面发展起着重要作用；从社会学角度看，班级是实现预定目标以促使学生实现社会化的组织。班级群体不仅映射着国家与民族的基本文化要求，也体现着班级特定的群体文化特征，这两者都直接、间接作用于青少年学生个体，影响他们的身心发展和个性成熟。因此，搞好班级管理能促进学生的全面发展和学生个性不断成熟。

二、班级管理的有效策略

班级管理是一个复杂的系统工程，管理工作千头万绪，工作方法千差万别，形式和任务又千变万化，我们要在实践中去探索总结行之有效的方法和策略，使班级管理工作的水平不断跃上新台阶。

（一）科学设定管理目标，明确班级奋斗方向

班级管理目标的建立，是班级管理的出发点和归宿。它的制定应以满足学生主体的需要、意向、目的、利益等为基础，是教育理念与学生需求的统一体。这个目标体系应是在教师指导、学生广泛参与下制定的，具有导向与凝聚作用，是实现班级科学管理的一项制度化措施。

制定科学的班级管理目标，应注意：①目标的制定要具有先进性。必须满足学生健康积极的心理要求，给予学生磨炼意志和展示自我的机会。通过对目标的共同努力，使好的集体和好的班风较快形成，并得以巩固。②目标的制定要具有层次性。学生的需要是有层次的，是由低级向高级发展的，是根据学生年龄、学段、学期、学年的变化而循序渐进的。著名教育家马卡连柯的平行教育理论也认为：在集体的教育目标中既有远景性的，又有中景性的和近景性的。这个理论启示我们：在设立班级管理目标时，要考虑到其层次性和递进性。也就是说后一个目标的开始必须建立在前一个目标达到的基

础上，前一个目标的实现又推进着更高层次目标的实现。制定班级目标要力求全面，但在不同时期可有不同的主攻目标。制定长远目标，目的是让学生树立崇高理想和坚定信念，激励学生为实现目标不断努力；制定近期目标，能使班级奋斗方向明确，制度日臻完善，班级管理逐渐协调有序，正确舆论与良好班风基本形成。从而使班级管理成为生动的、全面的、分层次的管理。

（二）实行民主管理，给学生自由施展的空间

在班级管理过程中，班主任是否民主在某种程度上决定着班级发展的方向和教师教书育人的实际水平。因此，教师必须树立民主的教育思想，具有以民主的姿态与学生协商的态度，不可独断专行，要真正做到尊重学生、信任学生、关心学生。班内的一切工作都要立足于挖掘学生的内在潜能，调动学生的主动性和积极性，放手让学生在班级管理中担任主角、施展才华，努力让学生从"要我做"中解放出来，变成"我要做"，使学生成为班级管理的真正主人。人人参与班级管理，显现了学生的主人翁意识，有利于班级凝聚力的形成巩固，使班级管理更加开放。

为了实现班级民主管理，调动全班学生的积极性，发挥他们的主体作用，首先，应在学生中间宣传目标价值。如组织哪些活动，搞何种主题的班会，定何种制度，怎样搞评比，班干部如何分工，宣传板报如何配合……条分缕析，交代清楚。其次，把集体目标以个体目标的形式体现出来。集体目标需要通过个体目标的实现来完成。因此，只有学生个体的成功，才会有集体的成功。班级在德、智、体、美、劳等方面的发展上，要有明确的共同奋斗目标，并在集体目标指导下，制定出每个学生的个人奋斗目标，这样全体学生就会为了共同的奋斗目标携手并肩、众志成城。在民主管理过程中，班级课内、课外活动健康有序，学生精神面貌良好，追求真知、团结向上的良好班风也会日益巩固并不断优化。

（三）形成集体领导核心，激发全体学生的创新意识

班干部是班级的骨干，也是班主任的得力助手。一个班级管理得好坏，往往与班干部力量的强弱、发挥作用的大小有很大关系。因此，班主任在接手一个班后，应格外重视班干部的选择和培养，让他们在班级里充分发挥作用，团结带领全班同学不断前进。

首先，必须建立一个有核心有力度的班级领导小组。坚持科学与民主相结合的原则，鼓励学生积极参与班干部的竞选，培养其竞争意识和目标能力，减少因班主任指定而造成的惰性和片面性。学习成绩的好坏不是评选班干部的唯一条件，更重要的是组织能力、目标意识和责任心。班干部一旦确立就成为班级的领导核心，是班级管理的驱动者，每个班干部应各司其职，相互协调配合，做到"事事有人管，处处有人问"，将班级管理引入自动运行轨道。

其次，管理体系是一个班级内部的系统工程，需要不断完善和改进，因此必须形成民主氛围，鼓励人人参与班级管理。每个学生都有其个性思维，要充分发挥每个学生的智慧，让每个学生都敢于参与、乐于参与班级管理。班主任切忌全部包揽，更不可一锤定音，要以宽容的胸怀欢迎每一个哪怕是极微小的建设意见。

最后，对于班级管理中出现的问题，要把它抛出来，大家摊开来一起讨论，共同商量对策，让学生进行自我分析，各抒己见，如：有人总忘记带课本怎么办？值日班长遇到不服管的怎么做？劳动很认真和不认真的人该如何区别对待？……许多类似的问题都是学生在自我讨论中找到了解决方法并实施了一系列措施。班主任适当放低自己的智商是一种明智的做法，要给学生更多的参与思考的机会，增加其主人翁意识，变被动接受任务为主动选择任务，给学生提供自我教育的契机，充分发挥班级管理对学生的内化作用，把创造思想渗透于管理的每一个环节，最大限度发挥管理对学生的约束、激励、引导作用，最终实现班级管理自动化。

（四）开展特色活动，发展个性特质

作为一名教育工作者，不仅仅要向学生传授知识、技能，更应充分发掘每个学生的潜力。我们的教育不是灌输而是滋润，不是给予而是吸纳。学生应该把所掌握的知识、能力转化为一种能量、一种由内而外的气质。而开展丰富多彩、极具个性的活动是全面培养学生素质的有效途径。

精心安排晨会课。晨会课虽短，但其内容应该是丰富的，教师不应让它成为行为教导课或语文、数学的补充课，我们要解放学生的时间，让他们学习自己渴望的东西。纵观现代社会，知识信息的更新越来越迅速，我们培养的再也不是"两耳不闻窗外事，一心只读圣贤书"的狭隘之人，而是"家事、国事、天下事，事事关心"的博大之人。我班每周二进行信息交流，让学生

通过电视、报刊或其他途径获取各种信息，上至国际形势动向，下至周围偶发事件，然后引导学生对眼中所见、耳中所闻、心中所感进行讨论交流。尽管他们的看法可能幼稚，分析也许肤浅，但那高涨的热情与时代的节拍是相适应的。学能迁移，很多知识信息被引入日记、作文中，这不正是信息的意识升华吗？

巧妙设计辩论会。根据班级发生的现象或教材内容，组织学生开展辩论会，如：为了比赛她总是找踢毽子踢得好的同学练习，她的做法对吗？学生的观点不尽相同，正方从提高技能、为班争先的角度进行讨论，反方则以比赛重在参与、应该共同进步为切入点进行针锋相对的辩论。举行辩论会的目的是培养学生善于思索、耐心倾听他人发言的良好习惯，以及在别人论述的基础上进一步阐述或从别人的话语中找出漏洞予以反驳的能力，促使他们静听深思，减少不假思索地认为"对"或"错"的思维定式，使学生学会从不同角度分析事物，初步渗透辩证唯物主义思想。

积极轻松去参赛。学校组织各类比赛的目的是锻炼学生能力，丰富校园文化生活。班主任必须抓住这些增强班级凝聚力、激发学生蓬勃朝气的契机，赛前进行充分宣传、调动、组织，激活每个学生的参赛欲望。如学校组织踢毽子比赛，在老师的带动下，每个学生都努力去踢，连平时几乎不踢毽子的人也禁不住诱惑找来毽子练起来。在全班动员起来的基础上，再民主推选出参赛选手就水到渠成了。参赛学生认真准备，老师为其提供多次锻炼机会。再如演讲比赛，先让演讲者在全班同学面前进行示范演讲，大家听后各抒己见，肯定优点，更多的是提出合理建议和改进措施，这样不仅帮该生克服了怯场心理，提高了演讲水平，也使每个学生参与了演讲，更了解了演讲。

（五）营造班级氛围，注意管理者人格特征的作用

良好的班级氛围在形成集体意识和班级特色中起着渲染作用。班级氛围形成的凝聚点就是每个成员都有强烈的集体荣誉感。高级情感的激发与培养是朝向更高管理目标迈进的群体动力，一些学者认为教师的领导方式也影响着班级氛围的形成。教师以其理智的（劝诫、指导、说教等）、情感的（关心、热爱等）、个性的（风度、气质、坚毅等）等特征融进管理的影响通道中去起隐性作用。班主任民主式的领导能帮助学生学会自主解决问题，让学生乐意为班集体贡献力量。

班主任人格与班级集体氛围。班主任除了应具备令人信服的学识和对学生的责任心，还应该具有人格魅力，影响并指导学生乐观、上进。

班主任工作责任心与班集体氛围。班主任对班级管理工作有无责任心，是否爱学生，是其能否为班集体所接纳的前提。如果班主任轻率、疏懒、不负责任、对学生漠不关心，学生便会逐渐弃掉内心自然的敬慕。这样的班级缺乏感召力，班主任也会遭到整个班集体的默默抗拒。

班主任学识与班集体氛围。班主任应具备的学识，不仅包括深厚的专业知识，还应包括在社会经验、人生感悟，甚至哲学和文化艺术上渊博的知识和独到丰富的见解。只有这样，班主任才有条件得心应手地开展工作，创造良好的集体气氛，引导学生个性正常发展。

（六）培养学生的主体意识，促进学生共性与个性的统一

管理的最终目的是要培养出高质量的人才。完善的管理机制有助于培养学生的集体意识，使他们既有共同的人生观、世界观、价值观，又具有个人的风格特征；既具备必备的基本素质，又能显示自己的一技之长。学生阶段是形成正确的人生观、世界观、价值观的关键时期。培养有理想、有道德、有纪律、有知识的高素质的人，是时代赋予的要求，也是广大家长对学校的嘱托。学生良好思想品德的形成是一个渐进的过程。赫尔巴特说："如果不坚强而温和地抓住管理的缰绳，任何功课的教学都是不可能的。"这句话道出了班级管理工作的重要性。

（七）优化外部环境，渲染文化氛围

优美舒适的环境总让人心情舒畅、思维活跃。班级是我们教育教学的重要场所，其浓郁的文化气息会潜移默化地滋养学生的身心发展。因此，班主任要努力创设一个适合学生年龄特点和心理需要的外部环境，使他们在不知不觉中受到熏陶和感染，并激励其以饱满的热情去学习，以高尚的情怀去生活。

开辟多功能的"知识窗"。把谜语、名人名言、智力拼搏、脑筋急转弯等带到学生的世界中来。生动活泼的谜语能激发学生的兴趣，耐人寻味的名人名言能警醒学生珍惜当下，奇思妙想的智力拼搏能开发学生的智力，千奇百怪的脑筋急转弯能让学生品尝恍然大悟的惊喜。原本呆板、枯燥、生硬的

黑板俨然成了一个神奇的魔术师，充满了诱惑力、新鲜感和挑战性。

鼓励良性竞争的"争星表"。"争星表"能激发学生的竞争意识。这不是一张普通的表格，而是每个学生用自己的双手绘制的一幅星座图，上面每一颗星都闪耀着绚丽、迷人的光彩。很多学生在学期还没进行到一半时，就已背熟了一学期所要背诵的课文，争得了令人羡慕的"满天星"，成为大家学习的楷模。

总之，班级管理是一项烦琐而又极具挑战的工作，但只要我们注重策略和方法，用真心打动学生，用爱心感染学生，用关心激励学生，始终牢记师者本分，在班级管理中坚持开放和包容的策略，终会守得云开见月明。

春风化雨育桃李，润物无声守初心

吴陈河镇中心学校　岳丽娟

时光荏苒，今年是我参加工作的第三年，留藏在光阴里渐逝的故事，像放电影一般，一幕幕展现在眼前。

2019年于我有着非凡的意义，经过两个月的题海奋战，我终于以笔试第一的成绩考到了梦寐以求的小学，成为一名正式教师，如愿扎根在吴陈河的教育事业上。虽撸起袖子加油干的时间不过三年，但一路走来，我也在和学生你明我暗的"交手"中悟出了一些班级管理方法。

一、德育工作从心入手

古人云："亲其师，信其道。"从心灵入手去做德育工作，想方设法，先"亲"后"信"，沟通才会得心应手。

在课下，我允许孩子们释放天性，在可控的范围内我也会陪他们一起玩耍。课间，我常常会和他们聊天，了解每个孩子的性格，只要细心，就会发现每个孩子身上都有闪光点，我努力抓住这些闪光点和学生沟通交流，毫不吝啬地给予学生赞美与鼓励，贴近他们的思想，深入他们的生活，这样坚持下来自然会得到学生的认可和喜欢，班级管理工作也能由此顺利开展。

二、培养班级小管家，增强班级凝聚力

班级的管理，不应由班主任一人包揽，孩子们的思想随着年龄的增长越来越独立，不愿意处处受到禁锢，于是我让孩子们一同参与班级管理，感受自己在班级中的主人翁地位。在班级学习中，我把孩子们分成六个小组，每组由固定的组长负责督促本组成员的学习，通过每周的表现来换取相应的积

分，期末选出优秀小组。在班级生活中，我也将班里各种琐事进行了分类，选出相应的小管家，如负责桌椅的、打扫教室的、管理图书的等。

孩子们在一次次真实的体验中获得成长，意识到作为班级的一员更应努力为班级服务和争光，同时也增强了班级凝聚力。

三、培养习惯，用心育人

学习习惯的培养。培养孩子的学习习惯是小学阶段教育的重点之一，孩子如果养成良好的学习习惯，学习效果就会事半功倍。于是我根据学生的身心发展特点对他们提出具体的要求，例如：在课间准备好下节课的书本、文具；第一个上课铃响之后立即回到教室坐好；上课听讲姿势要端正，回答问题先举手，声音要洪亮清晰；写作业要认真、规范，书面要整洁；书包、文具盒要摆放整齐；等等。

生活习惯的培养。我校有食堂，中午学生都在食堂就餐，这方面的习惯培养也显得尤为重要。一方面，强调就餐纪律，吃饭时不出声，吃饱后一起排队离开食堂，进出食堂井然有序。另一方面，节约是永恒不变的主题，随着人们生活水平的提高，孩子们挑食现象十分严重，由此造成的浪费也令人担忧，为此我除了在班里给孩子们讲解挑食的不良影响，还会及时利用食堂这个最好的课堂，列举出学生不喜欢吃的菜里所含的营养成分以及生产这些蔬菜所需要付出的辛勤劳动，帮助学生培养良好的饮食习惯和勤俭节约的良好风气，对于表现好的学生我会给予表扬和鼓励，此举既能激发学生的上进心又提高了学生的生活技能，促使学生养成良好的生活习惯。

四、关注后进，因材施教

俗话说："十个指头有长短，荷花出水有高低。"班级里有学困生或者"问题"学生的存在是正常的，当孩子们犯下错误的时候，教师要耐心引导，让他们一点点改正，也许这是一个痛苦又漫长的周期，但是"十年树木，百年树人"，教育本就是个良心活。比如我班的金同学是留守儿童，奶奶不会教他知识，导致他对学习不感兴趣，课堂上像枯萎的花朵，头也不抬地趴在桌子上，一到下课却像打了鸡血一样兴奋，让老师们头疼不已。对于这种缺少父母关爱的同学我就单独找他出来谈话，与他谈心，交流生活中的困难等，后来他果然有了很大进步，行为习惯开始转变了，学习上也开始有了起色。

我渐渐明白了那句话："教育的本质是一棵树摇动另一棵树，一朵云推动另一朵云，一个灵魂唤醒另一个灵魂。"

五、家校共育，助力成长

家校合作协同育人，才能达到"1+1＞2"的效果。那些关注孩子情感的交流、关于孩子学习情况的分析、关乎成长经历的分享等，都能在教师与家长之间架起一座心意相通的桥梁。

四年级时我班里的易同学各学科成绩急速下降，经过一段时间的观察，我发现他在语文课上虽然看似在听讲，但是注意力不在课堂上，目光涣散，不知道在想些什么，我找到其他学科老师询问，发现也是这种情况。于是我找他谈心，但是他却低着头不说话，明明是一个开朗的孩子，话突然变少了，没有了以前的自信。疑惑的我立即给他家长打电话，询问他在家里的情况，了解之后才知道，他哥哥学习很好，他在家里总是被拿来比较，导致他自信心受到打击。后来我经常在班里表扬他，慢慢帮他找回了自信。

六、提升自我，与时俱进

科技的发展要求我们班主任要紧跟时代的步伐，不断学习现代科学知识，更新教育理念。2020年，我有幸去郑州参加信息技术2.0工程的培训学习，努力把专家们传授的信息技术内化为自己的知识财富，提升自己的专业技能，并在后来的多次观摩学习中不断成长，现在已经形成了自己独特的教学风格。

虽然我的班级管理方法日趋成熟，但这并不是一劳永逸的。学生总是在不停地成长和变化，班级管理没有永远的法宝，我们需要具体问题具体分析，这也要求教师必须不断学习，勇于创新。也许这就是做班主任的快乐，正如有句话说的那样："班主任的教育不是牺牲而是享受，不是重复而是创造，不是谋生手段而是生活本身。"

自信促成长，创新有乐趣

新县光彩实验学校　吴胜国

从教二十二年，担任班主任二十二年，这二十二年的班主任经历有苦累，有辛酸，但更多的是幸福。如果说我有什么治班经验的话，我想那就是自信。班主任是一个班级的领头人，班主任时时充满自信，学生就会被带动起来，久而久之，这个班级就会形成积极向上的良好班风。记得有一次月考，我们班的成绩较差，可我没有认为是我教得不好，我也不觉得是因为学生没有好好学，而是把这次测试当成一次偶然。所以，在开班会时我和学生们真诚交流、分析，我先发言，然后学生们一个个踊跃发言，我用实际行动给学生鼓励暗示：老师是好样的，你们也是好样的，这一次没有考好没关系，只要努力，下一次一定能够考好。

当然，我这里说的自信是指在勤奋的土壤里、在汗水的灌溉下开出的花朵，没有经过汗水浸透的自信是自大，我班级里"松"的背后涵盖着比"严"要多得多的付出。总结起来就是以下几点。

一、用个人魅力吸引学生

所谓"亲其师，信其道"，学生只要真心喜欢你这个老师，就会乐意接受你说的话，愿意听你讲的课。

讲好课。在课堂上，我力求讲课内容连贯，有逻辑性。遇到不会的题，从不搪塞，而是和学生们一起探讨，寻求解题思路，从而获得学生的认可和喜欢。

保持乐观向上的人生态度。在班级管理中，即使我们班的成绩、量化考评不是第一名，我也仍然认为我们是最棒的，我相信不积跬步无以至千里，我相信只要功夫深铁杵磨成针……我经常对自己这样说，也对学生这样说。我要用我的自信，潜移默化地影响学生，帮学生树立信心。

以学习为趣，以教书为乐。要求学生做到的，老师首先要做到，这样才具有说服力。我让学生主动学习，以学习为乐，自然我也是以教书为乐，以学习为趣。我常把自己学到的新知识给学生讲一讲，和学生一起体会学习的乐趣。

每天都有创新点。每天上课时力争利用身边环境等各个方面的情况，使说话或讲课有所创新，让学生们能在轻松愉悦的氛围中学习。对我来说，能让学生在放松又愉快的状态下学习新知，是一件无比幸福的事。前一段时间，学校有一个树立服务意识的比赛，我就给学生说，我这个班主任就是为你们服务的，你们有什么想法、创意等尽管说，我会尽力为你们提供服务。结果，这个服务意识比赛我们班获得了一等奖，我和我的学生们都明白获奖原因不是歌唱实力，而是独特新颖的创意。顿时，那些天东奔西跑买东西、汗流浃背做东西的累都化作了满满的幸福。

少批评，多理解，多鼓励。我把班级中的每一个成员都看成是与我一样的成人，八年级的孩子已有比较成熟的想法，他们不喜欢也不需要我们过多的说教，他们最需要的是我们的理解。当他们已经认识到自己的错误时，就没必要再批评了，否则，只能起到相反的效果。

二、带着兴趣去学习

在班级管理中，大部分班主任都强调学习时间，而我只强调学习兴趣。我认为"兴趣是最好的老师"，有了兴趣就有了学习欲望。有人强调早上早起、周末提前返校，而我向我的学生承诺，即使到了九年级，也不规定他们早起的时间，周末也不会要求他们提前到校。因为我的工作不是强迫学生早起，而是给他们知识，给他们快乐，给他们幸福。

三、用文娱活动来团结学生

作为一名班主任，如果你在举行活动时能让所有学生都参与的话，无论什么活动都会取得极大的成功。学校举行的各种活动，我都会全力提倡，并鼓励学生全员参与，这是产生班级向心力、凝聚力，形成和谐的班级环境，培养集体荣誉感的大好机会。如果在这期间班主任仍然只强调学习，不主张参加这些活动的话，就等于在破坏班级的团结，削弱班级的凝聚力。

四、用理想激励学生

十三四岁的初中生正是充满理想的时候，我们应该充分调动他们的积极性。利用班会课观看名人视频、历史故事等，引导学生谈理想，并在他们心中树立榜样的力量。

班级管理是一项幸福、复杂而又需要创造性的工作，它的工作成效，不仅影响着学生各种习惯的养成、思想品德的形成，还会影响学生未来的发展。只要我们讲究方法，采取学生乐于接受的教育方式，循循善诱，善于总结经验并形成自己的特色，别把班级管理当作一项工作，而是当成一种爱好，你自会体会到其中的乐趣。

让工作成为快乐，让追求成为乐趣

新县郭家河乡九年一贯制学校　吴早霞

从教以来，我一直担任着班主任这个角色，从一开始很不情愿、满嘴抱怨，到后来体会到了教育的快乐、与学生相处的快乐。在班主任工作中，有苦有泪，有笑有甜。做了这份工作我才知道自己肩上所担负的是家长们的希望，更是孩子们的明天。"让工作成为快乐，让追求成为乐趣"，这句话伴随我和孩子们相处了一年又一年，慢慢地也成为我从事班主任工作的座右铭。在班级管理中，我做了如下尝试。

一、家校合力，共筑未来

刚接管新班级时有的家长会质疑我的能力，认为我没有足够的教育教学经验，但后来我用行动向他们证明了我的实力。记得那是刚开学，班里叶同学的衣服被坐在她后面的刘同学不小心泼了一点墨水，叶同学在学校时并没有告诉我，而是回家打电话告诉了她妈妈，紧接着她的妈妈就在家长群里发消息指责我，还让其他家长评理。我正一头雾水，看着群里接龙似的消息更是手足无措，愣了一会儿，我在群里发了一条公告：所有孩子们之间的摩擦由班主任调查以后再做定论，请家长们冷静下来，给老师一点时间。后来，我打电话与双方家长了解沟通后，事情得以解决。其实家长也不是故意找麻烦，他们可能觉得孩子在学校没有得到老师的重视，故心生埋怨。因此在后期的班级管理中，我经常通过家访等方式主动了解学生情况，与家长交流教育方法，适时更新家长的教育理念，让家长们感受到老师是关注自己孩子的，是真的关心关爱孩子，我也因此得到了家长们的理解和尊重，建立起了家长们对我的信任。这样一来，家校之间就形成了较强的教育合力，建成了较为

二、以爱之名，温暖学生

高尔基曾说："谁爱孩子，孩子就爱谁。只有爱孩子，他才可以教育孩子。"为爱而行，我充分尊重和关爱班级里的每一位学生。我校由于是农村学校，留守儿童居多，大部分孩子的父母都外出务工，有些孩子父母离异，孩子也就处于无人看管的状态，这些原因都导致孩子们没有安全感，生活中缺乏关爱。因此在日常班级管理中，我将爱的教育贯穿于每一次的活动中。我是个很注重仪式感的人，我也会让我的孩子们记住每一个节日或纪念日，告诉他们每个节日都是在提醒我们爱与被爱。我会亲手为他们准备开学礼物，告诉他们新学期要有一个好的开头；在每个孩子过生日的那天，赠送他一个小文具，让全班为他唱一首生日歌，让他感受到班级大家庭的温暖；元旦的时候，让大家从家里带来小零食一起分享，举办一个小小的联欢会，期待明年会更好；每一届的孩子，我都会赠送他们一张贺卡，上面都是我亲手写的祝福，我要让他们知道，我爱着他们每一个人，他们每一个人在我眼里都是独一无二的，他们会因此感受到自己是特别的，是被爱的，有老师的爱，有班级大家庭的爱。事实证明，孩子们被感化了，尤记得那是一个教师节，孩子们自发组织起来，一大早在黑板上写上祝福语，画上板报，动手制作一些小卡片送给我们班的科任老师。

三、以生为主，静待花开

除了努力营造团结协作的班级氛围，我还有意识地让学生做班级的主人，为学生构建起一个成长的平台。

人人有事做。我们班里不仅有班长、学委、小组长，还有灯光师、门窗管理员、板报宣传员、信息采集员……让班级内的小事人人负责，不仅可以培养学生的责任感，也能够更好地管理班级。

好事常表扬。鼓励教育往往是比较受孩子们欢迎的，虽然班级里面的事情都分配给了每个人，但时间久了，孩子们难免会产生厌烦的情绪，这个时候就需要我来加一些"助推剂"了。我准备了一些表扬小奖状放在班里的宣传栏旁边，我会为得到小奖状的孩子在班里举办一个小小的颁奖仪式，这样不仅鼓励了他们，让他们继续努力，也会给其他的孩子树立好的榜样。

加强思想教育也是必不可少的，我坚持每天让孩子们轮流写上一句既激励自己又鼓励别人的话，这样不仅发挥了学生的主体性，同时也起到了很好的宣传效果。

四、营造氛围，养好习惯

创设舒适的环境。教室是孩子们生活学习的主要场所，所以在班级环境的布置上，不仅要美观舒适，也要有一定的教育意义，能对学生产生耳濡目染的影响。我们班前门墙壁上有孩子们的绘画作品，后门墙壁左边是卫生角，右边是图书角，当然还有最受孩子们欢迎的植物角。我会带着孩子们种一些植物，孩子们对新生事物总是好奇的，他们每天给植物浇水、晒太阳，盼着植物快快长大，到最后真的开花时，孩子们别提有多高兴了，他们能感受到自己的付出得到了收获。

养成良好的习惯。入班即静，入座即学。我每接管一个班级，常抓不懈的一项工作就是培养学生良好的学习习惯、劳动习惯和卫生习惯。因为，良好的习惯是一个人学习进步的起点，是一个人事业成功的保障，是一个人立足社会的条件。因此，我明确要求，促使学生养成良好的习惯。

宽容大度，循序渐进。宽容大度是班主任基本的师德和品质。学生成长过程中的缺点和错误是在所难免的，因此，班主任面对学生的缺点和错误，要正确认识，理解宽容，善意指出，循序渐进，帮助学生改正。

俗话说，办法总比困难多。在班级管理中，难免会遇到这样那样的问题，在处理问题时，我们不能"一刀切"，要多俯下身来听学生说，与学生交谈，与学生一起成长。博学幽默、能够分享学生成长快乐的班主任最受学生欢迎。所以，为了自身班主任成长的需要和学生的需要，我必须不断加强学习，与时俱进，在生活中广泛阅读，以此来拓宽视野，增加知识储备，提高教育教学艺术技巧，更需要注重言传身教，自觉做到"学高为师，身正为范"，力争以过硬的素质和高尚的品格去感染学生、引导学生。

牵一只蜗牛去散步

浒湾乡中心学校　邹桂云

魏书生老师曾说过："不做班主任的教师不是完整的教师。"我觉得很有道理。班主任工作繁重辛苦，让很多教师望而却步，但真正从事这项工作后你会发现，那些与学生朝夕相处充满酸甜苦辣的点点滴滴，才是最美的体验。

一、班级情况

我班共有学生45人，作为一年级的孩子，他们普遍行为、卫生和学习习惯较差，安全意识淡薄，纪律涣散，缺乏责任意识，在与小伙伴的交往中总会出现各种矛盾。同时，部分家长总以工作忙为由，忽视孩子的成长，缺少对孩子的教育。面对这样的情况，想要让孩子健康成长，就离不开班主任良好的治班策略。

二、治班理念

细节决定成败，教育应从细节入手。古人说过："泰山不让土壤，故能成其高；河海不择细流，故能就其深。"在教育领域中，同样也有一句话："教育无小事。"说的就是教育中的细节问题。

培养良好的习惯。好的习惯将使人受益终身，低年级正是培养良好习惯的关键期，因此，在班级管理中注重学生良好习惯的培养是十分必要的。

发挥学生的主观能动性。学生是学习的主体，在一个班集体中，学生也是主体。如果只是一味地让老师去管理学生，而不发挥学生的自主性，这样的班级管理只会事倍功半，老师疲惫，学生反感。

让孩子健康成长。育人不仅仅只是教授知识，更应该教会孩子如何做人，如何做一个有正确价值观的人。因此，我希望我们班的孩子都能树立正确的价值观，健康快乐地成长。

三、班级目标

（一）长期目标

我期待班上的学生能形成良好的学习、生活习惯，具有良好的道德品质，有一定的创新思维，有自己的个性。以"学会做人"为根本，以"养成习惯"为目的，为以后的人生发展奠定基石。

（二）短期目标

初步形成良好的习惯。

能遵守社会道德规范，有较强的集体意识。

热爱学习，勤于思考，具有一定的探究精神。

铸就乐观、健康、向上的心理品质。

四、治班策略设想与实施

建立和加强班集体意识。低年级的孩子比较自我，班集体意识薄弱，甚至一些孩子没有班级的概念。因此，要想管理好一个班级，首先要让孩子具有班级的意识。在开学第一课时，我会组织孩子们进行简单的自我介绍，并表明自己所就读的班级，初步建立班级意识。我也会利用学校的"文明班级"评比栏，加强孩子们对班集体的意识。

订立班级公约，明确班级行为准则。在学期初，我会利用班会课与班级学生一起订立本学期的班级公约，对学生在学习、习惯、礼仪、品行等方面提出较为明确的要求。由于公约中也有孩子们自己的想法，所以孩子们会更清楚公约的每一条内容，也更具有执行力。

培养班委干部，让学生学会自己管理自己。很多老师觉得小学阶段的学生年龄小，很多事情不能交给他们去管理，其实不然。如果我们从一年级开始就有意识地培养孩子们的自我管理能力，那么最晚到三年级，就会形成非常规范的班级管理团队，而且能够做到各司其职。任用班干部我一直采取竞选的方式。老师利用班会课详细介绍每个班干部职位都该履行什么职责，然后让学生选择适合自己的职位去报名，考虑到低年级孩子的判断能力不是很强，因此，我采用的竞选方式就是让参加竞选的孩子每天轮值，观察一周，最后让其他孩子根据这一周的表现选出最合适的人选。成功当选的班干部将会接受长达一周的"岗前培训"，针对怎样开展工作，怎样严格要求自己，怎样与老师和同学们沟通，怎样处理突发情况等方面进行细致规范的学习，做好充分准备后正式上岗。

建立细致的评价体系，逐步养成良好的习惯。为了进一步促进学生行为习惯的养成和保持，班级制定了细致的评价机制，设立了班级的综合评比栏，对孩子的卫生、纪律、文明礼仪等方面进行评价，每周进行一次小结，表现优秀的孩子将获得奖励。

利用班会主阵地，培养健康的价值观。每个周一的班会课是我们班级反馈和交流的重要阵地。班会课上，班干部就一周以来同学的表现、工作取得的成绩、存在的问题以及解决的办法进行反馈。做到及时反馈、及时纠正、及时表扬、榜样带动。

搭建家校沟通平台，及时交流展示。班级成立了家长委员会，来做好班级后勤管理工作，并参加家校活动。家长们纷纷献计献策，让班级活动更加精彩。建立班级微信群、钉钉群，及时与家长进行沟通。定期对孩子各方面的表现情况进行反馈，并加强与个别学生家长的交流。经常上传一些与教育孩子有关的文章与家长们分享，帮助他们更好地教育孩子。

我认为，班主任工作，就如一首诗中写的，"牵一只蜗牛去散步"，虽然速度很慢很慢，但我们能看到这些"蜗牛"正在努力地爬。我希望通过自己的治班方略，可以看到孩子每天点滴的进步。

默默耕耘，静待花开

新县千斤乡中心学校　王梦圆

从走上工作岗位那一刻起，我就把"学高为师，德高为范"作为自己的座右铭，踏实认真，勤奋负责，不断进取。三年的工作中，我真切地体会到作为班主任的操劳和艰辛，也真切地感受到班主任工作的重要性。

一、班级管理策略

（一）抓好学生的思想工作，关注学生良好品质和习惯的养成

作为班主任，做好学生的思想工作是开展其他各项工作的前提，同时这也是一项非常艰难的工作，我主要通过以下方式开展学生思想工作：

采用星星榜奖励法。通过小组合作的方式对学生的德智体美劳进行全方位的考评，表现优异者可积累红星，表现较差者则积累黑星，学期末对学生的表现进行综合考评，实施小组奖励。

采用多样化"惩罚"手段。不同于传统惩罚方法，作为一名95后班主任，我更倾向于采用符合孩子心理的教育手段。比如：可让学生在班级里面跳一段热门舞蹈，或者给老师讲一个幽默笑话。这样不仅让师生关系更加融洽，而且还让他们能够更好地认识到自己的错误。

重视和充分利用班会。每周一次的班会是师生进行思想交流的重要平台，我会在学期之初就制订好班会内容计划，而且每次班会都有主题，有侧重点。如：学期初，我侧重于纪律教育和对学生心态的调节，随后侧重对学生学习方面及学习方法的指导。有计划有步骤地开展工作，使整个学期的班会内容相互配合构成一个整体，在学生德智体美劳各方面全面地给予学生指导。

（二）善于表扬、关爱学生，言传身教感化学生

"毁掉一个人与成就一个人只需一瞬间"，每个人都希望得到他人的肯定和重视，学生更是如此，所以，作为老师要善于表扬学生，帮助学生树立自信。班上有个学生平时很内向，很少与其他同学和老师交往，后来我主动找他谈了几次后，了解到在他很小的时候爸爸就去世了，妈妈独自支撑一个家庭，生活上很困难，因此他从小就感到自卑。我在谈话中告诉他，人生旅途不是一帆风顺的，但又是公平的，出身贫穷不能代表将来贫穷，一切都由自己决定，所以我们现在要敢于面对逆境，向命运挑战，不能自怨自艾，浪费了大好时光。之后我发现这个学生思维灵敏活跃，擅长创作，元旦晚会时他给大家表演了一个自创的哑剧，非常震撼，赢得了同学们热烈的掌声。从此这个学生像换了个人一样，变得活泼开朗了，积极参与学校和班级的各项活动，学习成绩也有了明显的提高。要用爱心的春雨滋润学生稚嫩的心灵，用言传身教感化学生、改变学生。

（三）重视班干部的培养和班级管理工作

班干部是班主任管理班级的得力助手，一个高效、团结、负责、上进的班委会能使班主任的管理工作取得事半功倍的效果。在班干部的培养上我非常重视责任心和能力的培养，鼓励班干部积极、主动、负责任地工作。一般情况下，我只对班干部的工作给予建议和指导，不告诉他们具体怎么做，而是尊重班干部的意见和想法，这样能使班干部的能力和创造力得到很大的提升，实现人人有事做，事事有人做。

（四）加强沟通，充当学生与老师、学校与家长之间的桥梁和纽带

把任课教师作为自己的朋友，平时勤于交往，我便能随时掌握班主任不在时班级的动态，及时发现隐患，便于下一步开展工作，同时能很好地协调老师和学生的关系，避免了矛盾的激化，因此很多老师都喜欢到我们班上课。另外，对学生的管理、教育应该是立体的，除了学校和社会，家长在学生教育中的作用不容忽视，通过沟通我取得了家长对班主任和学校工作的理解和支持，消除了误会，从而使班级管理工作更加有力和高效。

二、给孩子一个舞台，他会还你一个奇迹

由于出色的班级管理和优异的成绩，我们班在2021年教师节表彰中获得了"优秀班集体"的荣誉称号，并在2021年秋获得"市级文明班集体"称号。在培育学生的同时，我也努力提升自己，2021年在教师节表彰中荣获王生瑜教育基金会的"教育奋进奖"，同时被评为市级优秀特岗教师、县级师德先进个人，所参与的县级课题"农村小学中高年级数学作业设计"已结项。正如我们的班级口号"阅尽风霜和雨露，终生不悔向阳心"一样，付出一定会有回报。

三、默默耕耘，静待花开

新学期，我希望每个同学要做到"五心"：一是收心。把假期以玩为主的生活方式转变为以学为主的生活方式。二是决心。新学期有新开始，人生最关键的时候，往往只有几步，我们要在新学期一开始就下定决心使自己的人生有一个美好的开端。三是恒心。不言放弃，持之以恒，战胜各种困难，去争取新的辉煌。四是爱心。不仅要提高学习成绩，还要提高个人素养，做到尊敬老师、团结友爱、互助互爱、孝顺父母。五是用心。只有用心做人、做学问，才能有所成。

成绩只属于过去，在以后的工作中，我将一如既往，以更加饱满的热情、昂扬的斗志、不断进取的信念，投身于我所钟爱的教育事业，不辜负这个时代和民族振兴所赋予教师的伟大而又神圣的使命。我要把我的热血青春献给神圣而又光荣的教育事业！

教育无小事，事事都育人

新县香山幼儿园　冯琪

幼儿园班级管理是通过幼儿园中最小的单位——班级来实现的，所以说班级管理是幼儿园管理的重中之重，是基础、核心。一个小小的班级是社会的缩影，一个班级就是一个世界，它包容着不同性格、不同爱好、不同资质的人，而班主任，则是这个小社会的领头人，是这个小社会的具体操作者、执行者。

幼儿园班主任作为班级中心，对班级管理、班级发展方向以及幼儿发展水平起着主导作用，直接影响到幼儿保教工作的成败。因此，我们要更新教育观念，为幼儿创设良好的师幼互动环境，树立"一切为了孩子，为了孩子一切"的教育思想，依据各领域目标合理地制订教育教学计划，让幼儿在不同水平上得到提高。

一、有一颗真爱、宽容、无私的心，使孩子健康成长

（一）要酷爱教育，酷爱孩子

作为一个教育工作者，最根本的是要酷爱教育。面对天真无邪的孩子，我们需要的是一颗宽容、无私的心。当然，这颗心里还要有我们的尊重、关爱、责任。"热爱教育事业，热爱学生"是教师职业道德的核心，也是班主任工作的前提和基础。就像高尔基说的："谁爱孩子，孩子就爱谁。只有爱孩子，他才可以教育孩子。"但是，爱并不意味着迁就放松，而是严而有爱，爱而从严。只要充满爱，孩子一定会喜欢。在幼儿园里，孩子需要什么样的角色，我们就要扮演那种角色。如：孩子病了，我们就像妈妈一样抱抱他、

亲亲他，让孩子在病痛中享受一份慈母般的亲情；孩子高兴了，我们就像朋友一样同他开怀大笑，让他感受分享的快乐；在游戏中扮演孩子的伙伴，一同嬉戏……只有做到这些，孩子才会爱我们，想我们，愿意靠近我们。

（二）用心发现幼儿的闪光点

我记得一位优秀教师说过这样一句话："打着灯笼寻找学生的优点，用显微镜来观察学生的亮点。"只有这样，你才能观察出孩子的一举一动是否与昨天不一样，你才不会因孩子太小，觉得他啥都不懂而掉以轻心，从而导致这种轻视心理体现在你的管理行动之中，失去最好的教育机会。要深入孩子的内心世界，随时分析孩子的心理活动，这样你才会明白孩子为什么要这样或那样做，他们无数"不合理"的要求才会被你理解并接受。要尽可能地创造条件让幼儿有展示自我的机会，用心地感受每个孩子的微小进步。

（三）尊重幼儿，平等对待幼儿

作为一名班主任，一定要平等地对待身边的每一个孩子，不论他是男孩还是女孩，是丑是美，是穷是富，不可以厚此薄彼，要尊重每一个孩子，绝不能偏宠。提到尊重，我感受最深的是"蹲下身子和孩子说话"，同样是和孩子交流，"蹲"与"站""弯腰"的效果是截然不同的。要为每一个孩子提供均等的发展机会，让每一个孩子像花儿一样健康成长。让每一个幼儿都有参加游戏、发言的机会，并且鼓励幼儿大胆地表达自己的情感意愿。

二、家园同心，共同进步

幼儿教育离不开幼儿园与家庭共同的配合，因此，充分调动家长参与幼儿的教育过程是十分必要的。班主任既要了解孩子，也要了解家长，了解每个孩子的家庭状况、身体健康状况、品德表现等。随时注意观察、记录孩子在园的表现，做到对每个孩子了如指掌，因材施教，使每个幼儿得到不同程度的发展。个体的发展就是整体的发展，也就是整个班集体的大发展。教师应经常进行家访，与家长互相交流。进行家访时，应将幼儿在园的表现、发展情况如实告诉家长。最好是先向家长介绍孩子的优点及进步情况，然后再指出不足之处，与家长一起商谈帮助孩子克服缺点的方法，最后以友好合作的态度请求家长的指导与帮助，以达到家园合作的最终目的。通过家长开放日，使家长亲身体会、感受和参与幼儿园的一日活动，逐步引导家长了解整个幼儿园，了解孩子的每位任课教师，了解家长开放日的目的等。

三、做好榜样，榜样的力量是无穷的

教师随时都在潜移默化地影响着每个幼儿。班主任必须做到：敬业爱岗，教书育人；着装朴素、简洁、大方，不浓妆艳抹；不乱说话，服从领导，听从安排；等等。这些本身就是教师形象素质的具体体现。班主任要以诚待人，协调好与各个班级教师之间的关系，和每位教师都要开诚布公，不要因小事伤了和气。不要争强好胜，凡事以大局为重，孤身奋战勇气可嘉，但结局往往很不理想。不传播谣言，不中伤他人。

总之，既然成为一名幼儿园班主任，对琐碎的幼儿教育工作就要有足够的耐心，要有不怕累不怕烦的精神，教育无小事，事事都育人。我想教师的人格魅力可能就体现在这样一件件小事上。面对纯洁无私的孩子，并不需要什么天才的班主任，也不需要班主任具有什么特殊功能，我们只要用心去做，就会有收获。

班主任治班方略

新县卡房乡九年一贯制学校　杨望春

一、激励为主题

激励之下出好学生——这是我当老师以来最大的体会。学习上需要激励，班级管理上也同样如此。长期的批评和高压政策只能产生两种后果：要么学生的自信心彻底丧失，破罐子破摔；要么学生表面上服从，实际孕育着强烈的愤懑和反抗情绪。所以，对班级的激励是我多年来工作的主题。"我们是一个很不错的班级。""我为自己能成为你们的老师感到骄傲。"这些用第一人称表达出来的激励话语，既让学生和我融合在了一起，更让学生的自信心高涨，荣誉感倍增，班级工作开展起来也就得心应手了。

二、训练为根基

在激励这个主题下，唱的是训练的戏。小学生的自我控制能力毕竟还不强，因此，常规训练是班级管理中需要常抓、反复抓的重头戏。常规要求是什么，要一条一条明确地讲给学生听。讲要精，练要多而广。大的方面要练习，如早操、路队；小的方面也要练习，如课前准备、课间倒纯净水等。告诉每个学生要做到什么，为什么要这么做，再教给学生应该怎么做，这些看似琐碎的小事一定会让学生终身受益的。常规管理做到了细、实，班级秩序自然就井井有条，学生的活动和学习也就有了良好的保证。

三、活动为抓手

活动是增强班级凝聚力的最好方法，也是对学生进行思想道德品质教育的最佳方式。在班级管理中，我积极鼓励并推荐组织学生参加各类活动。在一次次活动中，学生逐渐成长起来，逐渐有了自我辨析的能力，班级也在活动中逐步凝聚成一个团结友爱的集体。

四、宽严要有度

宽是班主任的一种风度、一种雅量，班主任对学生不可不严，不严则不能立威，不能立威则政令不行，班级管理就不能成功。初接触学生时，班主任一定要示学生以威严。学生如果不把班主任放在眼里，学校的规章制度便难以严格落实，难以形成良好的班级风气，而班级的初始班风一旦偏斜，今后再想扭转就很难了。良好的开端是成功的一半，带班之初形成良好的班风可为今后工作的顺利开展打下坚实的基础。

班级的一切工作走上正轨之后，班主任应逐渐亲善学生，针对具体情况适当调整宽严的尺度。要善于容学生之短，宥学生之错。只要不是原则性的错误，班主任以宽松的方式处理为佳。因为学生的很多错误都是成长中的错误，是阶段性的产物，随着年龄的增长，他们也会逐渐意识到以往的幼稚可笑之处，回想到以前不懂事犯错误时，班主任宽以待之，他们必会心存感激，从而更容易听从班主任的教导。

五、帮教为辅助

世界上没有两片相同的树叶，在集体这棵大树上，也总有那么几片叶子承受不住虫咬风侵。小学生正如那渴望长大却依然娇嫩的绿叶，需要园丁精心呵护。在与学生朝夕相处中，我努力做到观察细微，及时发现学生的变化，对于学生思想上的问题抓住时机及时疏导。班级中有个心理脆弱、焦虑孤独的学生，我就对他多倾注一些关爱，帮助他处理好学习困难、同学矛盾，尽量让他心情舒畅，安心学习。只有在细致的帮教下，才能保证班级中的每个学生都养成良好的品质。

六、放手为目标

教是为了不教，管是为了不管。让学生养成自我管理、自我约束的习惯是我的理想，也是教育的最终目标。为了这个目标，我在班级中每学期进行各服务岗位的竞选。我以人人有机会、人人得到锻炼为目标，不断更新优化竞选方式，形成了一套班级选举的制度。学生积极参与，能力得到了很大的提高。更重要的是学生在竞选中懂得了竞争与团结的关系，明白了荣誉与付出的关系。学生们在竞选演说中说："我明白只要有一个人来和我竞争，我就可能会落选，但我不怕，因为我想为大家服务。""我知道小组长不是一个职位，而是一个服务的岗位。"通过竞选上岗的班干部积极性高，在这个基础上，我充分给予班干部管理班级的权力，进一步调动他们的积极性和主动性，让他们自己管理班级，组织安排主持班队活动。学生有了责任感、使命感，工作更加积极主动，将班级各个方面都管理得井井有条，在学校的各项评比中都取得了好的成绩。

七、与家长联手

父母是弓，孩子是箭，弓张得紧，箭方射得远。父母对孩子有信心，必会点燃孩子的信心之火。每当家长来访或开家长会，我总是首先肯定学生的长处，因为学生正处于发展阶段，只要家长多关心，老师多帮助，学生的进步是会很快的。这样家长就会看到光明，看到希望。同时，也建议家长以委婉的方式帮助孩子改掉不良习惯。这样既可减少老师、家长、学生之间矛盾的产生，又使家长成了孩子的加油站。

八、师生共和谐

讽刺挖苦不仅会对学生的心理造成伤害，而且有损班主任的形象，还会加重学生的反感和抵触心理，造成不良后果。在批评学生时，如果态度粗鲁暴躁，仗着自己是老师以势压人，就会使学生口服心不服。只有反复耐心细致地去做学生的思想工作，尊重、理解学生，与学生交知心朋友，沟通感情，用爱去感化学生，做到"动之以情，晓之以理"，依据事实给予客观、公正的评价，并善于发现其闪光点及时表扬，才能收到事半功倍的教育效果。

勤奋树人，静待花开

陡山河乡中心学校　叶玉环

一、治班理念

品格教育铸造命运。一个人的品格往往决定着他的命运，而小学阶段正是孩子形成良好品格的关键时期。俗话说："播种一种行为，收获一种习惯；播种一种习惯，收获一种品格；播种一种品格，收获一种命运。"作为班主任，我们要做的不仅仅是传授知识，更要传授一种做人的理念。我们要用欣赏的眼光去看待每一个孩子，用负责任的态度去对待每一个孩子，从身边的小事做起，一点一滴地去培养孩子良好的品格，抓好学生的养成教育。

勤奋树人，静待花开。在班级中，学生是管理者，又是被管理者。要让每一位学生都有机会参与到班级管理中，教师应该处于服务、引导、协助的位置，让每一位孩子对自己负责，也对他人负责，让班级成为"成长共同体"，师生共同营造一个民主和谐、团结奋进的班集体，建设一个让学生自主管理、健康成长的民主乐园。

二、班级目标

培养孩子勤奋的学习态度和敢于承担的责任意识。营造良好的班风、学风，营造民主的班级管理氛围，建设一个"有纪律、讲道德、学问深、有思想"的班集体。

三、班训

专注勤奋。任何一件事的成功都要以专注勤奋为基础。专注地读书、专注地写字、专注地吃饭，让孩子在专注中不断进步。要让他们懂得世界上所有美好的东西都是劳动创造出来的，美好的未来也要靠我们从小勤奋学习来营造。

宽容友善。这是一个人的美德，人性本善，孩子们的内心是最善良的。要从小培养他们与人为善、互相谦让的品德，让他们知道学习中需要友善，生活中需要友善，玩耍中更需要友善。

四、治班策略

抓好小干部，促民主管理。班级的事情千头万绪，作为班主任，我们不能做到事事亲为，但也要"足不出户，尽知天下事"，这就要组建得力的班委，让班干部成为自己的第二双手和第二双眼睛。每个孩子的特点不同，要先去扶植各方面较有能力的孩子来当核心干部，首先树立他们在班级的威信，让他们协助老师管理一些日常事务。

抓小组合作，促力争上游。数学教学小组合作的管理模式已经从课堂教学逐渐渗透到学生的各个方面。在各种激励评价中，创设积极向上的竞争氛围，让每一位组员都能意识到身上的责任，意识到自己不仅是一个人，更是小组的一员、班级的一员，自己的一言一行都影响着集体的荣誉。在学习上，对于组内后进生，每个组员都应该尽力帮助他，形成"一帮一模式"。在生活中，对于本组较为调皮的学生，每个组员都要监督他，形成"一盯一模式"。这样才能使孩子们在平时的生活学习中，既严格要求自己，又学会和同伴合作。

抓家校建设，促责任意识。家校共育的重要性不言而喻，但由于各方面的因素，部分家长对于孩子的学习习惯养成重视不够。家长过于依赖教师，希望教师一手包办。要让家长们明白不是别人家的孩子生来就优秀，而是自己还没有付出足够的努力。作为孩子的父母，家长对于孩子的教育有不可推卸的责任，只有家长自己承担责任，陪着孩子走过这唯一的童年，才能让孩子健康快乐成长。

抓自身工作，严要求自己。以身作则，无私忘我，做学生的表率。想带好班级，不但要加强自身的思想建设，还要有吃苦耐劳、自我牺牲的精神。要有一颗从我做起的诚心，有一颗关心爱护学生的爱心，还要有一颗干好班主任工作的信心。文明讲话，礼貌待人，用自身的修养教育学生讲文明懂礼貌，做好学生的榜样。

相信、尊重学生，用宽容化解冰雪。以一颗宽容仁爱之心，做学生的引路人。我相信，每一位学生都有自己的强项，要允许个体有差异，要善于发现学生的优点，抓住每一个教育良机，适时给予表扬鼓励。

对学生一视同仁，平等相待。差生和好生出现同样的问题，犯同样的错误或面对同样的机会时，班主任要一碗水端平，不能出现偏颇，要一视同仁，不能因为他是差生而不耐烦，严加指责；也不能因为他是好生而放过，对其错误视而不见，这样会使差生感到老师的不公平，对老师产生一种对立的情绪。因此，我们在对待差生和好生时要坚持平等原则，这样才能赢得学生的信赖。

尊重学生，关爱学生，以诚相待。班主任要尊重学生的人格尊严，彼此无高低、尊卑之分。要关心爱护学生，积极深入学生当中，了解他们的学习、生活等各个方面。用亲近和信任来沟通与学生之间的感情，用爱的暖流去开启学生的心扉，使之乐于接受教师的教诲。一个鼓励的微笑、一次肩背上善意的轻拍、一场将心比心的谈话，我都毫不吝啬地给予每一个学生，帮他们树立信心，找到前进的动力。

不断学习，提升自我。学无止境，在学校工作中，我认为自己要学习的地方还有很多，虚心学习，可以帮助我们更快地成长起来。

努力耕耘，静待花开

苏河镇初级中学　杨柳

要想做好班主任工作，首先要了解班级的基本情况，并采取一系列的班级管理措施。现在的学生个性大胆张扬，见多识广，思维方法更为灵活，因此要想做好一名中小学班主任不是一件太容易的事情，但是我觉得既然选择承担班主任这项工作，我们就要想方设法把工作做好。

一、用规矩来要求学生

"没有规矩，不成方圆。"在班级里，我明确地告诉学生们：作为中学生应该要做些什么，应该要怎样做，不应该做什么。首先，在引导学生学习《中学生守则》和《中学生日常行为规范》等的基础上，结合我班情况，通过班会集中讨论、民主投票等，研究制定了一套符合我班班情的班纪班规。然后把责任明确到人，狠抓任务落实，并对全班同学进行量化考核，将考核结果作为年度评优的直接依据。其次，培养班干部。我接手一个新的班级后，通常不忙于选班干部，而是先查看每个学生的档案，找学生谈话，询问之前带过他们的班主任，看看哪些人适合当班干部。然后抓住机会，听其言，观其行。通过班级里组织的各种活动，如演讲比赛、设计黑板报、布置教室等，让学生们有展现自己的机会，最后从中物色合适人选。经过这一系列措施后，一些能力较强、品学兼优的学生就会凸显出来。再经过全班学生讨论和公开选举，初步形成班级管理核心。

二、用感情来引导学生

对于病残生我们的爱要得体。在班级里我会特别关注残疾学生和有过病史的学生，这类学生的心理和普通学生不同，他们格外敏感，自尊心强。因此，给予他们的爱一定要得体，才能事半功倍。对于普通生要多鼓励，在学习及各方面都比较普通的学生，往往很容易被老师们忽视，所以，针对这类学生，我会用鼓励的方法，希望他们各个方面都可以更上一层楼。

三、用活动来团结学生

每一次学校举行活动我都特别重视。在活动前，我会对学生进行思想动员，让学生明白集体的重要性，我们必须团结奋斗，才能取得胜利。在活动中，学生的心理处于一种放松的状态，老师要将学生的注意力引到确定的方向上去，表面看似无意，却能使学生在不知不觉中受到教育。特别是集体活动，需要每个成员相互配合、相互关心、相互鼓励，才能取得胜利。集体活动紧密了成员间的关系，是形成和谐的环境，产生向心力、凝聚力，培养集体荣誉感的绝好机会。在活动中，应尽可能让每个学生都得到展示自己才能和特长的机会。学生会在他人和集体的肯定性评价中，增强自信心，于是就会产生前进的动力，个性得到主动发展。

四、用心去培养学生

作为一名老师，我们应该热爱每一个学生，尊重每一个学生的个性，充分发展他们的特长，成绩好的学生是人才，成绩差的学生也可以成为人才。孔子曾经说过"有教无类"，不以成绩论英雄，要看他们做人如何！只要向善好学，都是老师最喜爱的学生。好孩子是夸出来的。在平时我尽可能找出每个人的优点，并进行鼓励谈话，给他们信心，让他们有前进的动力！在我的心目中，我班的学生个个都是好样的。有时候考试成绩出来后，有的学生很沮丧，我会鼓励他们，用实际行动给学生一个暗示：你们也是好样的！这次没有考好，只要努力，下次肯定能够考好，我们要对自己有信心。

每一个学生都是一朵未开放的花，只要我们选择合适的时间，选择合适的方式精心灌溉，他们终将会开放！

做一个专业的有心人

新县中心幼儿园　吴宾香

我是一名幼儿园的班主任，很多人会有疑问：这幼儿园的班主任要怎么当？和普通老师也没什么区别吧！在刚上班的那几年，我也这么认为，每天和孩子们一起唱唱跳跳、写写画画，只要开心就好，但自从系统地学习了教育理论，并在实践中不断总结后，我深深体会到幼儿园班主任不仅仅要搞好一日常规，还要进行理论学习，为教学和家长工作做好铺垫。幼儿园的班主任是班级工作的协作者，是幼儿的教育者和管理者，还是家庭教育的引领者，在幼儿园的工作中起着极其重要的作用。

每天面对一群天真活泼、爱哭爱闹的孩子，我们该怎么教，怎么管？面对望子成龙、望女成凤的家长，我们又该如何沟通交流？我们班主任只有自身具有良好的专业素养，才能管理好班级；只有管理好了班级，才能说服和引领家长，从而获得家长的理解和支持；一旦有了家长的支持，我们的工作就会水到渠成。

很多刚刚参加工作的新班主任会有一些苦恼，觉得自己已经拼尽全力教孩子了，家长还总是说怎么不教这个不教那个，有时甚至因为一点小事情当着孩子的面呵斥老师，对老师不够尊重，因而感到憋屈。我经常这样开导这些年轻老师：不放弃，不抱怨，努力做好本职工作。

一、付出真情，真心爱孩子

首先，班主任应热爱幼儿教育事业，忠诚于幼儿教育事业，要有很强的责任心，并愿意为下一代的成长付出毕生的精力。"捧着一颗心来，不带一根草走"，热爱和忠诚于教育事业是班主任做好一切工作的前提。其次，班主任要爱孩子。高尔基说过:"谁爱孩子,孩子就爱谁。只有爱孩子,他才可以教育孩子。"爱是班主任工作的根本,热爱学生是教师的天职。爱是孩子成长的动力,只有在充满爱的世界里成长的孩子心中才会有爱,他也会学着爱长辈、爱老师、爱同伴以及更多的人,爱是会传染的,爱是可以延续的。在班主任工作的实践中,教师对幼儿的热爱是教育的基础和前提,没有爱就没有教育。当你真正爱他的孩子时,家长是能感觉到的,这样哪怕我们在工作中出现某些小失误,也会得到相应的理解。所以,班主任要以爱为本,把慈母般的爱像阳光般无私地洒向每一个孩子。

二、有真才实学,能让幼儿自主学习

幼儿园班主任光有激情是不够的,还要有坚实的科学文化知识、过硬的专业基础知识、必备的教育心理知识。其中幼儿教育专业基础知识是根本、核心,相关的科学文化知识是条件,教育心理知识是动力,从而构成了合理的知识结构。班主任有了这样的内在条件,才能在教育幼儿的时候游刃有余,恰到好处。幼儿园教育不仅是为小学做准备,而且是为未来生活做准备。首先要体验生活,再学会生活。幼儿的一日生活即教育,班主任要运用自己内在的智慧,从点滴做起,把教育融入日常生活中的每一个环节,合理安排幼儿在园的活动,适时进行有目的的教育,这样不仅能培养幼儿良好的作息、行为、学习习惯、秩序感,还能培养他们的观察力、专注力、团结协作等能力。在活动中,要注意角色的转换,班主任不仅是实施者、引导者、观察者,还可以是参与者,要尽可能让幼儿有更多的自主探索机会,这样才有可能培养出更多具有创新能力的人才。

三、要有一双慧眼,具有敏锐的观察力

全面、深入、正确的观察是班主任了解、教育幼儿,并与家长顺利沟通的基本功。班主任要对幼儿进行有效的观察,就应做到:第一,要在对幼儿关心和负责的前提下进行观察;第二,要以教育理论为指导进行观察,对学龄前幼儿的生理特点、心理特点了解得越多,观察就会越准确;第三,要有明确的观察目的,通过分析综合,达到理解幼儿和教育引导幼儿的目的;第四,观察要耐心、仔细、翔实,要做到特殊情况不能忽视,细微变化不能粗心,短暂现象不能放过,偶然症状不能马虎。只有学会观察,才能了解幼儿,

从而更好地因材施教，在与家长交流沟通的时候才不会无话可说，当家长知道你很关注他的孩子时，他会是怎样的心理呢？那就不言而喻了。此外，有效的观察还可以及时排除一些安全隐患。

四、要有沉稳冷静的自制能力

幼儿园班主任每天面对的是一个较为复杂和特殊的教育环境。作为班主任，除了要管理好自己的班级和幼儿，还要处理一些幼儿园班级之间、家长之间的突发事件。面对突发情况要善于自我控制，保持冷静、沉着的情绪，这是顺利开展教育工作的必要条件。班主任要遇事不怒，机智应对各类问题，注意调控自己的感情和言行，使幼儿在心境良好的情况下接受教育与疏导。班主任要在幼儿和家长面前始终处于最佳状态，以愉快、乐观、勤奋向上的精神状态感染幼儿和家长，如果遇事就慌了手脚，家长怎么能放心把孩子交到你的手里呢？

五、幼儿园班主任应具备管理和沟通艺术

幼儿园的班级环境虽然不同于中小学，但是俗话讲"麻雀虽小，五脏俱全"，幼儿园的班主任同样要具有和配班教师一起促进班级常规形成的能力。

（一）与幼儿之间

当幼儿班主任首先要有爱心。面对琐碎的保教工作不仅要有足够的耐心，更要有不怕累不怕烦的精神，凡事从孩子的需要和兴趣出发，绝不能急于求成，鲁莽专断。尤其是对反应慢的幼儿，要给予适当的帮助，保护孩子的自尊心。发生在幼儿身上的事都不能草率处理，要充分考虑孩子的心理特点，耐心帮助他们克服自己的缺点，不能用粗暴、过激的态度对待。只要凭借自己的耐心与智慧来教育幼儿，就一定能产生良好的教育效果。

要尊重幼儿在发展水平、已有经验、学习方法等方面的个体差异。提到尊重，让我感受最深的是"蹲下身子和孩子说话"。有这样一个故事，说一个妈妈带着四岁的孩子走在繁华的大街上，她指着前面漂亮的商店问孩子："宝贝，你看到前面有什么？"孩子回答："很多很多的腿。"显然孩子的回答让她很失望，但其实孩子说的是实话，以他的身高所看到的的确就是很多的人腿。这说明了一点：孩子看事物的角度和成人不一样，因

此教师也要站在孩子的角度看世界！

作为一名班主任，一定要公平公正地对待班内每一个孩子，不论他是男孩还是女孩，是丑是美，是穷是富，都要一视同仁，在教育教学活动中对孩子持民主与尊重的态度，对每个孩子都要关心、爱护，无偏见、不偏袒，不以个人的好恶作为标准。尺有所短，寸有所长，当教师的要相信每一个学生都有长处和不足，不要轻易地看不起自己的学生，否则，我们就会失掉在孩子中的威信。

（二）与同事之间

做同事信任的班主任，构建和谐的同事关系。一个班就是一个集体，作为班主任，我们要跟配班老师真诚协作，和谐共处。班内教师之间的配合是否和谐直接关系到班级管理的好坏。教师要相互信任、相互帮助、相互补位，努力为幼儿营造一个和谐温馨、充满爱的学习生活环境。老师之间刚开始合作时，有些不适应那是很正常的，特别是跟刚参加工作或刚到幼儿园工作的老师配班。作为班主任，我们既是指挥员又是战斗员，因而要处处以身作则，依靠模范带头作用来感染配班老师。事事走在前、做在前，不怕累、不怕脏，千万不能斤斤计较，一定要多沟通、交流。班级孩子的表现，是进步了还是落后了？最近有什么反常表现？对某某我们应该用什么方法激励他、鼓励他？这一系列的事情都应及时与班内老师沟通，交流意见和看法，这样既加强了老师之间融洽的关系，又有利于幼儿的教育，还有利于家长工作。对于幼儿园组织的活动或临时布置的工作，班主任先提出一个具体方案，然后再和配班老师商量，取得一致意见后再分工合作尽力完成好。教师之间要以诚相待，工作中经常换位思考，相互理解，时时处处事事为他人着想，一切以工作为重，这样就会营造一个宽松、愉悦的工作环境。最后，就是在对班级幼儿的教育上要保持一致性，虽然在教育教学方法上每个老师都有自己的风格，但在要求上必须是一致的，特别是幼儿的常规，不能要求不同，也不能一个紧一个松，以免使孩子形成两面性，从而不能将常规形成一种习惯。

（三）与家长之间

《幼儿园教育指导纲要（试行）》指出："家庭是幼儿园重要的合作伙伴。应本着尊重、平等、合作的原则，争取家长的理解、支持和主动参与，并积极支持、帮助家长提高教育能力。"这就表明家园要携手同行，幼儿园的教育没有家长的参与是不完整的。家长工作是幼儿园的一项重要工作，它的途径有很多，比如家长会，班级 QQ 群、微信群、校信通，活动室门前的家园联系栏，家园联系本，利用早晚接送孩子时间进行简单交流等。

无论哪种途径都少不了沟通与交流，教师如何与家长沟通、交流也是一门艺术。作为幼儿园的班主任需要掌握哪些与家长交流和沟通的技巧呢？

1. 快速熟记幼儿姓名，了解家庭情况，赢得家长的信任

新学期开始，一定要尽快记住每一个幼儿的姓名，并且还要迅速地与幼儿家长对上号，这是拉近家长、幼儿与自己情感距离的最有效的办法。另外，还要尽快掌握幼儿的家庭成员、家庭住址、家庭教育观念等情况，这样有助于采用合适的沟通方式。

2. 用真诚的微笑和一腔热情接待家长和幼儿

教师的微笑是最形象直观的语言，能消除家长的疑虑，让家长对教师产生亲近感和信任感。在与家长沟通时态度要热情、谦和、诚恳，要尊重家长，与家长保持平等关系，这样才能保证与家长的顺利交谈。所以，教师应该热情有礼貌地接待家长，用微笑服务，与家长谈话时坦诚相见，给人可近、可亲的感觉，家长就会感受到老师的诚意。老师对孩子要怀有无比关怀之心，为孩子的成长而喜，为孩子的进步而荣，这样才能取得家长的信任，让家长觉得你和他是为了同一个目标在努力，就能敞开心扉接纳教师。只有以一种平等友好的态度来对待家长，将家长视为朋友，尊重家长的意见，虚心诚恳地听取家长的建议，教师才能赢得家长的尊敬和信赖。

3. 语言要有艺术性

教师的语言要有艺术性，因为这样有利于维系家长和教师之间良好的关系。家长对于自己的孩子都感觉非常好，其实，再好的孩子也会有不足之处，再差的孩子也会有闪光点，因此，教师对孩子的评价要客观，不要把孩子说得无可挑剔，那样会使家长过分宠爱孩子，放松必要的管教；也不要把孩子说得一无是处，慎用否定的话语，切忌告状式言辞，那样会引起家长反感。我们要用发展的眼光看问题，用热情感人的语言"多报喜、巧报忧"，促使家长满怀信心地进一步配合老师教育好孩子。比如某某抓了小朋友的脸，教师不能一见到其家长就告状说："今天某某又抓人了。"这样只会导致家长的反感，家长心里会不舒服，觉得很没面子，说不定他还会回你一句："孩子在幼

儿园，老师怎么教育的？"而如果换一种方式，效果就会大不相同。比如教师摸着某某的头微笑着对其家长说："某某今天画画很认真，作品得到大家的表扬，进步非常大。但是有时会攻击小朋友，这不，今天他抓人了。"然后我趁机提出："希望得到您的配合，同步教育孩子，改掉这个不良习惯，使孩子能够全面发展。"这种谈话方式，家长很乐意接受，并领着孩子一起去向小伙伴道歉。

4. 善倾听，巧引导

在沟通的过程中，教师要善于倾听家长的叙述，倾听家长讲孩子在家里的表现，不要随便打断、反对家长的讲话。教师越表现出乐于倾听，家长就越愿意与之交流。在与家长交往过程中，尽量少用命令、警告、责备、劝告和教训的语气，避免使用伤害家长情感的语言，尽可能多地使用倾听、解释、陈述的技巧。当家长说完后，教师方可进行不同方式的引导。

5. 要学会感谢

通过交流沟通，一座心与心的桥梁已悄然出现在教师和家长之间。在与家长的交流结束之后，教师要及时地对家长的建议给予肯定，对家长的配合给予感谢，要用热情感人的语言，促使家长满怀信心地进一步配合幼儿园教育好孩子。

总之，班主任要用一腔热情、一份真挚的爱心，加上强烈的责任心，去做一个有心人，努力营造一个和谐美好的幼教环境，为孩子以后的教育打下坚实的基础。

钟情教育路，欢歌染山乡

田铺乡九年一贯制学校　钟欢

花的事业是尊贵的，果实的事业是甜美的，让我们做叶的事业吧，因为叶的事业是平凡而谦逊的。

——题记

怀着对教师职业的向往和憧憬，我一路与书香为伴，不断追逐我的教育梦想，终于在毕业后通过特岗考试来到了美丽的田铺乡九年一贯制学校，如愿踏上了三尺讲台从事语文教学，并开始担任班主任工作。

如果说班级是一个家庭，那么班主任就是这个家的家长，只有立足集体兼顾个人，才能养出相亲相爱快乐成长的孩子。如果说班级是一个菜园子，那么班主任就是这个园子的管理者，只有勤跑勤看用心栽培，才能护出营养充分长势喜人的幼苗。如果说班级是一艘航船，那么班主任就是这艘船的领航人，只有掌稳舵扬好帆，才能带领船只乘风破浪一往无前。因此，班主任工作比任课教师的工作更全面、具体、细致，对学生的影响也更直接。

打铁还需自身硬。一个班主任，若有着良好的素养与深厚的功底，必定能赢得学生与家长的喜爱和赞赏。工作以来，学校组织了各种教学教研活动，我也在慢慢地成长。在此过程中，我深深地认识到学生就像艺术品，他们的成才需要班主任用责任的斧子、耐心的凿子、细心的刻刀等不可缺少的工具进行雕琢、打造，更需要采用巧妙的方法、技巧，使艺术品更具灵魂、特色。班主任工作有学问、有技巧，也有艺术性，只要找到了打开学生心灵的钥匙，学生管理就会变成一项其乐无穷的工作。

一、牢记使命，砥砺前行

刚接手这个班的时候，每天都有很多学生跑到办公室向我打各种小报告，让我处理各种鸡毛蒜皮的小事。如果没有我的督促，班里卫生永远乱糟糟。初上岗的我感到十分迷茫，觉得这与我的教育理想相去甚远，不免产生失望的情绪。但仔细一想，我是他们的班主任，帮助他们成长是我的责任，学生也是出于对我的信任和依赖，才会来找我。想到这里，我一下子豁然开朗。在后来的工作中，我逐渐转变心态，面对问题，我不再厌烦抵触，而是时刻谨记自己教书育人的使命，耐心引导学生学会自己独立解决问题，慢慢培养良好的习惯。

"古之立大事者，不唯有超世之才，亦必有坚忍不拔之志。"作为班主任，更需要有坚韧的心、高度的责任心和使命感，这样才能治理好班级。

二、挥洒师爱，用心育人

爱是人世间最美妙的一种情感。有爱传递，学生才会幸福快乐。

我所从教的学校，有很多留守儿童、单亲儿童或孤儿，他们非常需要关爱。一次歌唱比赛上，有位同学唱《鲁冰花》，前奏响起，班上一位女孩子就泛起泪花，她的父母因事故双亡，她成了可怜的孤儿。事后，我把她喊到办公室，安慰她："妈妈不是不爱你，只是在另一个地方默默地爱着你。"从那之后，我便十分注意这个敏感的话题，特别是讲到涉及母爱的文章时，我都会提前找她谈心，平日里，我也尽可能多关注她、保护她。

"教育是人与人心灵中最微妙的接触。"教育学生，首先要给学生最诚挚的爱，它是沟通学生心灵、启迪学生智慧的一把"金钥匙"。

三、科学管理，持续改进

（一）严爱相济，民主施教

互相尊重和友爱的氛围会给教学带来好处，有助于完成教育任务。

以前，我对学生十分严格，什么事情都想按照我认为对的方式去做。每天上课，班上死气沉沉，平时学生看见我，像老鼠见了猫，我和学生的距离好像越拉越远。后来，一位经验丰富的老教师告诉我，要多听听学生内心的声音。我反思自己的治班方法，开始转变策略，和学生一起协商班规，平时多征求学生的意见，努力做他们的良师益友，让学生在自己爱的情感中和严格要求下，健康快乐地成长。

（二）善用赏识，激励成长

班上有位让老师头疼的学生，学习成绩科科都是倒数第一。但是在一次手抄报作业中，我发现他绘画构图巧妙，线条流畅，色彩饱和，处处都充满着自己的小创意。于是我选择他来担任美术课代表，他在美术课上表现得十分积极，我经常表扬他，久而久之，我发现他的字竟然也跟着漂亮了起来。

第斯多惠说："教育艺术的本质不在于传授本领，而在于激励、唤醒和鼓舞。"作为班主任，要用欣赏的眼光看待每一个学生，用尊重和鼓励帮助学生扬长避短，用信任和期待给予学生前行的勇气和力量。

（三）立足细节，做好示范

"天下难事必作于易，天下大事必作于细。"注意细节其实是一种功夫，这种功夫要靠日积月累的培养。

那天，我在写笔记，我写字很快、很潦草。这时，一位同学找我改作业，她问我："老师，你写的是什么呀？我怎么看不懂。"我随口说："这是笔记，我自己能看懂就可以。"后来，在我检查学生的积累本的时候，发现他们的字和我的如出一辙。我开始反思自己，纠正自己，不管是平时的笔记、板书还是教案，我都认认真真地写，给学生做好示范。

"要想成就一件大事业，必须从小事做起。"认真做好每一个细节，成功便会不期而至，因为细节决定成败。

四、欢歌染山乡

每天清晨，教室里总会回荡着琅琅读书声；上课前，桌上总会有一杯为老师接好的热水；大课间，操场上总是有一个方阵站得特别整齐；午休时，我们班总是整个学校最安静的班级……一件件温暖的小事每天都在发生，孩子们的进步深深打动了我，他们变得越来越好，我们越来越像一家人，我想，我是幸福的。

运动会上，运动员们你追我赶，取得胜利后，大家抱在一起欢呼、呐喊；

足球赛场上,同学们奋勇拼搏,一场接着一场,取得了令人惊喜的成绩;班级文化建设,他们新奇的想法层出不穷……我想,他们也是幸福的。

  有人说:"要给人以阳光,你心中必须拥有太阳。"班主任是教育者、领路人,对学生动之以情,晓之以理,持之以恒,和风细雨,定然会润物无声。

做一位会"偷懒"的班主任

新县三中　刘生辉

回首自己十多年的班主任工作经历，我感受最深的就是事多、身疲、心累。日复一日、年复一年过着两眼一睁、忙到熄灯的生活，如何从这错综复杂的班级事务中解脱出来，做一位"清闲"的班主任呢？我的诀窍就是要会"偷懒"。

想"偷懒"先勤奋

俗话说，一勤天下无难事。要搞好班级工作，管理好学生，勤是必不可少的。

对于新组建的班级，班主任首先要深入学生，了解学生。了解每一个学生的优缺点，掌握每一个学生的个性特征；了解每一个学生的家庭背景，掌握学生的成长经历；了解每一个学生的学习习惯，掌握学生的知识能力水平。通过详细的了解，我掌握了大量的第一手资料，为制定出针对学生实际情况的治班措施，采取切实可行的治班方法，提供了科学的依据，打下了坚实的基础，做到"知己知彼，百战不殆"，再处理班级事务，便胸有成竹了。例如，我班有一个女生，父母离异，且父亲有精神疾病，母亲是一位普通的劳动者，家庭经济困难，但这个女生比较懂礼貌，对母亲也十分体谅。我了解这一情况后，便经常找她聊天，鼓励她要好好学习，将来有能力考到北京上大学，更好地孝敬母亲。这个孩子也十分有志气，学习成绩从入班时的五百多名，到后来的前一百名，进步巨大。

常言道，万事开头难，在班级管理中也是如此，特别是新组建班级的第一个月，班主任必须按照自己的要求和目标勤讲、勤做、勤要求。早读，我比学生先到班；晚读，我在教室陪伴；学生上课，我常在教室后看一看；课间操，我陪学生在操场练一练；闲来无事常和学生谈一谈，有事无事多陪伴……务必要使班级形成良好的习惯。

想"偷懒"先培养

班级管理工作错综复杂，如果光靠班主任一个人恐怕是杯水车薪、事倍功半。班主任要想在班级管理的过程中"偷懒"，必然不能眉毛胡子一把抓，事必躬亲，而应该充分发挥班干部的主动性和积极性，借助班委的力量管理班级，带动班级，让班干部成为班主任进行班级管理的左膀右臂。一个优秀的班干部队伍能帮助班主任从繁忙的班级管理中抽身而出，"偷"得悠闲，所以搞好班干部的培训至关重要。

刚刚组建的班委，还不熟悉学校班级管理的要求，更没有掌握班级管理的方法，因此在班级管理的初始阶段，班主任务必事必躬亲，耐心指导，甚至手把手面对面地传授。例如早读的组织，班主任可以告诉课代表要提前五分钟到班，先将早读的标准和要求写在黑板上，学生到班后，由课代表负责领读，早读结束后要进行小结，总结出优点和不足，以便日后改进。这样的传授不是一蹴而就的，在日后的班级管理中班主任还要与班委多沟通，多关注，多督促，进行及时的指导。

经过一个月的培养，第二个月时班委已经熟悉了班级管理的流程、标准和方法，具备了一定的工作管理能力，因此接下来的班级管理班主任可以领着班委走。在开展各项具体的工作之前，班主任可以多鼓励班干部进行活动的策划，自己只是充当参谋。比如有一次，我提议班委组织一次班级活动，活动的主题、活动的目标、节目的准备、场地的布置、活动的主持等统统由班委负责，我只是提出一些指导性的建议。出乎我意料的是整个活动秩序井然，氛围活跃，同学们都积极地参与，增进了同学间的友情，活跃了班级氛围，此时的班委已经逐渐走向成熟了。

第三个月时，班委已经有了班级管理的工作能力和丰富经验，班主任就可以放开手，让班委自己管理班级，但放开手并不是当甩手掌柜，而是在分工明确后，实行逐层负责制，形成一种健全的管理体系，从而实现班委对班级的自主管理，这样既锻炼了班委的能力，又培养了学生的自觉性。比如有一次我要连续八天参加培训，临行前召开班委会，将班级管理的重任交给了班委，并千叮咛万嘱咐，生怕"老猫不在家，小猫到处扒"。令人欣慰的是，这八天在班委的管理下，班级一切井然有序，培训回来后数学老师调侃说："你班的学生，你不在比你在时表现得还好。"

就这样，通过对班委的培训，使所有的班干部各司其职，各尽其能，成功地实现了班级的自主管理，班级管理一切井然有序，班主任又可以"偷懒"了。

想"偷懒"会表扬

"好学生都是夸出来的。"在班级管理的过程中，如果我们经常在全班面前批评学生，那么他们耳濡目染的全是坏事，甚至有的学生会为了引起老师和同学的关注而故意去做坏事；如果我们每天表扬好人好事，学生日常在好人好事中熏陶，那么将来他也会做好事成好人。处于成长重要阶段的初中生，更加需要老师的表扬和肯定来建立自尊自信。在班级管理中如果能有效地运用表扬手段，弘扬班级正气，鼓励先进，调动学生的积极性，将有利于形成良好的班风学风。在具体的班级管理中，我充分利用月考，对表现优秀的学生进行表彰，树立班级学习的标杆和楷模。例如，第一次月考后，年级前两百名中我班有十三人，在放假前一天的晚自习上，我在班里进行公开表彰，给每一位优秀生发了一张奖状，虽然很简单，但也是对学生努力的一种肯定。当获奖学生上台领奖时，全班响起了雷鸣般的掌声，获奖者以此为荣，在以后的学习中会更加努力，未获奖者亦摩拳擦掌，准备为荣誉而战。第二次月考我扩大了奖励的范围，不但奖励了优等生，还奖励了进步一百个名次以上的进步生，让学生知道只要努力进步就能获得表彰，给了后进生前进的动力和希望。第三次月考我又加大了奖励的力度，每位优秀生和进步生不仅获得奖状，还得到了一个笔记本，学生们的干劲更足了。为了进一步激发学生的学习热情，我直接在班里宣布：期末进行红包奖励。学生听到消息的那一刻，全班几乎都疯了，掌声、喝彩声震耳欲聋，学生的激情直接被点燃了，个个精神抖擞，干劲十足，努力学习。

通过表彰，班级形成了一种你追我赶的良好学风，学习的人多了，贪玩的人少了，班风正了，学风浓了，班主任的工作自然轻松了。

想"偷懒"会学习

"他山之石，可以攻玉。"要想做好班级的管理工作，做一位"悠闲"的班主任，就不能永远守着自己的那一套陈旧的理论与方法，过着与世隔绝的生活，墨守成规往往跟不上时代的步伐，必须努力学习不断进步，不仅要从书本上学习班级管理的最新理论知识，更应该向其他优秀的班主任学习班级管理的经验方法。我校48位班主任，可以说每一位都是从教学的战场上走出来的，历经炮火洗礼，久经考验，经验丰富，都有自己的一套班级管理的绝招，可以毫不客气地讲，48位班主任就是48本活生生的班级管理的教科书，每一本书都是班级管理的武林秘籍。工作中，我采用"拿来主义"，借"他山之石"解决了我班出现的许多问题。比如，我从刘宏炎老师那里学来了班级分小组教学的秘籍，从汪斌老师那里学来了班级纪律管理的秘籍，从曹波老师那里学来了高标准严要求的秘籍，从郭国老师那里学来了跑操管理的秘籍……这些秘籍，我潜心修炼，并运用到自己班级的管理中，取得了意想不到的效果。

总之，"懒"是表象，"巧"是本质。掌握了班级管理的技巧，班主任就可以"懒"出水平，"懒"出境界，而且"懒"得光明正大。在往后的班级管理中，我将一如既往地"懒"下去。做一位会"偷懒"的班主任，挺好！

立德树人，智慧治班

新县苏河镇初级中学　管详圆

我自2018年9月参加工作以来，连续四年担任农村中学班主任，在这期间受益良多。

班主任作为最基层的管理者，既是班级工作的组织者和领导者，也是连接家长和学校关系的重要纽带，一个出色的班主任能很好地提高学生的素质水平和学校的影响力。下面浅谈下我的治班策略。

一、班主任要有耐心

每年刚开学的时候，我不会盲目地选择班干部，而是提前给学生说好班级的纪律要求和日常注意事项，先明确一位自荐或者他荐的代理班长，然后耐心地等上一周，观察班级每位学生的日常表现，从而对学生有一个初步的了解，然后再出手组建班委。在对待学困生和差生时，更要有耐心，只有这样，才能更深层次地了解每位学生的情况，从而更好地进行班级管理。

二、选择有闪光点的学生作为班干部

通过一周的观察，我大致了解了每个学生的日常学习状态以及他们身上的闪光点，然后我会召开一次"我能为班级做什么"的主题班会，要求每个学生都要发言，一是锻炼学生的胆识，二是让学生发掘自身的亮点。同时我讲一下自己的治班理念，总结来说就是民主、尊重、包容。

紧接着我会提出我对班干部的要求：有责任心，有同情心；有能力，有担当；能吃苦，肯上进，会自律；尊敬老师，关爱同学。

在我管理的班级中，班长不是固定的，是每天轮换的，由学生写自荐信给我，一周五天，每周安排五个学生作为班长，每周一班会课上由班级全体学生投票表决上周最负责任的班长，并用专门的记录本登记。同样，卫生委员、寝室长、课代表也是一月一换，能者上，充分给学生发挥的空间。

三、勤激励，多鼓励

（一）发挥榜样作用，以榜样激励学生

优秀学生的榜样作用有很直接很具体的意义，由于学生们生活学习在一起，学习环境和经历基本相同，学生中的榜样为学生所熟悉，因此更具有可比性，更易为其他学生所接受，能起到立竿见影的示范作用。因此，我经常采用不同形式对优秀学生进行表扬，使他们在学生中起到榜样的作用。

（二）积极挖掘学生的闪光点

在以榜样激励学生的同时，我还善于发现和挖掘其他学生身上的闪光点，借助他们自身的优点激励其克服不足之处。尤其是对后进生，对他们所取得的点滴成绩和进步，我都给予及时表扬、热情激励，努力为他们创造转化的契机和良好的环境，让他们"从失败中来，向胜利中去"。总之，恰当的表扬和激励，对于学生个人，有利于发扬优点、克服缺点；对于学生群体，则有利于形成学习先进、赶超先进的良好风气。

四、勤跟班，多苦守

作为一个班主任，我立足本职，本着对学生高度负责的态度，时时刻刻加强对学生的管理和教育。这样，既能有效地掌握班级的第一手资料，及时了解学生的思想动态，便于对症下药；又能及时制止班级的偶发事件，避免事态的扩大，维持正常的教育教学秩序。如：每天早读、夜读我都坚持早到班，督促学生快速进入学习的氛围中；课间去班里溜达溜达，若发现学生的一些不良行为，将其消灭在萌芽状态，维持好的班风。

五、多与家长沟通联系

要做好学生的教育管理工作单靠学校的力量是不够的，必须建立起家庭、学校、社会三位一体的教育活动网络，特别是要强化家长的职责，家校

共同肩负起教育的重任。我经常以微信聊天的形式向家长反映学生的情况，向家长传授正确的教育方法。特别是对后进生，针对其不同阶段的表现情况，与家长共商转化对策，加强配合，有效监控，及时找出病因进行诱导教育，收到了很好的效果。

总之，班级管理工作是千头万绪的，工作方法也是千差万别的。今后，我将在实践中不断探索，并总结出行之有效的方式方法，使自己的班级管理水平跃上新台阶。

做一名严慈相济的老师

苏河镇中心学校　黄姗姗

目前我担任三年级二班的班主任,我班的情况总体而言学习氛围比较浓厚,但是卫生和纪律方面有些不尽如人意,总是要班主任反复提醒,例如:上课铃响了,班里还安静不下来,放学后老师还在班里就有学生背起书包往外冲。为此我也采取了一系列的措施,目前班里纪律方面正在好转。下面我想就班级管理说一说我的治班方略。

一、要想班风纯正就要公平公正

正,指的是公正,班主任对待学生要公平公正,对学生的表扬、批评、奖励,也要做到公平、公正。只有这样,学生才能尊敬、信服班主任,才能为班级管理工作打好基础。

在碰到重大的是非问题时,班主任要第一时间向学生表明自己的观点,不能对学生避而不谈。对于班级出现的一系列问题,班主任要敢于正视问题,同时保持清醒的头脑,采取及时有效的方式帮助学生改正错误。

二、明确班级班规

班主任在班级刚建立的时候,就要明确班级规章制度,为班级的发展打好基础。既要以学生为主,让学生充分发挥自己的管理才能,又要对学生的行为进行一定的规范,让学生知道什么事该做,什么事不该做。班规确定以后,班主任就要使学生充分理解班规的各项要求,并严格遵守。

要想把一个班级管理得井然有序,就必须建立起一套完整的既符合学校规矩,同时又贴合学生实际发展轨迹并且能够有效实施的规章制度。

学生在班级里是不是有制度可依，是不是有制度必依，班主任是否赏罚分明，学生是否有榜样可用来激励自己，这些都关系着学生是否能健康成长。符合学生的心理及年龄特征的班规才是好的班级规章制度，才能够调动学生自觉遵守的积极性。

三、强烈的集体荣誉感是一个班级成功的必需品

具备集体主义意识是班级增强凝聚力、向心力的必备条件。因此，班主任必须重视通过集体教育来影响每一个学生的思想，用集体的舆论、作用和意识形成巨大的教育力量。培养学生的集体荣誉感是集体教育中的关键一环，那么应该如何培养呢？

1. 以思想教育为开端

如果想要规范学生的行为，就要解决学生的思想问题。从本质上说，学生应当听从的并不是班级里某一个人，而是某一条准则，某一条能让学生信服的真理。

2. 在活动中培养集体荣誉感

集体活动为学生提供了展现自我的机会，让学生在活动中得到锻炼和成长，从而使学生更加积极主动地参与今后的团体活动。活动本身就是一个很好的凝聚班级向心力的过程，在集体活动中，班主任应该想方设法调动每个学生的积极性，根据学生的能力所长、兴趣所在，尽量安排每一个学生参与到不同的活动中来。

四、俯身弯腰，与学生平等对话

师生关系融洽才能营造一个良好的班集体。要达到和谐的师生关系，班主任应当俯身弯腰，平等地对待班上的每一个学生，尊重每一个学生，热爱每一个学生。

霍懋征的教育理念是"没有爱就没有教育"。一切良好的教育都是在爱的浇灌下进行的。每一个学生都渴望得到老师的关爱，作为教师自然要关爱每一个学生的成长。然而由于老师的"权威性"，很多学生不敢靠近老师，不敢与老师交谈。因此，我们班主任应该积极主动地建立和谐的师生关系。为了让学生们走近我，我总是尽可能地在课下多创造与他们相处的机会，尽一切可能培养师生之间的感情。例如在秋季运动会上，我会和学生们一起为

本班的运动健儿加油、呐喊；学生拔河比赛后，手红红的，我会轻轻地抚摸他们的双手；当学生由于比赛成绩不理想而灰心丧气时，我会轻轻地拥着他们，用柔和的声音告诉他们没关系，下次继续努力；当班级参加足球比赛时，我会因为他们踢进了球而高兴到蹦起来。

总之，十年树木，百年树人，不管是作为教师还是班主任我都将继续努力，用自己的爱心和耐心浇灌每一朵美丽的小花，让他们茁壮成长。

山村"孩子王"修炼手册

田铺乡九年一贯制学校　谢香逸

班主任工作就是给学生心灵埋下真善美的种子，引导学生扣好人生的第一粒扣子。

——题记

大学一毕业，我如愿以偿成了"孩子王"，走进了美丽的田铺乡九年一贯制学校。

教育名家魏书生老师说过："做老师不做班主任那真是吃了大亏。"我也觉得，做老师如果能做班主任会更幸福，会受到很多学生的爱戴，会被孩子们永远铭记在心。所以，刚来的第一天，韩校长问我们："你们谁喜欢小孩子呀？"我立即回答道："我！"就这样，满怀憧憬的我带着激情和信心开启了"孩子王"之旅，但一切似乎并没有想象中那么容易——担任小娃娃们的班主任，不仅要对他们的学习负责，更要用耐心去引导，用爱心去浇灌，才能让这一棵棵小树苗茁壮成长起来。

参加工作至今，虽然我一直都担任班主任工作，但我之前从来没有对自己的教育理念和方法进行过总结，在我的心中干这些事的都是"大师"，而我只需要踏踏实实地工作就行。可实践证明，干好班主任不仅要踏实、有爱，更要有智慧。于是，静下心来回首过往，我才发现自己也在困惑中慢慢找到了方向，在历练中得到了成长。

八卦炉中逃大圣，五行山下定心猿

对于刚刚步入教育行业的我来说，教育领域犹如一座偌大的宫殿，而我才刚刚拿到开启这座宫殿的钥匙。而今,回望自己走过的路,就像《西游记》中西天取经的师徒四人一样,有苦有乐,有舍有得。

《西游记》中有一回是"八卦炉中逃大圣":孙悟空从太上老君的炼丹炉逃出来,大闹天宫,玉帝不得已请来如来佛。孙悟空驾着筋斗云,却跳不出如来佛的手掌。而我的娃娃们可不就是一个个的小猴子,每年我都会遇到几个特别调皮的孩子,调皮的孩子在哪个班,哪个班便鸡飞狗跳,不得安宁,给老师带来无尽的烦恼……他们就像是从家里那个"炼丹炉"逃出来了似的,在班级里使劲撒欢儿!记得我初当班主任时,面对这些调皮娃娃完全没有办法,在办公室里唉声叹气,这时程伟娜老师对我说:"不要着急,面对这些小娃娃,可不能被灭了气焰,你还要和他们斗智斗勇呢!如果他们是齐天大圣孙悟空,那你就是如来佛祖,他们怎么逃也逃不出你的手掌心!"

过了一段时间,与他们熟悉后,我发现调皮的孩子更渴望得到老师的肯定,要尽可能多地使他们获得成功的体验,使他们感觉到自己在班集体里也是能发光发热的,并不是只会调皮捣蛋。于是我对这些孩子制订了"整改"计划,最初我对他们的要求是课堂上能坚持坐住十分钟,每节课至少举一次手,作业必须在课堂上完成一半。他们平时自由惯了,自我约束能力极差,开始还能坚持十分钟,慢慢地就坐不住了,扭来扭去很不自在,想动吧老师又盯着他,不动吧心里痒痒的。每每这时我就会走到他们身边,有时摸摸他们的头,有时敲敲他们的桌子,他们总能领会我的意思。古语有云:"教也者,长善而救其失者也。"只要他们一有表现好的地方我就及时表扬,让他们获得成功的体验。渐渐地,这些学生上课认真听讲的时间长了,学习的积极性也提高了,作业也能按时完成了。

现在,这群孙猴子在我的手掌心里尽情玩耍,我在不压抑他们天性的同时,也能让其在学习上有所进步!

孙悟空三岛求方,观世音甘泉活树

在工作中,我发现自己常常扮演着多种角色,在面对调皮的小猴子时,我是如来佛,为他们指点迷津,但在面对教学领域这片汪洋大海时,我发现自己也是一只不谙世事的小猴子,需要时常取经学习。

在刚刚过去的一年中,我利用工作间隙、茶余饭后,使用手机、电脑等工具,对班级管理过程中的点点滴滴、随时的小感悟进行及时的记录,随后再进行归类整理。当然，对自我的提升仅仅靠日常工作的总结肯定是不够的，有时候会走弯路，所以，我经常会阅读一些书籍和报纸杂志，把前人的智慧成果在实践中加以应用和完善，最终转化为自己的东西。在我读过的关于教育教学工作经验之谈的著作中，我尤其喜爱中国现代教育家魏书生的《班主任工作漫谈》一书，书中魏老师平实的语言深深地吸引着我，其中大量生动感人的实例，全面叙述了他独具一格的班主任工作经验和搞好班级管理的具体措施，我也从中学到了一些可以运用到班级管理中去的好方法。

在教学方面，学校也多次开展教学活动，如集体备课、公开课、跟岗学习等，我都积极参加，并要求自己每次参加完活动都要写一篇心得体会。虽然待在乡村学校，外出学习的机会有限，但只要有心，现在互联网这么发达，在哪里都可以学到先进的教育教学理论。我始终相信，集腋成裘，"路曼曼其修远兮，吾将上下而求索"。

猿熟马驯方脱壳，功成行满见真如

带小娃娃虽然累，但也痛并快乐着！我们学习《秋天》那一篇课文时，我带着班里的小娃娃去田铺大湾感受秋天的美，看见银杏叶黄了，地上还有落叶，看见广场上晾晒的稻谷，感受到了秋天丰收的美景。在大自然中教学，可以培养孩子发现美的能力，一节课很快结束，我和孩子们都恋恋不舍地回到了校园，一进到教室，孩子们情不自禁地诵起了《秋天》，我答应他们等到冬天时，再带他们去赏一下冬日的乡村美景！

转眼间，在田铺乡的"取经"已经有几年的光阴，我和我的小娃娃相处得越来越融洽了。看着我的小娃娃一天天长大，一天天进步，我在他们身上也看见了自己的影子，感觉自己也成长了不少，自己付出的努力在小朋友的身上得以体现，这不也就是我自己的进步吗？平凡的岗位需要默默的坚守，我没有惊天动地的壮举，有的只是校园里冬青树一绿再绿的情谊。几年的班主任工作，带给我更多的是一种成就感、一种成长、一种历练。我热爱班主任这个岗位，珍惜班主任这个称号，在这个岗位上，我将一如既往，春风化雨，努力让每一个孩子都能得到最大限度的发展，用自己的责任和担当使自己无愧于班主任这个称号，无愧于学生们喊的那一声声"老师"，无愧于家长和领导对我的信任和支持！在教育这条路上，只愿自己能永远保持初心，不忘对教育的那份热忱，早日"功成行满"！

用爱心陪伴学生成长，用热情点燃学生激情

八里畈镇初级中学　张月月

只为那一句"八里畈镇初级中学是一个锻炼人的好地方"，作为学科第一名的我放弃了离县城近的学校，选择来到这里。满怀憧憬的我登上讲台，开启了人生的新篇章，也是我要用一辈子去书写的新篇章。

一、创造良好的学习环境

学生的学习主要是以班级为单位进行的，班级管理中最基础的便是班级卫生的管理。学生在班里的时间占一天中的大半，因此，有一个干净、卫生的学习环境，学生会感到心情愉悦，学习效果也会有所提升。

1. 座位负责制

座位负责制，即自己的座位自己负责，窗户由靠窗坐的同学注意维护，每天的班级值日生负责班级讲台、走廊、过道、门窗等卫生，中午进行大扫除，每天有专人负责擦黑板、打扫讲台卫生。

2. 人人都是督查员

在我班人人都是卫生督查员，及时提醒他人保持桌面、地面卫生，如若一人一天接收到两次提醒，将扣除个人得分2分或罚扫地一天。

每次进班，对于值日任务我都会亲身示范，以身作则，避免学生有逆反心理。

二、创设良好的学习氛围

班级卫生环境把握住之后，接下来就是学习氛围的营造了。在班级内创设良好的学习氛围是十分重要的，我的做法是潜移默化，养成习惯。班级内以班长、学习委员管理为主，课代表管理为辅。

1. 布置班级文化

（1）分小组合作学习：每组组号、组名、成员、责任、口号等都张贴上墙，落实好"四清一测"。

（2）成长梦想墙：用贴便签的方式让学生将自己的目标写下来，时刻提醒自己；也可以写出自己心中所想，不用署名，这样我就可以及时了解学生的心理动向。

（3）优秀作业展示区：树立榜样，根据作业数量，每两天一更新，让学生们看到墙上所张贴的优秀作业而自发地提醒自己做好每一次作业。

（4）小小书法家栏目：每周一次书法展，督促学生们写规范字。

（5）讲课小能手栏目：将学生们日常讲课的照片张贴上墙，予以鼓励，从而提高他们的学习积极性以及语言表达能力。

（6）"你最棒"栏目：将平时学生们学习、生活的照片打印出来并张贴，增加学生的集体荣誉感与温馨感。

2. 培养时间观念

严格明确到班时间，前一个月班主任每天按时到班督促，培养学生习惯，之后则可抽查或中途查看，让学生找不准规律，久而久之自然养成习惯。

3. 明确学习任务

早读、晚读所读内容，由课代表负责管理，提前将所读科目、目标、内容写在黑板上，做到目标明确、内容合理；午休与自习课则要保持安静，由纪律值日生进行管理。

三、将自主权归还给学生

著名教育家陶行知曾说过："创造力最能发挥的条件是民主。"无论要教好书或育好人都离不开"宽松、民主、友善"六字真谛。在班级管理中，我始终坚持将自主权归还给学生。

1. 选班委，制班规

在选班委时，由学生自荐与学生推选双重决定，并且试用期为一星期，若不适合则及时调整，课代表的选取还结合任课教师的意见而选定。在制定班规时，我是与学生一起制定的，因为学生自己更了解自己，知道怎样做对自己更有效。对于班规的制定，我的意见是在总方向不变的前提下，对于日常学习实践中发现不可取或无效的条例可及时进行更改，因人因班而异。这样在学生们的配合下，集体制定出来的班规才更能服众，更能发挥作用。

2.家校联动，适当放权

我班的孩子多为留守儿童，因此建立班级微信交流群、开好每一次家长会都是十分必要的。我坚持每月至少去十位学生家中进行家访，共同探讨孩子的成长教育问题，让家长也多尊重孩子意见，适当给孩子一些自主权，缓和家庭关系。

四、实行分层任务管理

人与人之间具有差异性，每个学生的性格、学习程度、记忆力等均有不同，应根据每个学生的特点布置不同的任务量，因材施教。对于程度不同的学生，我的要求也是不同的，这样更有利于学生在自身基础上得到提升。

学习不一定是每个学生的强项，平时我也会留心观察班里的每一个学生，特别是后进生，努力发现他们身上的闪光点，及时加以表扬，提升他们的自信心，帮助他们扩大优点，发挥特长，不至于每日碌碌无为地混日子，将来后悔无门。

五、用爱浇灌学生心灵

冰心曾说过，世界上没有一朵鲜花不美丽，没有一个孩子不可爱。每一个孩子都有一个丰富美好的内心世界，这是孩子的潜能。我一直坚信每一个学生都是可爱的，只是各自的生活环境等不同，才造就了他现在的模样，但只要你用真心去关爱他，他必定也会用实际行动回报你。

八年级的学生正值青春叛逆期，我也是从那个时候过来的，所以大多数时候都能理解他们，很多事情更能感同身受，我就会想如果是我，希望老师如何去做。我的目标是每学期至少跟每一个学生都谈一次心，相互交流最重要的一点就是尊重，与学生平等对话。若你真的将学生当成自己的孩子一样去关爱，他们会感受到，终会向你敞开心怀。遇事我经常会让学生换位思考一下，如果是你，你会怎样做？从而引导学生真正解开心结。

正如高尔基所说："谁爱孩子，孩子就爱谁。只有爱孩子，他才可以教育孩子。"是的，没有爱的教育是失败的教育。试问一个充满爱的班主任怎么能不让人敬佩，不让人喜欢？今后我将更加努力学习，言传身教，以身作则，用爱心陪伴学生成长，用热情点燃学生激情。

星光不负赶路人

陈店乡中心学校　范秋玲

"业精于勤，荒于嬉，行成于思，毁于随。"作为一名青年班主任，我最大的体会就是要成长没有捷径，只能靠自己一步一个脚印不断地在实践中学习、历练、沉淀，才能促成自身的专业成长。以下是我对班级管理方法的一些总结。

学生——成功的教育是自我教育

我们不是学生的山，学生才是我们的山，我们要靠学生，才能带好班。一个家庭，过分勤劳的母亲可能会宠出一群低能的儿女，那么一个班级，一位凡事都要亲历亲为的班主任，可能会培养出一群无能懒惰的学生。因此应该引导全班学生投入班级建设中，从而激发学生的潜能，培养学生的责任感。

培养学生的良好习惯。小学生由于年龄小，活泼好动，自觉性很差，凡事总得有老师在旁边看着，所以我把工作重点放在了培养学生良好的习惯上，着重培养他们上课专心听讲、下课好好休息、讲文明、讲礼貌、认真读书和写字的好习惯。作为老师要明白"好孩子都是夸出来的"，在平时的生活中，要有一双善于发现的眼睛，发现孩子做得好，就要毫无保留地夸奖他们，一旦受到表扬，孩子们的积极性就被激发出来了。持续的表扬会让学生记住做得好的方面，不断发扬，以优替差，形成良好习惯。

培养良好的班集体。班集体是培养学生个性的肥沃土壤，有了这块土地，学生的个性才能百花齐放。凝聚力是一个班级班风建设的核心，我经常把"众人齐心，黄土变成金"这句话挂在嘴边，告诉孩子们班级的建设只靠班长一个人的努力是不够的，每个人都是班级的一分子，要学会去为班级争光，而不是为班级抹黑拖后腿，尤其在运动会时，让他们感受集体力量的强大，进而自发地想为班集体争光。逐步形成一个健康向上、团结协作的班集体。

培养有管理能力的班干部。班干部是老师的得力助手，所以选谁来当班干部至关重要。对于班干部的评选，首先，让全班同学进行投票表决，这样的方式更有信服力；其次，建立起班干部的威信，制定适当的规则，充分发挥他们的主动性，让他们在规则的约束下把自己的管理能力发挥到极致；最后，尽量发挥班干部的管理作用，充分放权，做到分管到位。

榜样——班主任的支柱，学生的方向

在实际的教学中，教师不仅承担着传授知识的任务，还承担着育人的工作。在学生面前，我们没有必要掩饰自己的感情。我们教育孩子们成为人，我们首先必须是情感正常的人。所以管理班级，也要了解孩子的生活和心理。

小孩子有一种爱比较的特性，一看到别人受表扬了，自己也想受到老师的表扬，也想做好。此时老师要善用语言的力量，比如说谁谁谁做得很棒啊，然后马上转头又发现一个有进步的，立马点名表扬，告诉他们就应该向这些做得好的同学学习，过一会儿用目光扫视全班，用赞叹的语气说："哇，原来我们班有这么多同学都这么棒啊，虽然老师没有一个个点名，但是老师看到了每一个做得好的同学，老师都看在眼里记在心里，希望下次也能看到你们自律的表现……"我认为表扬的语言很重要，因为表扬大有学问，针对不同年龄段的孩子采用的方式也不同，但是只要方法使用恰当一定会事半功倍。

奖励机制很重要，可以充分调动学生学习的积极性。小小的肯定就能使他们学有榜样、干有方向，激励他们奋发向上。

家长——班主任最得力的后援

世界上最艰辛的职业就是家长：没有工资、永不退休、操心到老。家长希望老师把孩子教好，老师希望家长把学生养好，其实家长是老师最得力的后援！对于家长，只可引为援不可视为敌。

因此，平时应加强与家长的联系。班主任只靠个人的力量来完成对学生的全部教育任务是不可能的，所以我比较注重家长工作，平时一旦发现学生在学习上身心上有什么特殊情况，我总是及时、主动地和家长联系，向他们

了解情况，取得家长的理解，共同教育孩子。家长们也都非常信任、理解、支持我的工作。实际上，如果双方能进行双向反馈是最好的，这样才能更好地教育学生。

通过反馈，我向家长表明他们在家中需要做哪些辅导工作以及根据孩子在校的表现应该怎样帮孩子查漏补缺。在班级，我既关心学生，也能严格管理学生。其实，只要是有心的家长，老师的工作态度他们都看得到。幸运的是，大多数家长都很愿意配合老师的工作，一起督促孩子学习。

一个人遇到好班主任，是人生的幸运。我很幸运遇到过无法忘怀的好班主任，也希望做一个能够让学生们难忘的好班主任，这亦是我的幸运。所以，我应该修炼自己的人格魅力，从而吸引学生；关注每个学生的成长；既要懂得专业知识，也要懂得心理知识。我要给予学生们更多的期待和希望，对自己充满信心，学会主动学习，和学生们共同成长。

星光不负赶路人，时光不负有心人。通过自己的努力，相信在不久的将来，我也会像许多班主任一样，成为一名优秀的班主任。

我的班主任治班方略

新县泗店乡中心学校 程知情

时光流逝，不知不觉中，我担任班主任工作已有十余年了，有成功的喜悦，也有失败的遗憾，但我最大的感受是充实，这一点可能是所有班主任的共同心声。管理班级是一项琐碎的工作，它不仅需要教师的爱心、耐心与细心，更需要教师的创造力，因为我们是与心灵打交道的人，面对的是几十个活生生的充满创造力的孩子。我同我的学生一起成长，我爱我的学生，我热爱我的班主任工作，我也从自己的工作实践中悟出了一些管理班级的好办法。

培养一支精干的班干部队伍

要带好一个班级，单靠班主任孤军作战，是一件很难的事。因此，我很注重班干部的选拔和培养。一般情况下，我会任命责任心强、有一定组织能力的学生做主要班干部，同时，认真地引导他们了解班干部的职责，明确责任，在学生面前为他们树立威信，要求他们以身作则，努力为学生服务。另一方面，要求学生听从班干部指挥。老师把一些班务放手让班干部去做，培养他们的工作能力，这样经过一段时间的锻炼，一些优秀的班干部就培养出来了，他们的工作能力和威信都提高了，学生们的自觉性也提高了。当然，班干部们也都是孩子，他们也贪玩，也有调皮的时候，这时候你不能因为他们是班干部，就对他们比较宽容，也要公正处理，让他们认识到自己的错误，以后不要再犯，让他们"将功赎罪"，更好地管理班级。

努力为学生营造良好的学习环境

学生的健康成长需要良好的学习环境，而良好的学习环境的形成，要靠班主任和学生们的共同努力。多年以来，我一直以环境育人，在日常管理中，我投入大量的精力，对教室的布置，所辖卫生区的卫生、教室卫生以及学生的个人卫生进行随时指导，督促检查，为学生营造良好的学习环境。

关爱学生，让每个孩子沐浴在爱的雨露下

"教育没有情感，没有爱，如同池塘没有水一样，没有水就不能称其池塘，没有爱就没有教育。"作为教师，要关心每一位学生，公平对待每一个孩子，不能在孩子纯净的心灵里留下一丝阴影。班上有个男孩，他天生口吃，刚发下来的书，他很快就给撕烂了，桌斗里面连书包都塞不进去，满是垃圾。我曾多次尝试与其家长沟通，而他的父亲是文盲，说话也很粗鲁，对孩子不是骂就是踢。那是一个冬天，书声琅琅的教室外，突然传来一个粗鲁高昂的声音："你不去上学，还要钱，滚，快走！"边骂边是一脚，我一看男孩蹲着，眼泪鼻涕流到嘴边，脏兮兮的，手上拎着没有拉好拉锁的书包。我把他父亲劝走了，把男孩拉到身边，递给他一张卫生纸，让他把鼻涕擦干净，打来热水，把他的小手洗干净，帮他把衣服整理好，抚摸着他的头，感到一阵心酸。事后我找他的家长进行沟通，劝说他们采取正确的教育方法，还在班上开展"集体是我家"的主题班会，让同学们之间互相关爱。班会结束后，男孩主动找到我，承认自己要钱买零食是不对的，以后一定改正。

用足够的爱心、诚心、耐心转化学困生

俗话说，十个指头有长短，荷花出水有高低。班级里有学困生的存在是正常的。一个班级要想达到一个完美的境界，必须要做好学困生的转化工作。转化学困生是一项长期的、持久的工作，并非一劳永逸的事，也不一定能收到立竿见影的效果，而是需要等待，要有耐心，就像对待一件工艺品一样，不断雕琢、完善，才能够取得最佳的效果。

发挥好班主任的纽带作用

在与任课教师的交往中，我尊重他们的意见，凡事主动跟任课教师协商，

倾听、采纳他们的意见。在处理师生矛盾时，尽量避免激化矛盾，在这方面，我平时就注意多教育学生，让学生懂礼貌，尊重老师的劳动，同时注意维护师生关系，增进师生的情谊。

做好班主任工作不是一朝一夕的事，而是一项繁重而细致的长期任务。但只要我们时时、处处、事事想学生之所想，急学生之所急，努力提高自身素质，敞开心扉接纳每一位学生，带着感情去做好每一位学生的工作，我们就能成为一位受学生欢迎的称职的班主任。

让学生在互帮互助中成长

福和希望小学 吴玉玲

所有教师都希望班里的学生成绩优秀，但很多时候，我们总是吃力不讨好，当然也有客观原因存在，比如我们学校是大班额，学生生源差，大部分是留守儿童，而且父母的文化程度也不高，不能很好地辅导孩子。经常听老师们说："很多题刚刚才讲完啊，怎么还有那么多学生做错呢？"其实很多时候都是这样的，不仅我们讲了一遍学生不会，就算讲十遍八遍仍然有人不会。所以，学生人数这么多，光靠我们老师的力量是不行的，效果也不一定好。

苏霍姆林斯基说："真正的教育是自主教育，是实现自主管理的前提和基础，自主管理则是高水平的自主教育的成就和标志。"在推行素质教育的今天，如何做到既面向全体又兼顾个体，既提高学生学业成绩又培养其综合素质，值得我们思考。

近几年来，我一直在尝试"班级小组互助学习管理模式"，根据学生的性别、爱好、习惯等差异，把他们每六人分为一组，并从纪律、卫生、礼仪、学习几个方面制定了相关的评分标准，每个同学负责一项，每组安排一名记录员，记录组员当天各方面表现得分。通过民主选举出的两个负责任的班长，每周轮流值日，管理监督小组的各方面工作。每周评选出优秀小组、优秀组员、进步学生，并给予奖励。这一届学生我是从三年级开始接的，刚开始时很多学生还不懂规矩，自我约束能力差，所以开学第一课我给学生上的是关于行为、礼仪方面的课程。第一年也没有实行积分制，只是给每个小组发一份评分标准，让他们在小组内学习，熟悉准则和要求，每个星期班会课我会抽查学生，让他们说出每一块的内容。

到了四年级，开学第一课的班会主题是"入班即静，入座即静学"，要求学生进入教室就要安静下来，不要讲话，坐在位置上就要开始安静学习，不要开小差。每次打了上课铃有的同学才往教室跑，还有的同学在说话，为了纠正这些陋习，落实"入班即静，入座即静学"的要求，我让值日班长早早站在讲台上，提醒所有学生铃响前两分钟必须进教室，准备下节课所需的学习用品。经过一段时间的训练，上课铃声一响，学生们就很快进入了学习状态。当然，我主要是依托制定的小组合作标准，实行积分制，让班长负责每天把各小组的得分写在前面黑板上，将一个星期得分统计在后面黑板上，每个星期班会课班长先总结上一个星期的班级情况，再提出这个星期要达到怎样的目标，优秀小组一个星期免写作业一次，进步学生奖励些小奖品。这样坚持了一个学期，我发现有部分学生有点无所谓了，于是四年级下学期，我就让小组长每个星期写一篇总结，好的坏的都写，然后张贴在走廊的墙上，一星期一换，学生们怕其他同学和各科老师看到他们的不足，所以在纪律、卫生、礼仪等各方面都想好好表现，这样同学之间互相制约，实现了共同进步。

从被动接受管理到人人主动参与，学生的自主管理能力、合作意识、团队精神不断增强。好的班风班貌是养成良好习惯的保证，在这样的氛围下学生才能安心学习。

以上是我在班级管理中的点滴做法。那如何在教学中让学生互帮互助呢？我采用的还是小组互帮互助模式。学生之间朝夕相处，彼此更加了解，从时间和空间上说也更加方便，因此，在教学中让学生互帮互助，是提高教学质量的一个有效手段。虽说是自主管理，但我们得先教他们怎么做，然后扶着他们走一走，最后才能放手，这个过程中会有很多不尽如人意的地方，但只要我们去试，总会有意想不到的收获。我是这样做的——

充分了解学生，分析个体差异，进行科学分组

一个班的教学工作开展得是否扎实，最重要的体现就是教师是否了解学生，这是因材施教的前提，也是组织课堂活动的关键。我除了兼顾学生的性格、习惯外，主要按照"优差搭配、好坏兼顾"的原则分组。小组的组长非常关键，主要由学生自己评选组长，民主程度是影响学生学习兴趣的关键之一。五年级时我感觉学生们对组长这个称呼已经麻木了，就把组长改名为团

长，把两个班长改为军长，他们立马感觉自己的官衔大了很多，比之前更有干劲了。最后我赋予组长三个权力：一是汇报权力，二是监督权力，三是检查权力。于是他们参与组织活动的积极性就更高了。

以"优"带"差"，激发差生学习兴趣

小组讨论的目的是在认识的过程中寻找一种简洁、科学的结论。在讨论数学问题的时候，中等生多半只会做题，不能"知其所以然"，优生理解能力强，能说出这道题的做题方法和思路，而差生能"知"就是提高了。我给学生明确提出，讨论过程中要把握三种能力：一是语言表达能力，二是抽象思维能力，三是倾听能力。差生之所以为差生，主要原因是不会倾听，倾听是获取知识最原始的手段。这样做有三个好处：一是优生提高了表达能力，二是中等生有了参与的兴趣，三是差生逐渐领悟到了倾听的快乐。

优生是教学中一笔重要的资源和财富，挖掘这些资源可以提高课堂教学的质量和效率。我们可以充分利用优生的能量，以"优"带"差"组织教学活动，激发差生的学习兴趣。

优生完成课堂作业速度快、正确率高，可以利用这个特点，遵循"优督差帮中间"的原则，在小组内开展"以优带差、小组互助"活动。课堂作业一般难度不大，优生往往可在较短的时间内完成，完成作业后我便指导他们辅导差生，监督学习态度不够好的学生认真完成作业。中等生则需要教师抽查他们的作业，发现问题并有针对性地解决问题。这样做有四个好处：一是优生资源被充分利用，二是中等生有提高的空间，三是差生有针对性地被辅导，四是减轻了教师的劳动强度。

聘"优"督"差"，促进整体进步

我们班以"助人是我义不容辞的责任，进步是我们共同前进的目标"为理念，开展了"聘监护人"等活动。作业是检查学生学习态度好坏的一个重要手段。学生家庭教育、个性特点差异大，一部分学生学习习惯和态度不太好，作业做得就不好，于是我要求他们"聘请"作业优秀者为自己的"作业监护人"。计算教学是数学教学的重点，计算能力的提高也不是一天两天的事。我一直坚持每日五道题的计算练习，五年级上册的计算教学内容更重要，这部分的练习和监督我主要交给了各小组组长和数学学习班长。为了更好地

督促他们认真完成练习，方便课后交流，我把12个团长和2个军长单独加了一个群，然后每个团长负责组内成员，每个军长负责6个团长。他们平时在学校有不懂的地方可以在小组内交流，课后作业不会也可以通过手机互相沟通。我会不定时地抽查，给监督到位的小团长颁发获奖证书，对表现积极有进步的学生给予小小的奖励。这样做的好处有：一是作业优秀者有了成就感，二是作业较差者得到了监督，也有了提高作业质量的保障，三是促进了共同进步、整体发展。

总之，小组合作学习是一种倡导自主、合作、探究的学习方式，这种学习方式并不是自我独立、互不相关的，而是相辅相成、互相促进的。合作意识和能力是现代人所应具备的基本素质，因此，合作学习可以让每一个学生都成为学习的主人，让每一个学生都能在合作中有所作为，从而使他们在互帮互助中真正得到成长。

班主任治班方略

新县三中 韩宗姣

一个班级由几十名学生组成，要培养好这些学生，就必须充分调动学生的积极性，充分发挥他们的聪明才智，充分挖掘他们的潜力，优化他们的成长环境，培养他们各方面的能力，使他们成长为适应时代要求的各类人才。要达到这一目的，必须依靠作为班级领导者和组织者的班主任的长期努力和实践，只有通过切实有效的班级管理，才能在现代育人工程中描绘出灿烂的前景。

班级框架合理化

家庭是学生成长的第一环境，班级是学生成长的第二环境，要组织好班级，首先要使班级框架合理化。班级框架就是指学生座位的排列，一般采用秧田式排列法。排列时需要注意互相搭配，即前后左右、男女生、动静、学习态度、思想状况等要兼顾好，设计出合理的框架，这样不仅有利于管理，有利于互相激励，更有利于团结，有利于形成合力，为班级管理打好基础。同时也需注意教室的环境布置，要为学生创设良好的学习氛围，也为老师创设良好的育人环境。

班级组织功能化

健全的班级组织有利于班级管理。班主任要规划好班级组织，并明确分工，充分发挥班级组织的功能。良好的班级组织不仅具有榜样、同化功能，同时具有激励和约束功能，会让学生自发产生一种无形的力量约束自己的行为。班级组织还具有监督共管功能，促使班级学生向自我管理迈进。

常规管理科学化

班级常规管理是学校管理工作的重要组成部分，它是让学生各项能力得到充分锻炼，使培养目标得以实现的必不可少的重要环节之一。班主任首先要改变传统的管理思想，要有科学的管理思想。班主任要将管理与教育相结合，通过管理促进教育，又通过教育促进管理，从而取得更好的效果。其次要有科学的规章制度，以《中小学生守则（2015年修订）》、《中学生日常行为规范（修订）》、学校一日常规等为准则，狠抓学生基本生活习惯、校内外学习行为、纪律道德，使常规制度化。另外，常规管理对学生的行为具有导向性，需要建立监督机制。班主任可以依靠班级组织的力量，及时了解情况，并适当加以引导，使学生在不知不觉中把常规落到实处，使班级常规管理更具科学性。

树立典型，全面育人

一个班级里学生很多，班主任不可能每天都管住每一个学生，因此，要提高管理效率，树立典型是关键。首先要树立正面典型，以班级中勤奋好学、积极上进的学生作为典型，并对其进行积极的指导，指出他的闪光点和不足之处，鼓励他在各方面都起模范带头作用。其次要树立暂时落后的进步典型。要耐心启发，循循善诱，肯定和指出他的闪光点，增强他的自信心，并以正面典型激励他，启发他，帮助他转变进步。这样就可以以一带十，点面结合。通过树立典型，全面育人，使学生更佩服、尊重班主任，班级管理工作就可以更顺利地开展。

寓管理于各项活动之中

班主任要充分利用好开展各项活动的机会，在做好总指挥员的同时，寓管理于活动之中。根据各项活动的特点，制定开展活动的规则，来管理约束学生。通过活动的发动和组织、开展和总结，让学生在轻松和谐的气氛中养成良好的行为习惯，培养学生间融洽的人际关系，提高道德素质，陶冶情操，形成集体荣誉感，进一步激发爱国主义思想，从而更好地树立远大理想，激发学习的信心和热情。这样班主任在活动的安排和指挥中便可以很轻松地管理班级，学生在活动中的语言、行为等表现会折射出学生的内心世界，也可以启发班主任找到管理好班级的新思路，促进素质教育的发展。

研究学生，做好学生思想的疏导工作

班级由学生组成，研究学生是管理班级的重点。学生是班级管理中的主体，也是班级管理的一个支点，班主任只有利用好这个支点，才能使班级管理的杠杆更加有力。研究学生可采用以下方法。

观察法。班主任在班级管理中直接观察学生的外部行为表现，从而对其思想进行了解和研究。这种方法简便易行，能让学生感到教师时时在关心自己，从而更尊敬老师，更向往上进，觉得只有自己不断努力，才对得起老师那期待的目光。但观察法比较被动，班主任必须客观公正地对待观察情况，以免错怪了学生。

调查法。进行多侧面、多渠道的调查。调查法必须注意被调查者与调查者之间的人际关系，以保证调查情况更真实客观、全面具体。

谈话法。与学生谈心是做好学生思想工作的重要手段。它又可分为以下几种方法：①拉家常法。用拉家常的方式逐渐引出所要谈的话题，这样可以缓和气氛，拉近学生和教师间的距离，使谈话犹如水到渠成。②暗示谈话法。这种方法不开门见山，能让学生平静下来认真思考自己的行为，并通过教师的暗示，找到自己的缺点，自然地改正缺点。③宽容谈话法。用宽容的方式对待学生的错误，不仅不会让学生记恨教师，还会让学生有愧疚之感，也给了学生改正的机会和余地，从而使问题迎刃而解。④逐级谈话法。分几次进行谈话，逐步深入，把学生的缺点加以分解，并充分挖掘学生的闪光点，让学生觉得教师能理解自己，就有了承认错误的勇气，为今后的转变埋下伏笔。这时班主任要抓住有利的时机，推波助澜，那么所期望的教育效果就为期不远了。

同时要引导学生增强竞争意识。当今的时代是充满竞争的时代，只有不断地竞争，才能找到自己的立足之地。作为学生，就要从身边做起，从现在做起，在思想上、学习上展开竞争，比谁进步最快，让学生从小就具有较强的竞争意识，未来才能以更好的心态去迎接更大的竞争和挑战。

掌握好处理自然群体的尺度

现在的学生思想、性格都比较活跃，在平时很容易形成自然群体。俗话说，物以类聚，人以群分。作为班主任对待自然群体必须掌握好尺度，用合理、科学的态度加以分析、处理。首先不要极力阻止。一般来说，它是具有积极意义的，在活动中能充分发挥群体的力量，班主任要抓住这一点加以引导。积极的引导有利于学生个性更好地发展，有利于学生间取长补短，互相促进，共同提高，有利于增强班级的凝聚力。但自然群体是无组织的，往往很涣散，不利于班级管理。因此班主任要注重正面引导，指导学生选择合适的伙伴。

总之，只要班主任以负责任的态度来对待班级工作，对待学生，班级管理就会顺利开展。班主任要处处以学生为主，为人师表，把自己融入班级之中，以发展的眼光来看待每一个学生，让每个学生都产生自己比别人能干的自豪感，和学生一起用主人翁的态度对待班级管理。班主任更应该用智慧来启迪学生闪光的思想，这样班级管理定会事半功倍。

管好班级的三件事

沙石九年一贯制学校　黄赶良

教育是一条很长的路，可能风光无限，可能风雪满肩，这都是师者常态。教育者的工作充满着无限的烦琐，尤其是作为一名班主任。班主任管理班级无外乎三种情况：一是事事管、时时管，做了很多事，效果却不好；二是什么都不管，什么都不做，放任自流，不闻不问，结果更不好；三是也管但不全管，做得不多，但都切中要害，孩子成长一帆风顺。显然，"什么都做"和"什么都不做"都过于极端，并不可取。优秀的班主任从来都是"有所为有所不为"，更准确地说，应该抓好关键的几件事。

第一件事：培养良好的师生关系

让孩子喜欢这门课，让孩子喜欢自己、相信自己，其实比什么都重要，教师的亲和力、孩子的学习氛围，往往和热烈的感情联系在一起。孩子常常会因为喜欢某个老师而有意识地增强自己的学习责任心，更愿意学习他们喜欢的老师所教的那门学科。要想建立良好的师生关系，关键在于"定位"。

学会做学生的好朋友。孩子的内心世界丰富多彩，班主任想要教育好孩子，不了解其内心世界便无从谈起。而了解孩子的第一要诀是呵护其自尊，维护其权利，成为其信赖和尊敬的朋友。班主任对待孩子，要像对待自己的朋友一样，了解其内心需求。

不当"裁判"，学做"啦啦队"。在人生的竞技场上，孩子只能自己去努力。班主任既无法替代孩子上场，也不该自作主张去当"裁判"，而应该像"啦啦队"一样给予孩子一种保持良好竞技状态的力量。这样更能帮助孩子建立自信心，而这正是教育的核心任务。班主任做孩子的"啦啦队"，既要善于发现和赞美孩子，还要引导孩子正确面对失败。

班主任的评价对于孩子来说是至关重要的。孩子经常依据他人的评价来认识自己。班主任要尝试做一面"镜子"，帮助孩子提高自我意识，让孩子不害怕班主任的"权威"，乐于和班主任沟通。教育是三分教、七分等，"等一等"是很有用的。比如我们被蚊子叮了一下，不管它，很快就会没事，若总去挠，则要很长时间才能好。原因就是人体有一定的自我治愈功能，被蚊子叮一下自己很快就会好，不当施加外力只会适得其反。教育也是这个道理。孩子们就像蒲公英，要停下来，等一等，给孩子倾诉的机会，和孩子有效地沟通，这样等一阵风来，自然就会随风播种，不用刻意教育就能解决问题。

第二件事：培养孩子的良好习惯

习惯决定成败，没有什么比好习惯的养成更重要了。班主任如果不注重培养孩子的良好习惯，无疑是在葬送孩子美好的未来。

一切从习惯培养开始。养成教育是管一辈子的教育。智育让人有良好的思维习惯，德育教人正确的行为习惯，素质教育更加体现在人的一切行为上。大量事实证明，习惯是一种顽强的力量，可以影响人的一生。孩子的一切都应从良好的习惯培养开始。

习惯养成绝非一日之功。习惯是个大问题，养成它需要大智慧。"冰冻三尺非一日之寒"，习惯的养成关键在头三天，决定在一个月。班主任要充分尊重孩子的权利，让孩子在习惯养成中发挥主人翁作用。

成人比成才更重要。教育的核心任务就是培养孩子成为一个真正的人。但人格的培养问题通常很难落实到具体操作上来。不过，研究者发现，习惯与人格相辅相成，习惯影响人格，人格更会影响习惯。正派、诚实、负责等品格都可以通过习惯培养来铸造。

第三件事：引导孩子学会学习

吸引孩子热爱学习、引导孩子学会学习是班主任的重要职责，也是班主任的真正魅力所在。

孩子厌学是有原因的。放任不管，任其潇洒；乱管瞎管，种瓜得豆；唠叨数落，肆意打骂；代替包办，制造"机器"……班主任若采取如此种种不明智的做法，只会使孩子越来越不爱学习。孩子不爱学习只是表面现象，背后一定有原因：没有养成良好的学习习惯？没有找到孩子最擅长的方面？没有科学用脑？班主任阻碍了孩子"玩中学"的天性？孩子没有意识到学习是他自己的事情？……找到背后的原因，才可能帮助孩子走出厌学的阴影。

孩子的求知欲和学习潜能是可以激发的。孩子缺乏求知欲，通常不是由于班主任的影响或者严格要求不够，而是阻塞了孩子的兴趣。兴趣（好奇心）、梦想、成就感、质疑、感恩等都能激发孩子的求知欲。而对于孩子来说，所谓竞争优势就是潜能得到有效的开发而已。心情、开窍、暗示、遐想、砥砺、计划是激发孩子学习潜能的六大要素。潜能开发虽没有绝对的时间表，但也有步骤，比如建立目标、控制情绪、磨砺意志、专注于一点等，每个环节都是非常重要的。

"爱学"是"会学"的前提，"会学"是"爱学"的保证，只有"会学"才能"学好"。孩子要想学得好，必须要掌握一些具有决定性作用的好方法，如：按计划完成、认真写字、研读课本、整理错题、随手记笔记、高效率考试等。

时代在变，孩子的成长环境也在变。我们也应该学会放下管理者的架子，少一些成人的标准，学会揣摩孩子的心理，多一些与孩子的平等沟通。开始或许很难，过程也很坎坷，但我通过实践收获了满意的答卷。

教育的确是一条任重道远的路，班主任的工作更是如此。身为班主任，我们背负的是使命，也是责任。道阻且长，行之将至，我必将带着所肩负的责任在这条光荣的修行路上，风雨兼程，无问西东！

爱与责任齐绽放，我与学生共成长

新县箭厂河乡中心学校 杨心和

"小时候我以为你很美丽，领着一群小鸟飞来飞去。小时候我以为你很神气，说上一句话也惊天动地。长大后我就成了你，才知道那间教室，放飞的是希望，守巢的总是你。"

2018年7月，毕业于信阳学院英语专业的我，怀着对教育事业的无限热忱，参加了当年的河南省特岗教师招聘，幸运地来到箭厂河乡中心学校，成为一名普通的特岗教师。有人说教师是辛勤的园丁，培育祖国的花朵；有人说教师是蜡烛，燃烧自己，照亮别人；在我看来，教师就像太阳，照亮每个漆黑的角落，为孩子们送去光明和温暖。那么作为一名班主任，该如何管理班级呢？下面浅谈一下我的班级管理方法。

一、榜样示范，做有耐心的班主任

新学期一开始，我首先召开班会，鼓励大家畅所欲言，最终制定好班级规章制度，并要求学生对照执行，这促使大家的日常行为习惯更加规范化。由于小学生自制力较差，我会通过讲故事比赛、手抄报、班会等对孩子进行品德教育。我把学生分为十个小组，每五组分别负责清洁区和教室的卫生，每组都分配值日班长和组长，他们就是班级的榜样，可以起到督促作用。班级卫生包括擦黑板、倒垃圾、摆桌椅等都做到分工明确具体，人员落实到位。

每天清晨，我经过清洁区时，会观察哪些同学劳动认真、细致，并为他们点赞，同时对玩耍的同学予以批评、指导，让他们意识到"班级是我家，卫生靠大家"。清洁区四周种植了几棵参天大树，落叶纷飞时，我会指导学生弯腰捡起落叶，扫地要从前往后，不能四处乱窜，最后将垃圾倒入垃圾桶。

渐渐地，班级卫生比之前干净了许多，同学们坐在整洁的教室里学习，心情也更加舒畅了。

在日常学习方面，我会督促孩子们认真听课，做好学习笔记。课间提前把下节课要用的书和练习本准备好，预习新知。这些行为习惯的养成对于学生取得良好的学习效果至关重要。

二、关爱学生，做有爱心的班主任

我校由于是农村学校，留守儿童较多。孩子长期缺乏父母的关爱和陪伴，内心敏感脆弱。因此，我定期与他们交流谈心，同时与家长密切联系，我经常在班级群分享学生动态，让家长了解孩子的成长。当孩子生病时，我会给他们喂药，并倒上一杯热水；当他们沮丧失落时，我会耐心询问他们的学习和生活情况。渐渐地，孩子们跟我亲热起来了。

有一次，我发现班里的一名贫困生着装很破旧，于是我心生一个念头：送给她几件干净整洁的衣服。我偷偷把她叫到我的宿舍，询问她是否愿意接受我给她准备的衣服。当我说完，孩子红红的脸颊上露出一丝喜悦，我也欣慰地笑了。

一名合格的班主任要从生活的点滴中去关爱每一个孩子，让他们感受到温暖与希望。

三、赏识学生，做有智慧的班主任

每一个学生都是一朵花，每一朵花都有属于自己的花期。作为老师，不能以分数作为评价学生的唯一标准。学生间发生矛盾，我会及时了解情况，询问原因，耐心教导。有一次两个男生打架，我了解到原来是他们之间发生了误会，经过我的悉心开导，他们互相道歉，握手言和。其实每个人都会犯错，我们不应该过多地批评学生，这样会让孩子积攒负面情绪，导致课堂效率低下，学习兴趣不高。

我会尽可能多地表扬学生。说到表扬，那就要及时、准确，因为"好孩子是夸出来的"。一次，有个学生早上到校后主动扫地，我马上当众表扬说："某某同学真能干。"还摸摸头、拍拍背，用肢体语言鼓励他。立刻就有好几个学生过来抢扫帚要扫地。如果上课铃响了，教室里还乱哄哄的，这时我会大声表扬一个坐得最端正的学生："瞧，某某已做好了上课的准备，大家都要向他学习呀！"教室里一下子安静了许多。现在，不管是纪律还是卫生，我们班级都有了较大的改观。

四、家校合作，做有责任心的班主任

孩子的成长离不开家长的陪伴与支持。我注重引导孩子懂得感恩父母，帮父母做一些力所能及的小事，如母亲节给妈妈制作卡片，重阳节为家里的老人捶背等。这些活动既增强了孩子的动手动脑能力，也增强了家庭的凝聚力，让孩子感受到爱与陪伴。同时父母也可借此机会了解孩子的表现，拉近与老师的距离。

在学校今年召开的运动会上，孩子们穿着亮丽的班服，参加广播体操比赛、跑步、拔河等项目。通过大家的共同努力，我们班获得了团体优胜奖，拔河、接力赛等集体项目也都取得了第一名的好成绩。运动会后，我给孩子们分发了棒棒糖，他们非常开心，有的孩子甚至把糖装进口袋里，欣喜地说："这是老师给我的奖励，舍不得吃，要把它带回家给妈妈尝一尝。"每逢班级活动，我都会拍照、录视频记录孩子们成长的点滴，并分享到班级微信群里，家长们都对这种做法赞不绝口。一直以来，我都尽职尽责地确保每次活动圆满完成。集体活动不仅能带给孩子们快乐，让他们从中学习团队合作和拼搏精神，还提升了我组织管理班集体的能力和水平，促进我成为学习型班主任。

我深知自己的工作还存在一些不足，今后我将取长补短，继续努力工作，在这看似平凡的岗位上，找准自己的位置，与孩子们共同成长进步。

我的治班方略

新县光彩实验学校 裴晓芬

从教二十年来，我一直坚守在班主任的岗位上，在班级管理工作中，积极向身边优秀的班主任学习，借鉴名班主任的治班方法。下面就自己在班级管理中的一些做法做以下总结。

一、全面掌握学生情况，用表扬正面引导学生

每个学生在性格、气质等方面都不尽相同，所以每接手一个新班级，我便通过全面、深入的了解，弄清每个学生的特点，全面掌握学生情况，为以后有的放矢地开展班级管理工作奠定坚实基础。古语云："数子十过，不如奖子一长。"在平时的班级管理中，我抓住学生好胜的心理特点，善于发现学生的闪光点，以鼓励表扬为主，善用表扬的艺术，以树立典范、榜样的方式，来激发学生的上进心。学生取得哪怕一点点的进步，我都会大力表扬，因势利导，鼓励学生更上一层楼。我班有个孩子，从一年级入学的那天起，他每天准时到校的日子屈指可数，作业也不能按时完成。我跟他的妈妈沟通过多次，每次家长就是一句话："我也没办法啊，他吃个饭都得一个多小时，每天起得挺早的，就是吃饭慢。"跟家长沟通无果，我只好自己想办法。有一天，我看到他到校特别早，就在预备时表扬了他，我看到他脸上露出淡淡的微笑，同时又带着一丝不好意思。课下我问他："怎么今天来得这么早啊？"他说："爸爸妈妈有事情要出门，我只好快点吃饭了。"于是我就对他说："你看，原来你吃饭也可以变快嘛，以后都像今天这样，不要再迟到哦。"从那以后，他就像变了一个人一样，不管是考勤还是作业，都有很大的进步。

二、选拔和培养班级干部，形成良好的班风

一个良好的班集体，必须有一个好的班级领导核心，这个核心就是班主任领导下的班委会。每学期开学，我都有意识地通过开展各种活动，观察和分析学生，挑选一些关心集体、团结同学、有一定组织能力的学生来担任班干部。班干部选定后，我便对他们加强培训，既放手让他们开展工作，又根据实际加强指导，要求他们以身作则，处处起模范带头作用，做老师的得力助手。经过不断的培养教育，终于提高了学生干部的工作能力。他们分工协作，自己管理自己，逐渐形成了具有本班特色的优良班风。就拿我现在的班级来说，经过两年多的培养和锻炼，我们班已经有了十来个得力的小助手，从每天的早读到午休，从作业检查到班级卫生，都不需要我这个班主任亲力亲为，孩子们干得起劲，我也落个轻松。

三、运用期望效应，做好转变潜能生的工作

期望效应告诉我，教师对学生真实的爱能让学生的智力、情感、个性得到健康发展，教师对学生的殷切期望可以使学生获得积极的情绪体验，从而激发内生的动力，更好地发挥自身潜能。因此，教师必须树立正确的学生观，真诚地激励每一个学生，对每一个学生都要充满信心和希望，特别是对潜能生，更要有"朽木可雕"的意识和"点石成金"的行动。我将之付于实践，收到了良好的效果。开学不久，我通过观察和了解选出了一部分学生作为激励对象，我一一找他们谈话，激励他们的自信心。我班有个孩子比较特殊，他先天少了一个耳朵，虽然并不影响他的听力，但他在班里还是不喜欢开口说话，学习成绩也位于下游。我经常在课下找他聊天，聊一些学习之外的话题，让他对我产生亲切感，等他慢慢地信任我后，有一天我对他说："你的眼睛告诉我，你是一个很聪明的男孩。你的成绩不理想，是不是没用心学，不相信自己能学好？现在使劲还来得及，咱俩一起努力，来个大飞跃好不好？"他闪动着带有灵气的眼睛高兴地说："好！"从那之后，我在课堂上提问他，他也愿意开口说话了，每当他有一点点进步我都会大力表扬，在这次的阶段考试中，他的数学竟考了86分，进入了中等生的行列。

在平时与孩子们的相处中，我通过眼神、笑容和关爱滋润着他们的心田，使这些学生更加自信、自爱、自强。我相信，教师的激励会影响孩子的一生。

四、尊重学生，建立民主、平等、和谐的师生关系

没有爱，就没有教育。作为教师，必须热爱、尊重、理解和信任学生，这样才能发挥学生的主动性，激发学生的潜能，缩小师生心灵间的距离，从而唤起师生的情感共鸣。在平时的班级管理中，我从来不摆架子，始终本着尊重学生、平等相处的原则，充分认识到班级工作中学生的主体作用。师生在人格上是平等的，教师应多用鼓励、奖赏的方法，少用指责、惩罚的手段，即使学生犯了错误，也要宽容以对而不要过分指责。班主任更要经常和学生接触，因为学生特别在意班主任的一言一行。和学生建立一种平等协商的关系，是我在班级工作中孜孜以求的。我们班有个女孩子，父母关系不好，孩子妈妈常年不回家。可能是出于对母爱的渴望，孩子对我特别依赖，有什么事情都会跟我分享。小女孩很有礼貌，也很在意自己的学习成绩，但由于家庭监管不够，她的学习成绩一直徘徊在中下游，这导致她渐渐对自己失去了信心。而我从来没有放弃过她，反而给予她更多的爱，于是我发现她开始慢慢改变了，学习热情越来越高。看着她每次进步后的笑脸，我也觉得很幸福！

五、注重家校合力，缓解家长的焦虑情绪

父母是弓，孩子是箭，弓张得紧，箭方射得远，父母对孩子有信心，必会点燃孩子的自信之火。每当与家长沟通或开家长会时，我总是首先肯定学生的长处，因为学生正处于发展阶段，只要家长多点关心、多点鼓励、多点耐心，学生的进步是很快的。同时，我也建议家长帮助孩子改掉不良习惯。这样既可减少老师、家长、学生之间的矛盾，又能使家长成为孩子的加油站。三年来，我在教授学生知识的同时，做得更多的是让家长少点焦虑，学会等待，并用具体事例说服家长耐心等待。孩子刚入学时，学的第一个数学知识是"位置"，家长在辅导孩子作业时发现左、右这两个方位无论怎么说孩子都搞不懂，越说越糊涂，便着急得不得了。每每这时，我都会耐心地跟家长说，大家别太着急，学习本来就是一个吸收、消化、再吸收、再消化的过程。孩子刚刚接触这个知识，需要慢慢吸收，慢慢消化，而且也不是这一单元学了就不再学习，我们每天都会在学习中复习巩固，请大家耐心等一等。结果在后来的学习中，家长真的发现不知道在什么时候这部分知识孩子都已经掌

握了，也对我说的话深信不疑了。家长的焦虑情绪减少了，孩子的学习压力自然也小了，亲子关系也更融洽了。

　　诚然，在教育学生学会学习、学会关心、学会做事、学会生活的过程中，小学班主任工作的内容是复杂琐碎的，任务是繁重艰巨的。但是，班级管理是一门科学，更是一门艺术，我将在今后的工作中继续努力探索，潜心钻研，掌握分寸，处理好各种关系，争取使班级管理工作再上一个新台阶。

第三辑

我的教育故事

我们的故事，未完待续

新县光彩实验学校　陈　淼

时光清浅如弯弯曲曲的溪流，温柔无声地流过绵延的生命。过去的日子化作薄薄的雾，被风吹散，被雨淋潮，一团团淡去。

然而，总有一些厚重的时光，落在记忆的河床，被怀念打磨成珍珠，颗颗晶莹，粒粒饱满。其中最大最亮的应该属于你和我。

透过层层薄雾，回望我们在一起的日子，我能做的，只有以拙劣的文字把我们的故事讲给更多人听。

当时只道是寻常

2015年8月10日，大雨，刚刚通过考试的我，作为首批教师提前上岗，来到新的学校——光彩实验学校。的确是新学校，新得不能再新，刚刚建成，外墙没粉刷，各种架子没拆除，地面没硬化，到处堆积着建筑材料和建筑垃圾。

我顶着密密麻麻的雨点，踩着一地的泥泞，到大门左侧的活动板房里报到——这是参与前期筹建的几位领导的办公室——接到了第一个工作任务：打扫准备启用的第一间办公室。

我们废了九牛二虎之力，终于打扫干净，于是我们从阴矮的板房搬到明亮的楼房，开始每天正常上下班，忙着招收新生、摆放桌椅，准备开学。

就这样，我的暑假提前结束了，我们的故事却开始了。

回想那个夏日雨天的初次相见，当时只道是寻常，远没有你的名字惊艳。庆幸的是你一直走在变好的路上，之后的每一天都胜过初见无数。

一起走过最初的艰难

9月1日，骄阳仍似火，光彩实验学校敞开怀抱迎来了第一届学子和老师。

我和他们一样，热情如同那天的太阳，投入到工作中，开启连轴转模式，周末也不按暂停键。光彩实验学校是关爱留守儿童学校，住校生一月一休，我从那天起直到整整一个月后的10月1日才第一次休息。

彼时建校伊始，建章立制、文化建设、功能室建立，甚至于种植花草树木……一切都从无到有，所有工作都要从零开始，老师的工作远远不止学科教学。第一届老师被称为"拓荒者"，是褒奖，是勉励，也一语道破其中的艰难和忙碌。

快节奏高强度的工作让我一时难以适应，但根本无暇产生不满之类的消极情绪，扑面而来的各种工作就填满了全部，我被永远先来后走的领导和永远干劲十足犹如打了鸡血的同事影响、带动和点燃，不自觉地精神振奋、加倍努力，很快适应了、融入了，开始拼了。

尽力完成好正常的语文教学工作，想方设法提高学生的语文成绩，是语文老师的本职，我不敢有丝毫懈怠。作为教导员和语文教研组组长，我也努力做好负责的各项工作，把语文组教研活动开展得丰富多彩、有声有色，同时积极配合学校完成了很多与文字有关的工作。

我挑选的名言警句至今留在 B 楼一层和图书室外的走廊里，想到的"让思维的火花碰撞出智慧的光芒"被领导修改为"让思维的火花点亮教育智慧的光芒"，成为光彩论坛标语。我一本一本反反复复整了至少3遍才把3万多册图书整理好，图书室室内文化"同音不同字"的创意也源于我，我还发起成立了学校第一个社团——"溢彩"文学社……

"投之以木桃，报我以琼瑶"，学校也给了我厚待。得知我每天都要带着女儿骑电动车从县城最北边到最南边，学校立刻在学生宿舍安排了一间屋子给我。从此，我和女儿吃在学校食堂，住在学生宿舍，结束了近一月的来回奔波。

岁月不慌不忙，我的工作始终繁忙，你也不断向前。我参与和见证着你的发展，为你竭尽所能；你看见并理解了我的困难，对我温柔以待。我逐渐把自己的痕迹渗透到你的角角落落，你也把立德立志、求实求新、开拓进取的光彩精神融入了我的血液。

最初那一年，再难再苦，我们已一起走过。那些日子，浓缩于此只有短短几句话，但回忆起来却是厚厚的一本书也写不完的故事。

如今，翻开这本书，找不到一丝辛苦与抱怨，只有温暖与感恩：感谢我们曾一起走过那些温暖的时光。

在你的目光中成长

一个完整的学年之后，学校步入正轨，常规工作都有章可依，我依然忙碌，却按部就班，忙而不乱。

学校开始把目光放到教师的专业发展上，采取一系列措施培养教师，着力提升教师的专业素养和技能。

浓厚的教研氛围深深影响了我，内心蛰伏的成长愿望被彻底激发，我就像刘姥姥进大观园一样看什么都新鲜，也像毛主席说的"欲与天公试比高"，什么都想试试。

我尝试主讲了学校第一节群文阅读课，获得好评，学校的群文阅读活动就此展开，每年都举行群文阅读优质课大赛，我参与和主持完成了三个群文阅读课题的研究。

我三次参加学校论坛活动，向全校老师分享我的教育故事和教育理念，均获一等奖，因此有机会为特岗教师做岗前培训，连续两年成为师德报告团成员在全县巡回汇报。

我多次参加各类优质课比赛，还被推荐参加全县优质课大赛，荣获一等奖，并为全县语文老师上观摩课，也有幸被南阳师范学院聘为授课专家，为国培班上示范课。

我积极参加学校的各种教研活动，个人能力和专业素养都有了很大的提高。2021年我被评为市级优秀教师，并通过了中小学高级职称的评审，这是对我最大的认可。

更重要的是，我确确实实得到了锻炼：从前自卑怯懦的我变得勇敢自信了，作报告、上公开课虽远不及名师风范，也勉强可算落落大方。这才是比荣誉、职称更重要的收获和成长！

这些年的素色年华，工作琐碎，生活平淡，仿若凉白开，还好有你的目光相伴。你的目光炯炯，灼灼其华，我已暗下决心，定以奋斗点染平凡的岁月。在你温暖而坚定的目光中，一颗成长的种子在生根、发芽、长大……

故事始于仿若昨天的初见，故事中那些一起走过的美好、因你而得的成长，都不负当初遇见。

时光的小溪一路蜿蜒，自顾向前，不慌张，不停歇，我们的故事仍在来日方长里继续……

三十年前的记忆

新县宏桥小学 方秋琳

"方老师,你的信,还是美国寄来的!"一个春日的上午,我正在批改作业,门卫老李忽然走进来,他洪亮的声音顿时打破了办公室的宁静。我在美国并没有什么亲戚呀,怎么会有来自大洋彼岸的信?我自己也甚是吃惊,我向老李道了句"谢谢",接过信就迫不及待地拆开了。

原来信是一个叫小芳的学生写给我的。她在信中写道:"方老师,您好!我现在居住在美国,这里虽然新冠肺炎疫情肆虐,但我很安全,请您放心!感谢三十年前您对我的谆谆教导,如果没有您,就没有我的今天,您就是我的再生父母!"

这封信让我的思绪一下子回到了三十年前。

1992年参加工作时,我被分配到田铺完小担任五年级的班主任兼数学老师。刚踏上三尺讲台,工作经验不足的我时常遇事不知所措,但我并没有气馁,而是虚心地向学校里有经验的教师请教关于如何管理班级、建立良好的师生关系等问题。我视孩子们为弟弟妹妹,同他们一道分工合作,将班级管理得井井有条,我所带的班级,时常被校长在大会小会上点名表扬,我心里也喜滋滋的。

但刚开学不久,就遇见一件很棘手的事。学校组织运动会,学生小芳在比赛途中因为低血糖出现了头晕症状,我立即冲了白糖水给她喝,当天症状有所好转。但没想到的是,第二天她还是头晕,并且没有缘由地号啕大哭。我心中暗想:这应该不单纯是低血糖的症状。我扶着她时,突然发现她的左手手腕处有一道明显的刀伤痕迹,触目惊心。我并没有贸然问她刀伤的来由,而是等她心情平复后告诉她有什么问题可以告诉我,要相信老师。她这才说出原委：是自己用小刀划的。我推测可能是青少年时期的学生容易有一些心理问题，必须和家长沟通，及时疏解。于是我立即联系她的家长，才了解到她是一名留守儿童，平时和家长缺乏沟通。孩子的爸爸在听完我描述的情况后，立刻从务工所在地赶回来，才得知女儿患了抑郁症。事后孩子家长也十分感激我，幸亏发现及时，事态才不是那么严重。这件事也给我敲响了警钟：班主任工作必须做得细致入微。这件事后，我与任课老师沟通，一旦发现孩子有异常情况，让他们立刻告诉我。班会课上，我请语文老师将小芳带到办公室，我再给班里孩子们交代：小芳的父亲常年在外务工，母亲在她上一年级时就出国了，近段时间她情绪有些波动，同学们要多关心包容她，尤其是邻桌同学不要随意打闹，一旦发现她有异常情况及时向老师报告。孩子们都很善解人意，没有一个人与她发生过矛盾。

  期中考试那天，小芳的病又发作了，医生建议她休学。刚休学时，孩子的爸爸还算耐心，但孩子在家待久了，她爸爸也开始心急，总是到学校来找政教处要求让孩子复学。考虑到小芳的特殊情况，政教处没同意，她爸爸就总是发牢骚，甚至扬言要来学校吵架。作为班主任的我意识到这种情况必须与家长沟通，便亲自去她家给她爸爸解释："政教处是从孩子的安全出发来考虑的，孩子学习这一块你不用担心，我们老师都会竭尽全力帮助孩子的，我也会额外给孩子补课的。"最终我说服了她的爸爸。

  在小芳休学之后，我每周都去她家，询问她的学习生活情况，给她单独上课。每次都提前找好让她自学的资料，然后在学校器材室找些教具带到她家里给她演示，因势利导，对她不懂的地方给予点拨。小芳也很勤奋好学，通过她做的练习册情况看，她学得很不错。五年级毕业以后，她去中学就读了。虽然离得远了，但我俩还是经常联系。有一次我散步遇见她，她大老远跑过来紧紧抱着我，眼睛里噙满了泪水。此时我脸上挂满笑容，可心里却酸酸的：多漂亮多懂事的孩子呀，却摊上这样的心理疾病，真替她惋惜。后来，她通过自身努力和治疗，抑郁症也慢慢地好了。再后来，她上了高中、大学，再之后去了美国留学、工作，虽然我们再没有联系了，但这种师生情一直留在彼此的心中。三十年过去了，她还能记得我，给远在国内的我写感谢信，这让我百感交集。通过小芳这件事，也让我深深体会到，对于这些特殊儿童，作为育人者，我们只有多给予、多关爱、多陪伴，他们才能阳光起来，茁壮成长。

三十年来，我工作的单位虽然一次次改变，但我对学生的炽爱一直没有变。岁月极美，春花、夏雨、秋月、冬雪，季季别样多姿；为师极伟，授知、导善、解疑、传真，作为老师的我将继续以烛光点燃星辰，指引孩子向善、向美，做好他们的引路人，为新县教育添砖加瓦。

两个文件夹和两个小女孩

新县宏桥小学　扶朝阳

岁月不居,时节如流,不知不觉,我已从教三十年了,每当我备课翻阅起蓝色的文件夹时,脑海里总会情不自禁地浮现出两个可爱的小女孩的身影,一个是走路蹦蹦跳跳的胡小青,一个是笑起来脸上露出小酒窝的李小雨。围绕着两个普普通通的天蓝色文件夹所发生的一件往事,仿佛昨天的梦时时萦绕在心头。

我清楚地记得,那是2010年夏季一个炎热的上午,快放学时,学校张校长急匆匆地来到教室门口找我:"扶老师,下午学校有检查,麻烦你抽几名学生把学校会议室打扫一下,好吗?"我愉快地答应了:"放心吧,没问题!"我连忙接过张校长递过来的会议室的钥匙。

找谁呢?我想起了班里平时做事最认真最细心的两个小女孩,班长胡小青和语文课代表李小雨。当我把任务一说,她俩便爽快地答应了:"老师,我们保证完成好任务!"我把钥匙交给胡小青,嘱咐她俩下午来早一点,争取在两点半前完成。

下午快三点,我来到教室,胡小青把钥匙还给了我。"打扫干净了吗?""是的,老师。""谢谢你们为学校办公室的整洁牺牲休息的时间!""老师您客气了,这是我们应该做的!"李小雨笑着说,笑声如银铃一般在教室里回荡。三点整,张校长拿走钥匙。不一会儿,他怒气冲冲地返回来:"扶老师,下午是谁打扫的会议室?""怎么了?不干净吗?""不是,卫生倒是很干净,但是丢了两个文件夹!对他们这种偷窃行为绝不能姑息,必须严惩!"我赶忙走到会议室,看到两叠资料整整齐齐地摆放在档案柜的角落里,但文件夹却不翼而飞了。

怎么办？在班里展开调查，去查实她们这一"丑行"吗？如果确实是她们拿的文件夹，那她俩会被同学们瞧不起的，以后还怎么做人呢？我根据平时的观察和了解，相信她们品行善良诚实，只是一时糊涂才做了傻事，我要尽力地从侧面去帮助和挽救她们，而不是从正面去无情地批评和惩罚。

我冷静下来，立即把胡小青和李小雨两个小女孩从教室悄悄地叫出来，带到一处僻静的角落，低声问："是你们拿了会议室的两个文件夹吗？"两个小女孩羞愧地低下头，脸红到脖子根，满是慌乱。"为什么去拿不属于自己的东西呢？""我们很喜欢文件夹，快毕业了，老师发了很多复习资料，可以用文件夹保存起来。"胡小青声音小得几乎听不见。"你们好糊涂啊！赶紧拿出来，老师答应替你们保守这个秘密！"她们迅速地跑回教室，从各自的课桌斗里掏出一个文件夹，跑出来递给我。

教室又恢复了往日的平静，其他同学谁都不知道这个秘密。此后的几天，她俩在班里无论是值日还是学习劲头似乎更足了，可是在课堂上她们的目光总是在有意无意中躲着我，我觉得她俩还是感觉愧疚。

我悄悄地从小卖部买了两个天蓝色的文件夹，等到周五放学时，我喊她们单独留下来到我办公室里。我把两个文件夹郑重地交到她俩的手中，亲切地说："小青和小雨，你们把学校会议室打扫得十分干净，张校长还表扬你们呢！你们把班级管理得井井有条，犯了错误又能及时承认，都是诚实善良的好学生，老师很感谢你们，所以老师奖励你们每人一个崭新的文件夹。过去的事就让它过去吧，不要自责了，要向前看，挺起胸膛做一个堂堂正正的人。"她俩愣住了，稍后激动地说："老师，谢谢您的教导！我们一定会努力学习，不辜负您的期望！我们向您保证，再也不会拿别人的东西了！"此后她俩确实再也没有拿别人的任何东西了。

2015年教师节前夕，我收到正在读高三的李小雨寄来的一封信，其中有一段话是这么说的："扶老师，谢谢您！是您保护了我们小小的尊严，您送给我的文件夹一直陪伴着我的初中三年和高中三年，因为它盛满了您的谆谆教导和对学生发自内心的爱护！教师节快到了，提前祝您节日快乐，身体健康，万事如意！"

我对此事感慨万千，没想到我当年送给学生两个普普通通的文件夹竟对她们的影响这么深远。两个小女孩成长的经历带给我的几点思考和启示：

首先，教师应以平常心看待学生犯的一些错误，要允许学生犯错，要以宽容之心来对待学生。人非圣贤，孰能无过？特别是小学生更容易犯错，对此教师不可操之过急，更不要上纲上线严厉惩罚，这只是学生成长过程中的小插曲，要沉着冷静地处理，保护孩子弥足珍贵的尊严，让他们脆弱的心灵免受伤害，要想方设法地激发孩子诚实向善的本能，坚信孩子是可以改变的，是可以变得越来越好的。

其次，人生而平等，不管他是谁，是否健康和完美，教师能够给予学生的首先是尊重和爱。教育要充分挖掘每个学生自身的潜能和特长，教育必须放眼学生一生的发展，教育应该让每个学生成为最优秀的自己。

"目中有人"是教育的前提条件，只有把育人放在首位，教师的一切工作才有意义，教师才能够成为合格的从业者。

尊重是开启学生心灵大门的钥匙，宽容是培养美德的必要条件，信任是创设良好师生关系的前提，表扬激励是激发学生进取的法宝。

最后，教师在教育过程中应该先成为"多情"的人，工作时争做富有"三情"（真情、热情、温情）的好老师，这样才能很好地承担起学生情感教育的重任。

真情，指的是教师要发自真心地关爱每一个学生，关注学生的身心健康和长远发展。真情是成为优秀教师的起点。

热情，指的是对学生、对教育工作充满热烈的情感。热情的教师容易温暖学生，能够把迷茫而孤独的青少年学生吸引在自己身边。学生的心灵成长需要友好的生长环境，热情温暖的教师最适合担任引路人的角色。

温情，指的是教师对学生要有温和的态度、温暖的情感。教师的温情是学生心灵成长的沃土。教师需要用包容之心温暖学生的成长之路。青少年学生在成长过程中容易出现这样那样的问题，会懈怠偷懒，会意气用事，会犯错误，甚至会出现"硬伤"。而教师就是学生在这些特殊时刻的引路人。温情的"春风化雨，润物无声"更容易产生良好的教育效果。

人民教育家陶行知曾说过："你的教鞭下有瓦特，你的冷眼里有牛顿，你的讥笑里有爱迪生。"这句名言时刻提醒我们，教师的一个冷漠的眼神、一句刻薄的话语、一次不公的对待，都可能会影响孩子的一生。我们应具有立德树人的仁心、诲人不倦的耐心、因材施教的公心，努力成长为新时代有真情、有热情、有温情、有担当的人民教师！

双向奔赴的爱

新县高级中学　李梦华

21岁那年，我捧着一颗赤子之心，带着满腔的热情和希望踏入了教育这个我梦想中的童话世界。如今，我已过而立之年，在这片充满希望的土地上默默耕耘了整整十二个年头了，在时光悄然打开的某个缺口，那些斑驳的碎片历历在目。于我而言，教育是一场双向奔赴的爱。

记得第一年，我第一次当班主任，几乎天天和孩子们待在一起。我很喜欢和孩子们打交道，他们也很喜欢我，那个时候我总是有层出不穷的点子和用不完的热情，立志要让我的班级生机勃勃、与众不同，要让班里的每一个孩子都感觉到成长的快乐。

我和孩子们一起给班级取浪漫的名字，制定有意思的班训，创作豪迈的班歌，绘制五彩的班旗……结果证明，这些也确实调动了每个孩子的积极性和创作热情，也让孩子们有了更强的集体荣誉感。与此同时，我们也铆足了劲儿参加学校组织的各项集体活动，并收获满满，孩子们对我也愈加崇拜和依恋，每天我的办公桌上都会出现一些小零食和可爱小手工，待我在讲台上笑眯眯地问他们："是哪个小可爱送给老师的礼物呀？"当然没有一个学生承认，但是每个孩子的脸上都挂着神秘的笑容，他们的眼睛调皮又明亮，仿佛他们拥有着一个只有我不知道的大秘密。那一刻我感动至极，那是孩子们纯真的爱啊！我情不自禁地解析自己的教育方式，这让我对师爱有了更深刻的理解：老师的爱，不仅仅是和孩子们一起玩耍，更是要走进他们的精神世界，和他们一起思考，一起奋斗，一起体会成功的喜悦，也一起感受失败的沮丧。未来可期，人生值得，我和孩子们在泪水和欢笑中建立了双向奔赴的爱。

在我的脑海中还有这样一个小女孩,她成绩优异,活泼开朗,笑起来有一对甜甜的小酒窝。然而有一段时间,我发现她脸上的笑容消失了,她变得不爱说话,总是闷闷不乐的,甚至在离期末考试还有一周的关键时刻几天不来学校上课。后来我了解到原来是她的父母关系不和,最近甚至有了离婚的打算,孩子毕竟是孩子,即使已经是中学生,但是心理调节能力还很弱。于是我马上给她打电话,告诉她如果愿意可以来找我聊聊,没想到她当天就来跟我说了她的困惑:她从小就跟着年迈的爷爷奶奶一起生活,父母常年在外打工,对她关心很少,她努力让自己变得优秀,变成他人羡慕的"别人家的孩子",然而还是没有得到父母更多的关注,现在父母甚至互相推诿,都不愿意要她,她伤心甚至有些自我厌弃。因为我小时候也是留守儿童,我知道对于缺少家庭关爱的孩子来说,他们的成长道路有多么孤独和艰难,在这个本应被父母呵护的年纪,她的心却无枝可依。我非常心疼这个小姑娘,也耐心地安慰了她很久,我们说了很多,谈到了她的家庭、她的父母,也说到了每个人都有选择自己人生的权利,父母和她都一样。我劝慰她虽然目前看似身陷困境,行至低谷,但是只要自己不放弃,坚持住,就一定可以让夜空璀璨,枯木生花。不负光阴就是最好的努力,而努力就会成就最好的自己。我希望她能够用努力去丈量通往自由的天地。经过一番引导,孩子回到了学校,她学习更加刻苦了,闲时我也会经常跟她们那群小姑娘一起谈天说地,聊人生说未来。渐渐地,小女孩又有了往日的笑容。她望向我,目光温暖炽热,亦如我对她那般。原来对于这些缺爱的孩子来说,老师的爱也可以成为他们的光。我决心用爱驱散他们心中的阴霾,用知识点燃他们的梦想,让孩子们的笑脸在阳光下尽情地绽放,而孩子们毫无保留的依赖与回望也悄无声息地滋润着我的心灵。

后来我在想,为什么这些孩子愿意跟我交流呢?也许答案就在平时的点滴交流中,他们从中感觉到安全、温暖。如果能让学生感觉到我的爱并愿意与我交流,那么教育就会事半功倍。于是我要求自己不断学习,丰富自己,给学生更多知识,我要求自己每天面带微笑和蔼可亲,我要求自己平等对待每一位学生,我要求自己富有爱心多鼓励学生。

教育本就是一场双向奔赴的爱,在我们教授学生知识的同时,学生也教会了我们如何正确对待生活,我们相互路过对方的生命,即使只有短短的一程路,它也拓展了我们世界的维度,充盈了彼此人生的厚度。

生命不息，热爱不止，这就是我的教育故事。我愿成为一片绿叶、一丝春风、一缕阳光，把温暖和爱带给每一个孩子……

爱的守护

八里畈镇中心学校　刘发定

2021年9月，随着新县八里畈镇南冲教学点的撤并，我在边远山区的教书生涯也画上了圆满的句号。两年的经历，两年的坚守，都历历在目……

2019年秋，组织安排我到南冲教学点去担任负责人。接到这个通知时，我心里极不情愿，因为路途遥远，加上女儿才4岁，而且身体虚弱，经常感冒，老婆一个人照顾孩子很不方便。所以，我再三推托。但是由于领导坚持，我也实在没有办法，只好服从分配，走进了大山深处。

报到之后，我了解到全校只有9名学生，学前班3人，一年级3人，三年级3人，其中一大半是建档立卡贫困户的孩子。全校教师包括我在内有4名，其中，老校长李传功因病在北京住院，不能上班。另外两名也是即将退休的老教师。这个情况让我心里非常恐慌：班级多，学生少，课程怎么安排？营养餐怎么保证？学校面积这么大，卫生怎么搞？上级的政策怎么上传下达？领导告诉我："学生再少也是一所学校，学生越少，越要努力把学生教好、培养好。"面对这种情况，我真是"一个头两个大"！

为了尽快摸清学生情况，第一天下午放学，我就开始去家访。首先，我来到距离学校最近的小涵同学家里。她的奶奶听说我来了，马上就泪流满面地说："老师啊，我这个孙女命苦啊！2岁的时候就没了妈，6岁时就自己洗衣服。我的眼睛已经瞎了好多年，她的爷爷有糖尿病，每天都吃药。家里就靠她爸一人。别的孩子都转学了，我们家里穷啊，也没有能力把孩子转到好的学校读书。"听老人这样说，我的心里很不是滋味。

很快，所有学生的情况都已摸清。原来，这9名学生的家庭都有具体困难。面对这些走不了的孩子，看着他们求知若渴的眼睛，我也感到了肩上的担子很重，心里暗下决心：一定要保证孩子们健康成长！

为了解决学生生活上的困难，一方面我向组织申请对他们进行资助；另一方面回家在自己的小区众筹了一些孩子的衣物、玩具，带到学校里发给他们。没几天，孩子们欢天喜地，我也欣慰无比，心甘情愿地当起了"孩子王"。白天，孩子们还没来，我就开始打扫校园；晚上，学生离开学校，我就做家务，写教案。为了教好英语这门学科，我常常上网自学到半夜。

然而，我的努力并没有挡住学生流失的步伐。第二年春天，学生小航的奶奶带着哭腔打电话告诉我："老师，孙子他爸让我把孩子转走。我年纪大了，接送孩子也很困难，只能听从儿子的安排。"学生小琦打电话说："老师，我家里唯一的亲人爷爷去世了，我姑姑要把我转到光山县学习。"……最后，全校只剩6名学生，我班只剩2名学生了。为了方便教学，我就把办公室搬到了教室，开始了和学生面对面、点对点的教学：

"茅檐低小，溪上青青草……"

"求几个相同加数的和的简便运算叫乘法。"

"Where's the teachers' office？"

日复一日，周而复始。学生一天天成长，我也忙得不亦乐乎，快乐着孩子们的快乐，感动着孩子们的感动……

记得那是一个阴雨绵绵的日子，我一走进教室，就看到小涵同学双眼红肿，连忙问："怎么啦？"没想到，她哇的一声大哭起来："老师，我想回家一趟！我爸爸今天出去打工，我想回家再看他一眼！"听到这儿，我的心像针扎一样：多么感人的父女之情啊！这个孩子在家里吃了太多的苦，多么需要关怀！想到这些，我立即同意了，并打着雨伞把孩子送到离她家不远的地方。不大一会儿，她奶奶打电话告诉我："老师，能不能让孩子请两节课的假？她回来没有见到爸爸，哭得很伤心……"那一刻，我的眼泪也情不自禁地流了下来。我深深体会到，农村的孩子是多么不容易！下午，孩子回到学校，我及时安慰她："在老师的心里，早已把你看作自己的女儿，不管你今后有什么困难，都可以跟老师讲，老师一定会尽最大的努力帮助你！"

光阴荏苒，岁月如梭。一转眼，春季的学习生活结束了。没想到的是，我教的这个只有2名学生的班级在年度综合检测中获得了全镇第一的好成绩。我个人也因此获得了县级优秀教师的荣誉称号。

2021年8月，接到上级通知——南冲教学点撤并！听到这个消息，我的心里却又十分难过：两年来，我早已习惯并爱上了这里的一草一木，这里的山山水水，还有这些朴素可爱的孩子……你们知道吗，小涵同学是个非常懂事的孩子，我每次散步走到她家门口的时候，她总会给我准备一把椅子让我坐下来歇会儿……

总之，在与孩子们一次次交流的过程中，我慢慢学会了宽容，学会了理解，学会了尊重。学生对我们教师的要求并不高，只要我们真心一点、平等一点、赏识一点，他们就会心满意足，乐意沟通。在以后的日子里，我一定会更加努力地蹲下身子与学生对话，用自身的行动去滋养他们纯洁的心灵，让自己的教育生涯少一份遗憾，多一份幸福！

追梦青春不负韶华，坚守初心静待花开

福和希望小学　苏萍

播种与收获，

往往不在同一个季节。

这中间隔着的那段时间，

我们把它叫作坚持，或者坚守。

——题记

记得台湾著名作家林清玄在《心田上的百合花》中这样写道："不管别人怎么欣赏、称赞，满山的百合花都谨记着第一株百合的教导：'我们要全心全意默默地开花，以花来证明自己的存在。'"而这句话也让我顿悟：人若不经历破茧成蝶的痛楚，就体会不到凌空飞翔的自由。

我18岁参加工作，29岁来到福和希望小学，光阴将岁月的痕迹印在了我的脸上、心里。步履匆匆中回望逝去的岁月，顿觉收获满满，自己由生涩逐渐走向成熟，学会了用淡定的心态看世间万物，用坦然的胸怀做自己喜欢的事业。

二十一年转瞬即逝，我从初出茅庐的青涩稚嫩到如今的沉稳笃定，从任其发展的狭隘意念到专业化成长的目标规划，从随意生长的茫然到拔节成长的自信，班主任工作伴随我走过青春芳华，我对教育的热情却丝毫未减。回顾自己的成长历程，我犹如一粒种子，在成长的每一个环节有辛酸亦有喜悦，有迷茫亦有依恋。

坚守，在朦胧爱意中落地生根

我的母亲是位教师，我还不到4岁，就跟着她一起穿梭在家里和学校之间。耳濡目染下，我幼小的心田就播下了一粒希望的种子，那时我觉得老师就是天底下最厉害的人。2001年9月，我如愿以偿地成为一名乡村小学教师，开始了一粒种子的旅行。当时刚满18岁的我被分配到代咀冲田洼小学任教。面对纯朴的农村娃，我不知所措。所任教的一、二年级是复式教学班，班主任、科任老师都是我，每周34节课，我天天被吵得头昏眼花。现实敲碎了我的梦想，繁重的教学任务和班主任工作让我一度怀疑当初的选择。可当孩子们把手中的橘子瓣塞入我手中时，当午饭后孩子们在校园内四处找寻我时，当每周一早上孩子们早早地守候在村口等我抢着帮我提东西时……我都被深深感动着：孩子们很依赖我，我怎能不加倍地爱他们？无论条件多么简陋，我必须咬牙坚持，立志做学生喜爱的班主任，教给他们更多的知识，教会孩子们用美的眼睛看精彩的世界，让他们有机会走出大山。我明白：童年种下的那粒种子已经在我的心里生了根。

挑战，在不断追寻中破土而出

一粒种子如果离开了土壤的滋润，它怎能生根、发芽？我这样一粒平凡的种子能够破土而出，离不开福和希望小学这片沃土的培育。

曾经的乡村班主任生活给我留下了永久的回忆，而福和希望小学的班主任经历让我在不断的挑战中战胜自我，逐渐找到开启班主任智慧大门的钥匙。2012年9月，我调入福和希望小学，担任四年级二班的班主任，一进教室，100双眼睛齐刷刷地盯着我，100张充满童真的脸在等待着我的检阅，新的挑战令我忐忑不安，头皮发麻，从二三十人到百余人，这么大的班额，自己能驾驭得了吗？形形色色的家长，自己能应对吗？不断出现的班级新问题，自己能处理好吗？想起家长的期待、领导的信任，我丝毫不敢懈怠。班级管理经验不足，我就向优秀的班主任和领导请教，细心观察他们在班级管理中的方法和策略；管理理念陈旧，我就翻阅报纸杂志，学习、积累、储备教育理论；家校沟通不顺畅，我就换位思考，调整解决办法。就这样，在一次次的尝试中挑战、超越，我蓄积了破土而出的力量，逐渐在班主任岗位上游刃有余。

拼搏，在阳光雨露下绽放绿意

习总书记说："只有奋斗的人生才称得上幸福的人生。"作为一个草根班主任，我也要奋斗出一份属于自己的幸福。班主任的成长蜕变，需要"拼"字当头，在拼的过程中历经风雨，收获阳光雨露，从而为绿意绽放提供足够的养分。

回忆过往，脑海里浮现出自己曾经走过的路、吃过的苦，顿觉累并快乐着，而所有的一切都归结为一个字——"拼"。语文教师、班主任、少先队辅导员、政教主任……多重身份、繁杂的事务、忙碌的生活，曾一度让我烦躁不安，但我合理安排时间，完成了所有的工作。

曾经，我放弃追剧，阅读李镇西老师的《做最好的班主任》、管建刚老师的《一线带班》；曾经，我拒绝好友相约，在美篇上制作班级活动剪影，在简书上记录班级日常点滴……一个"拼"字让我越战越勇。

这些年来，工作压力太大，我也有快扛不住的时候，同事曾劝我别当班主任了，好好干德育工作，思来想去，我还是没有放弃，心里再苦，也咬牙坚持做最好的自己，并收获满满：新县文明知识竞赛一等奖、新县第四届导游员（讲解员）大赛一等奖、全县研学旅行课程宣讲一等奖、信阳市骨干教师……无数次的灯下苦熬，无数次的刻苦磨炼，让我成为孩子们心目中的偶像、学习上的榜样。而他们也在我的带动下，斩获信阳市三星章优秀中队、新县少先队队会课比赛第一名、全县红色家书演讲比赛第一名、全县红色家书征文比赛第一名……我明白：我是一名班主任，责任和使命召唤着我，唯有努力才能做一个让孩子们满意的老班、引领孩子们奋发向上的老班。我要让孩子们看到——你们的苏老师行，你们也一定行！

超越，在执着向上中静待花开

独行快，众行远。加入河南省余勇名班主任工作室，与优秀的人走到一起，我才发觉自己的差距之大，短板在哪儿。要想得到专业化成长，必须依靠团队的力量，只有站在巨人的肩膀上，虚心请教学习，才能不断前行，超越自己。

加入工作室以来，我就多了一双隐形的翅膀，努力向更高处飞去。抱团成长，让我不断超越梦想：新县班主任技能大赛一等奖、信阳市第二届班主任技能大赛二等奖、河南省优秀班主任、成立新县"红色园丁"苏萍名班主任工作室……当所有的经历都变成了阅历,我又前行了一步;当煎熬的过程收获丰硕的成果,我迎来了全新的蜕变。在不断超越的过程中,我等待着下一次花开。

芳华易逝,前路漫漫。我要努力成长为学生们期待的模样,用一棵树去摇动另一棵树,让孩子们都能积极向上,在心里种下一颗属于自己的种子。

做教育的追光者

新县一中　王艳

靠近光，追随光，成为光，发散光，追光的人，终会光芒万丈。

——题记

靠近光

大家眼里的我应该是诸事顺遂的一个人，2014年6月大学毕业于信阳师范学院，同年通过特岗考试，没有待业的迷茫，也没有实习过渡，我被分配到了箭厂河乡初级中学——这个离县城并不远、在校生有五六百人的学校，在当时，我们这所初中算乡镇里规模较大的了。工作第一年我担任八年级两个班级的语文教学和八年级二班班主任的工作，并且住进了女生宿舍，担任宿舍管理员。

刚刚走上工作岗位的我，除了一腔热忱还有初生牛犊不怕虎的锐气，可现实的场景与我期待的相去甚远。还记得在期中考试的前一周，我布置了复习任务，并且放下狠话：只有背会课文的孩子才能放学。到了放学时间，班里最后的几个"小尾巴"还是没能完成，我的倔脾气上来了，就跟他们一起耗在了班里。值班的老领导路过看到了我和耷拉着脑袋的孩子们，立刻就明白了一切。他走进来，招呼孩子们快去食堂吃饭，又叫上我们同一批的几个老师一起去他家。他做事很利索，热腾腾的饭菜很快就端了上来。饭桌上他一直跟我们讲自己刚上班时候的种种经历，饭后他意味深长地跟我说："每个孩子都是一个独立的个体，你用一个标准要求所有的孩子，怎么能行呢？饿肚子的滋味不好受吧！"老领导的一番话让我为自己简单粗暴的工作方式羞愧难当，也让我认识到教师这份工作不是单纯凭着一腔热情就能做好的。

追随光

后来通过家访深入了解，我知道了班里有很多留守儿童，于是我从关爱他们的日常生活开始，从养成习惯入手抓班级管理，学习上放宽但不放松，我要求他们有进步即可，同时挖掘孩子身上种种闪光点，比如他们动手能力强，我就带他们上特色手工课；他们个性独立，我就带着他们去励志远足。他们心思敏感细腻懂得感恩，很快我就收到了孩子们特殊的礼物——山里的野花、野果，还有一张张写满诚挚话语的纸条，这让我明白了，没有爱就没有教育。

四年的乡镇小学工作经历让我收获颇丰，一路学习，一路成长。2018年，我通过考试进入新县一中。不过很快我就陷入了所有女老师都会面临的困境：工作还是家庭？初为人母，角色的转变加上工作环境的改变让我百般不适应：县城的学生跟农村的学生相比更有个性，陌生的工作环境和同事还有初为人母的焦虑都让我无所适从。我不愿意在学校多待，也不愿意跟周围人多打交道。

这时分管教学工作的刘翔校长找到我，对我说："我觉得你的状态不太好，一个人对自己的定位仅仅是孩子的妈妈吗？等你到我这个年纪，回望过去的岁月，你可能会后悔的！"刘校长质朴的话一下子点醒了我，我开始思考是不是工作和家庭只能是一个二选一的选择题，我的孩子想要的是一个什么样的母亲……我想我的孩子虽然也需要一日三餐，但他想要的应该不是一个只会围着锅台转的母亲，而是一个乐观积极的母亲、一个不断成长的母亲，只有一个健全的生命才能涵养和照亮另一个生命！所以，在学校问我能否继续跟班带九年级的时候，我决心迎难而上，便毫不犹豫地答应了下来。

成为光

一年的毕业班工作，忙碌且充实。这一年，在领导和同事的帮助下，我积极学习、赛课、参加技能大赛，收获了个人能力的成长，也交到了志同道合的朋友，更收获了宝贵的师生情谊。

开学初，毕业了的孩子回到学校来看我。这一群女孩子原本是班上的学困生，我在班里历来对女孩要求很高，三年下来，她们没少挨"批斗"，好在最后努力下来也都挤进了普高的大门。我们一起走在学校的操场上，一圈一圈……回望过去的时光,我说:"过去对你们严格了一些,因为没读书的女孩子日子会很苦。"她们说:"很幸运能遇见老师,能做老师的学生。"听到这句话的时候我的心为之一颤,一瞬间我仿佛突然明白了教师这个职业的意义——都说教师是太阳底下最光辉的职业,成为光芒万丈的太阳或许很难,但是我们出现在他们的青春里,可以成为一小束微光,为他们照亮一程路,给他们带来一些温暖、一些能量,那就足够了!

  回顾自己曾经的岁月,又何尝不是被温暖被照亮呢?感恩生命中的这些遇见,感恩曾经照亮过我的每一位长者,感谢你们的不吝赐教;也感恩遇见的每一位同事,感谢你们的温暖同行。

  今后的日子里,我还愿意做一个追光者,靠近光,追随光,也成为一小束微光,让生命变得更加充盈且有温度有力量。

砥砺十年,我与学生共成长

新县一中 吴汉秀

教师的生命像一个长长的句子,艰辛是定语,耐心是状语,热情是补语,无私是谓语,奉献是宾语。

——题记

2011年我上班第一年带的那些学生,如今有的在上大学,有的投身军营报效祖国,有的已走上工作岗位……他们用青春成长告诉我们少年自有凌云志,不负黄河万古流。刚上班的我,初出茅庐,满脸稚嫩;现在的我,跌跌撞撞,真可谓是"光阴似箭催人老,日月如移趱少年"。

努力——遇见更好的自己

我一直坚信越努力,越幸运。2011年大学毕业后,我参加了特岗考试,被分配到陈店乡初级中学,成为一名光荣的人民教师。我带着孩子们打扫教室卫生、布置教室桌椅、安排座位、竞选班干部,然后找办公室、领教材、写教案,又带着住校生分宿舍、搬行李、洗米蒸饭、打热水……那时候,我作为新手教师,目标是做孩子们最喜欢的老师,因为只有学生喜欢老师愿意去靠近老师,老师才有机会去培育他们。我们一起打篮球、唱歌、学习,我陪伴了他们的成长,也见证了他们的变化。

那一年,桃树初种,我以苦为乐,风雨无阻,满腔热情,激情教学,一路高歌。

培训——打开心灵的一扇窗

教育不是一服猛药，立竿见影，而是像水一样，无声地浸润着孩子们的心灵。教育是一个漫长而艰苦的过程，当工作中遇到困惑时，学习是最好的方法，参加培训是最优的选择。走出去，开阔视野；回来后，打开心灵的一扇窗，将所学到的和实际工作结合起来。

2017年，我到信阳师范学院参加为期两个月的初中语文教师国培。在信阳师范学院，我见到了信阳市的教育大咖——九中才华横溢的马新枝老师、羊山中学雷厉风行的陈晓晖老师、信阳高中语文教研组组长于祖海老师……能和他们近距离接触，一起探讨，我无比激动。这次培训课程丰富、形式多样，既坐在教室里听专业的学术报告，又外出去信阳市博物馆、郝堂村综合实践基地研学。我像海绵吸水一样不停地学习、充电，每天培训结束后我都会及时梳理和反思，以奔跑的姿态去追赶优秀的同行者。这次培训也给我带来了意外之喜——国培结束时我把培训中的所感所思整理成册，和新县团队的其他五位老师一起完成了一项省级课题。有因就有果，有付出就有收获，在职场，所有的努力最终受益的还是自己。

那一年，桃花盛开，灼灼其华，外出参加培训，为我的心灵开了一扇窗。

比赛——走上专业成长的道路

2021年，本以为从教十年后会遇到职业的瓶颈，不承想努力跨过它后，我有了更上一层楼的信心和勇气。这一年我最深的感触就是"世界不曾亏欠每一个努力的人"。

3月，历经反复磨课、研课，在全县中小学课堂教学改革初中组推进会上，我主讲了三段六环课改观摩课《谁是最可爱的人》。作为教师，精专业、站稳讲台是基本功。虽然我讲得不够出彩，但是无论是南阳西峡的三疑三探，还是焦作永威的先学后教、当堂训练，抑或是如今的三段六环教学模式，我都是课改的实践者和排头兵。为师者，终其一生都在探求最适合学生的教学模式和方法，实现教学相长。

4月初，我参加新县中小学教师多媒体教学一体机应用基本功大赛，荣获一等奖。信息2.0时代，我们灵活地应用好教学一体机，可以达到事半功倍的效果。

虽然辛苦，我们教育人还是会选择那种滚烫的人生。不那么好走的路才是上坡路，正是因为那些看起来很难的努力、付出和坚持，才成就了那个不断变得更好的自己。4月中旬，我有幸参加信阳市第三届中小学班主任基本功展示活动，荣获二等奖。从协作区到县级再到市级，一路走来，我觉得赛前的准备和磨炼、赛中的观察和学习、赛后的反思与积淀都是教师专业成长的必修课。

比赛让我的思想发生碰撞和转变，让我发现了自己的不足，磨炼了自己的意志。赛后，回归班级日常管理，我在思"变"——孩子们是不是学习的机器？"五项管理"和"双减"政策出台后，什么样的班级活动育人效果更佳？

那一年，桃树硕果累累，以赛促研，我从随意成长走向专业成长。

第一个十年已过，我要在"知足知不足"中扬长避短，在"有为有不为"中振作奋斗，去开创教书育人的第二个十年。我会继续敬业、乐业，保持蓬勃向上的姿态。道阻且长，行则将至；行而不辍，未来可期。

不负芳华不负心，不负青春不负梦

首府实验学校　徐丹丹

23岁，喜欢梅花，欺霜傲雪桀骜不群。

33岁，喜欢满天星，平淡、平凡，映衬着繁花娇艳。

一声落叶，一弦秋风；一树枫红，一片久等。

一山淡墨，一水从容；一处相思，一地月明。

在最美的年华遇见更美的自己，这或许就是教育的真谛，好的教育一定不是为了训诫人，不是为了改造人，而是为了帮助人成为他自己。

——题记

我和孩子一起成长

2010年9月，作为第二届特岗教师，我被分配到苏河镇中心学校。到学校报到后，得知学校刚刚经历了特大洪水的袭击，教师的宿舍楼都被冲倒了，我们只能住在教管站的老房子里。所谓的老房子，就是把一间教室用木板隔成两间，每间房里并排放四张平板床。住在这里，夜晚可以听蛐蛐在床下弹奏，可以猜想顶棚上哪只老鼠追逐打闹时跑赢了，下雨的夜晚因为漏雨，我们半夜还得起来挪床。

作为新教师，我深知没有扎实厚重的业务功底，没有完整的知识结构，没有先进的教育思想，就无法胜任太阳底下这最光辉的职业。于是我给自己定了一个成长顺序：初上讲台——先站住，再站高。把自己的基本功打扎实了，然后再试着站高。课堂教学——先仿照，再创造。我要保持一颗谦虚的心，认真学习，创造出适合自己的教学方式来。对于成长——先升值，再升职。努力提高自己的专业水平，当自己升值了之后，自己的职业位置也会得到提升。后来，我有机会外出学习，何捷的阳光睿智、赵志祥的情境诱导、窦桂梅的热情似火、王崧舟的诗意盎然都让我深深地痴迷。我从来不知道书还可以这样教，当语文老师可以这样幸福。

作为语文教师，我深知阅读的重要性。我也知道一个孩子读的书，短时间内对他的影响可能并不明显，可如果长期坚持下去，书籍带给这个孩子的变化将是巨大的。我着眼于孩子未来的发展，努力提升孩子阅读的广度和深度，每天早上到班第一件事就是带着孩子们晨读。我鼓励孩子们去图书室借阅书籍，每学期开展读书分享会，制作手抄报和读书卡，元旦举行经典诗文、美文诵读活动。我常对学生说："不论你现在成绩如何，只要你养成了爱读书的习惯，你就具备了成为一个优等生的潜力。"让学生自己走路，开始可能会跌跌撞撞，但他们的骨骼会日渐强壮。学历很重要，但学习能力更重要，这应该是一切优秀学生成长的必由之路。

不忘初心，牢记责任

积跬步而至千里，积小流而成江河。授人以鱼，不如授人以渔。我2010年参加工作，2011年秋季进入教导处学习，2013年三年特岗期满，竞聘教导副主任。2013年至2020年的七年间，在语文教师、教研组长、教导副主任、教导主任的多重身份下，每学期学校的达标课、提高课、公开课、示范课、观摩课我都坚持去听，并且实打实地开展听评课活动。

十年来，我走遍了苏河镇的每一个行政村和教学点，得到很多老校长和教师的赞许，但更多时候是他们在农村教学点的坚守和奉献感动着我，激励着我。

十年来，我就像一颗螺丝钉，哪里需要就到哪里去，从来没有怨言。在怀女儿的时候，我浑身肿得整个人都变形了，早起手拿不了牙刷，腿肿得不能弯曲，买不到合适的鞋，我就穿着男士44码的大拖鞋行走在校园里、讲台上，周末输营养液，工作日没落下学生一节课。2016年，学校一个老师因身体原因临时请假，学校让我也接手另一个班的语文教学任务。当时我的孩子才一岁多，孩子奶奶生病住院，孩子姥姥也骨折住院，但临近期末，加之是毕业班，我最终克服家庭困难，毫不犹豫地接受了任务，并兢兢业业、任劳任怨，脚步坚定地完成了学期教学任务。对于家人和孩子，我有诸多的亏欠。

在2020年春季新冠肺炎疫情期间，大家都在家给学生上网课，考虑到农村学生身边没有充足的学习资源，我毅然带着孩子住到了学校里。除了给本班学生上网课、批改作业，我还把书本打包送到学生手中。我在办公室挑选试题和试卷打印出来，让各班班主任通过校讯通等方式让家长来学校门口领取。学生有视频的学习也有系统的练习，知识通过网络这座桥，从老师的智慧锦囊中传递到孩子们的心中。我们没有因为疫情的阻挡放弃任何一个孩子，每一位教师都当得"疫情无情师有情，师者勤勉引路行"。

收获成长与希望

"尘露之微，补益山海；萤烛末光，增辉日月。"任教十余年，我没有铿锵的教育誓言，没有另辟蹊径的教学诀窍，有的只是对教育的执着和坚守，对教学的热情和精益求精。在且思且行且歌中，我年复一年工作在教育一线，如战士般在新课改的探索中走得勇敢而自信。我和同事一道，在三尺讲台描绘着绚丽多彩的生命华章！传经布道一十载，春风化雨育新人；虚怀若谷十年余，协作融融老中青。多年的辛勤耕耘，我收获了丰硕的成果，一张张获奖证书，见证着我的努力和成长。人生就是这样，得失无常，凡是路过的，都算风景，能占据记忆的，皆是幸福。

回望青春

青春是用意志的血滴和拼搏的汗水酿成的琼浆，历久弥香；青春是用不凋的希望和不灭的向往编织的彩虹，绚丽辉煌；青春是用永恒的执着和顽强的韧劲筑起的一道铜墙铁壁，固若金汤。而我的青春，是用一言一行、一字一句、一分一秒点缀孩子梦想的星空。2020年4月28日，我接到要去首府实验学校报到的消息，没有意料中的惊喜，也没有想象中的失落，我按部就班上网课，改作业，交接个人教学工作和学校教务处工作。在五一假期前，我在班级群里这样说："同学们，好久不见，甚是想念，而这个特殊的假期，又让相见变成了不如怀念，我在怀念青春的十年，我在怀念与你们相伴的一年半。老师常教导大家，做事要善始善终，没想到自己却要食言，车还没有到站，老师却要奔赴另外的战场，于你们，我只能深表歉意……最后，让我们好好再见，不负遇见。"不一会儿，手机里收到满屏的祝福和不舍。从教十年，再多的辛苦与劳累在得到家长和学生认可的那一刻，都化作了不舍的泪水。

风来听风，雨来听雨，花落不悲，花开不喜，守着一窗宁静、半点清逸，不问俗情，无须刻骨，纵使老去，唯愿韶华深处，依旧有暗香浮动，那是我写给岁月最美的诗行。

青春十年，我踏实地走过，我认真地经历过；青春十年，不负芳华不负心，不负青春不负梦。

有了对生命的包容，才能看到美

新县二中　周文春

当我们既能欣赏一朵盛开的花，也能欣赏一片绿叶的时候，生命的宽度就随着这些美的感受而开阔丰富。无论生命的哪种状态都是它们自我完成的一部分，都是值得我们去尊敬和欣赏的。

——题记

很喜欢这句话——有了对生命的包容，才能看到美！

在牛年的夏季，知天命的我又驶上了学校的快车道——七年级三班的"孩子王"！

一路走来，真是一路风景一路歌，一路苦辣一路甜。

小学霸的大烦恼

周末，汤的妈妈发来信息："老师，忙不？孩子最近学习状态非常不好，怎么办？"隔着屏幕都能感受到她的焦虑。汤是我们班的学霸，思想可不能滑坡，她最近数学有些吃力，是要去她家一趟了。我给汤的妈妈回了个微信："下午两点左右我来家访。"

天公不作美，午饭时分，雨点噼噼啪啪下个不停。我坐上同学的车飞奔到汤同学的楼下，她和她妈妈在雨中迎接了我的到来，感激之情溢于言表。

我和孩子的母亲聊了一个多小时，了解了孩子的困惑、父母的担忧。原来小学霸也有大烦恼：曾经的光环感觉不再有，每天都在担忧被别人超越。我告诉汤："优秀的你，永远是老师的骄傲，老师一直看好你呦！你依然是那么优秀，只不过可能不再是唯一。"

我还告诉她："一个人走得快，一群人才能走得远。与凤凰同飞，必是俊鸟；与虎狼同行，必是猛兽；与智者同行，会不同凡响；与高人为伍，能登上巅峰！"

临走时，汤和她妈妈送我下楼，她们脸上有了笑容，步子也坚定了很多。

背在书包里的相册

双休日晚上，我躺在床上翻阅着朋友圈，明的朋友圈令我辗转反侧，久久难以入眠——他和两个朋友打台球打得正酣！

明是我班最调皮的孩子，是孩子眼中的"野人帮老大"，上课爱睡觉，下课爱疯闹，作业不交，是学啥啥不会、吃啥啥不剩的主。

我早已焦头烂额，如今他竟然混迹社会，出入这种少儿不宜的场所，怎么办？

第二天午自习时我无意中看到了明桌子上的相册。我翻开一看，那精美的设计、精致的照片、深情的题词竟瞬间让我泪奔。相册中有他出生至12岁每年的生日照片，照片中的小朋友是那么活泼可爱，那么阳光智慧，真是集万千宠爱于一身！每一个生日的题词都感人肺腑。

可是眼前的他，蓬头垢面，神情涣散，目光游离，举止不驯，完完全全是一个"混世太子"。

我心痛，家庭的变故竟然让他变成这样！残缺的家庭给孩子带来的伤害太大了！年幼的孩子每天都把这个相册放在书包最里层，可见心里多么渴望得到爱！

我让他把相册中父母的寄语有感情地诵读了一遍，仔仔细细翻阅每一张照片，回忆每一张照片背后的故事。

我听到他的声音有些颤抖，我也禁不住心里发热眼里发酸。我知道他的家境，年迈的爷爷奶奶是他的监护人。后来，我去他家家访，我想听听他父母的故事，看看他眼中父母的形象。他倒直爽，说他曾经很恨自己的父亲。因为父亲的原因，他四岁时父母离异，七岁时母亲再嫁。于是自己好几年都不肯喊他"爸爸"，现在好些了，爸爸也管他了，后妈也给他钱花了。他小学四年级以前还是学霸，疫情时因为玩手机、和不良少年交往，成绩就一落千丈。

诉说完后，我看到了他的落寞和忧伤。我知道他对眼前的自己有诸多不满意。我告诉他:"你的爷爷奶奶和父母一如既往地爱着你,这个从你吃的用的可以看出来。父母婚姻的变故是大人的事,你改变不了,你只能做好自己!你很聪明,学习上应尽己所能,老师相信你可以!每当心烦意乱时,你就把相册拿出来仔细看看,心中的郁闷一定会化解。"

他郑重地点了点头,我相信这一刻他对自己充满信心。

不久,校长杯足球赛开始了。明是我班运动员之一。和四班比赛的那天下午,他累病了,晚饭也不肯吃。我把热腾腾的泡面递到他手上,强迫他吃下,并叫来出租车送他回家。我扶他上车那一刻,他小声地说:"老师,谢谢您!"

虽然当时的他还不够令人满意,但那时那刻这简简单单的几个字是他一切向善的开始!自那以后,他明显好了很多,不再迟到,作业也能按时完成。

与你相约在飘雪的清晨

前夜下了一场雪。是的,在江南已经春暖花开的日子里,大别山还徘徊在冬的情怀里若即若离。

早上六点多,我一骨碌爬起来往学校跑。天公真能凑热闹,也不管我怎么手忙脚乱,竟然先是淅淅沥沥下起了小雨,继而飘飘洒洒下起了小雪花。

有雪的行程很别致,就像有雨、有花、有坎坷的行程一样。别心急,慢慢走总会到的。路过的林林总总,在岁月里发酵了,都成了酒。

终于到了学校。时间尚早,学生三三两两而来。今早升旗,我必须在早读前吃完早餐。急促的电话铃声响起,是安的家长,她说:"老师,你得好好教育你的学生,在家总是撒谎!晚上不睡,早上喊不起来!他今天没吃早饭,你记着让他吃早饭啊!……"

哈哈哈,我比孩子的亲妈还管用!不说了,干活去!

窗外的雪化成水滴,顺着屋檐断续而下。那一滴滴水在阳光下闪烁着五彩斑斓的光。

天空蓝得让人想飞进去,吸一口新鲜的空气,清凉干净,透彻心肺。雪后的苦寒之地也自有它的美。万物都是天地自然的一部分,都有自己完成生命的方式,无关好坏,皆不可替代。

莲说爱

新县新集镇代咀九年一贯制学校　操良莲

我，乳名玲儿，打小没有学名，直到五岁时姥爷过世，道士随口给我取了个学名：操良莲。虽和乳名毫不相关，但现在我习惯又喜欢，总觉得冥冥之中我与莲有缘，后来，我的网名"水莲花"叫开了，别人还称我为莲莲、莲姐、莲姑，甚至菩萨身边那朵莲……所以我左思右想，今天就让我讲讲"莲"的成长故事吧。

沐浴爱的光，播下希望籽

我出生在将军故里——田铺，那个俗称"山路十八拐"的"九宋陶"地区，家离学校30多里。记得那时瘦瘦小小的我，一边肩挎着书包，一边背着妈妈提前备好的咸菜，走四五个小时去上学，每次都是满脚起泡。记忆最深的一件事是量筒事件——一天，物理实验课上，我不小心摔碎了一只量筒，老师让我赔5块钱。那时家里穷啊，别说5块，就是1块，我也不敢向妈妈开口。事后，我煎熬，我忐忑……每次实验我都不敢去实验室，而是躲在教室的角落里。那天，语文老师王元厚走过教室发现了我，问明了原因后，老师偷偷塞给我5块钱，我感动得泪如泉涌。王老师轻轻拍着我的头说："好好努力学习，将来考个好高中，争取走出大山。"事后，我暗暗发誓，长大后我也要当个老师。2000年秋，我顺利考上了新县职业高中，以第一名的成绩分到种植四班。高中三年，我有幸遇见了张韬、胡刚、吴继炎三位优秀的班主任老师，他们用真心呵护着我——学习上，他们给予我无尽的帮助；生活上，他们更是对我关怀备至。有时，他们偷偷在我抽屉里塞些本子、笔、墨水；有时，看见单薄的我，他们把家人穿小的衣服带来给我。记得高三那年，学校了解到我们年级有好几个品学兼优却又特别贫困的学生，所以学校设置了特别奖学金，每次考试我都能获得100元或者200元的奖学金。那时领到奖学金，别提多高兴，多自豪……忘不了，职高恩师们的拳拳之心；忘不了，职高领导们的殷殷之期；忘不了，学校对我的次次帮助……在他们的关怀和帮助下，我顺利完成了高中学业，并以优异的成绩考上了信阳师范学院。

二中育桃李，绽放灿烂花

2009年大学毕业后，我被分配到新县二中，成为一名英语教师。初到二中，有失落，有彷徨，总觉得离我的期望值相差太远，甚至荒唐地认为"这池塘太小养不了我这条大鱼"。当我慢慢适应下来，才发现二中是个藏龙卧虎之地，老师们个个都是行家里手，而我只不过是一只小虾米罢了。初登讲台的窘迫、课堂纪律的纷扰、教学经验的缺乏，顿时把我的凌云壮志摇得七零八落。我哭泣过，沮丧过，但我更知道，眼泪改变不了现状，要从失望中寻找希望。我很庆幸，我遇见了他们。

我的中学语文老师——严慈并济的王元厚老师。从前的老师，现在的同事。忘不了，中学时，他揪着我的耳朵问："你写错了字，怎么不要耳朵？"忘不了，他为我指点迷津，给我牵线姻缘，让我有了幸福的归宿。曾经他是我少年时的恩师，如今也成为我人生的引路人。

除了王老师，还有石老师、耿老师、程老师等，与其说他们是我的同事，不如说是我的长辈。石老师看见沮丧的我，语重心长地叫我天天搬个小板凳坐在教室后面，听她如何讲课；耿老师每逢我上课时，他总假装没事一样，天天在窗户外面转悠；程老师则像个知心的大姐姐一样，和我聊天聊地聊人生……在大家的呵护、鼓励、引领下，我从一个初出茅庐的大学生，渐渐成长为一个充满自信、深受学生欢迎的教师，短短几年的磨炼，我不断成长，不断进步，2015年我被评为新县二中"最具有活力教师"。

十年磨一剑。二中的十年是我梦想起航的十年、艰苦摸索的十年、砥砺前行的十年，更是我收获硕果的十年。我教过的学生数不清，有品学兼优的，有调皮捣蛋的，有默默无闻的，也有让我伤透脑筋的，如今他们都已走向社会……而那个曾经在人群中最普普通通、默默无闻的小漫，我却不得不提一下，她就是给老师报恩的那个孩子。

她是我初为人师的第一届学生，那时，我年轻，不谙世事……现在，我也不记得我到底教给了她些什么，对她有什么影响，而高中、大学每次放假，她必定会回来看我。现在她已经成为一名乡村教师，我们从师生变为挚友、闺蜜，且亦师亦友，我说："漫漫即慢慢，我们师生一场，彼此温暖，相互守候，漫漫一生，慢慢走……"

冥冥之中，老师还是那个老师，我也成了那个他，她也成了那个我，就像一首歌唱的那样："长大后，我就成了你。"教育就是这样一代代传承，一代代影响，把工作和生活变成一首幸福的歌，让经典永流传。

理想扎乡村，结下丰硕果

2020年秋，由于工作需要，我调入代咀九年一贯制学校工作。来代咀快两年了，这两年，我汲取阳光和雨露，努力向上生长，我觉得每一天，这里的空气都是新鲜的，因为我遇见了他和他们，也遇见了更好的自己。

他，就是我们的校长朱振波，憨厚可爱，却心细如发。工作中，朱校长对我严格要求，鼓励我一步步扎实前行；生活中，他关怀备至，让我体会到代咀大家庭的温暖。而他们，就是代咀的每一个他和她，是自带威严被学生称为"老虎"的鄢玲老师，是"孺子牛"刘光义校长，是"老黄牛"胡刚友老师，是"拓荒牛"黄绪强老师，也是爱我、惜我、疼我的陈茹月老师，是工会办的每一个人，也是教务处待我如妹的磊哥、尊我为姐的珊和倩，等等。他们是我的阳光、雨露和星辰。

2021年秋，班子成员的分工任务确定后，我第一时间把大儿子转入代咀来上学，解决了后顾之忧。我再次向学校申请担任班主任，还记得开学第一天，我发了个朋友圈："新学期梦想三部曲：守好一个处室（教务处），守好一个班级（801班），守好自己的大儿子……"这一年，我一直坚守着这个梦想。白天，我与学生为伴，以教学为乐，穿梭于教室和教务处之间；晚上，我与大儿子相依相伴。

这一年，我作为分管教学的副校长，是我工作13年来工作压力最大的一年，也是进步最大的一年。学校教学质量一直都是最亮丽的那张名片，而我一个初出茅庐的牛犊，扛起了教学的大梁，不得不说，开学初，我确实感觉有些喘不过气，所以，我把自己定义为一只蜗牛：我爬得很慢，但我从不后退。我始终相信：你受的苦、担的责、忍的痛，会变成你的光，照亮你未来的路。后来，在教务处磊哥、倩倩、珊珊的协助下，教务处的工作也有条不紊地进行着，学校教学教研活动、校内优质课大赛、青年教师培养、教师论坛等也开展得有声有色。这一年，我只愿事事亲力亲为，率先垂范，争做一名优秀的教学副校长，带领大家把"质量"这张名片越擦越亮。

这一年，作为一名班主任，我只是一名"小学生"，因为这是我工作十多年来，第二次当班主任。第一次申请当班主任，主要是为了职称，而这次，我主要是为了能走近学生。现在，且让我来说说我班的情况吧——开学初班里共32人，其中建档立卡贫困户子女10人，留守儿童5人，低保户子女3人，残疾人子女3人，残疾儿童2人。管理这样一个班级，对我来说是一个极大的挑战，这一年，我多次家访劝返辍学的学生；这一年，我走访慰问残疾儿童，给他们送去冬日的暖阳。

这一年，我一直默默地关注着一个女孩，她父亲身患残疾，母亲离家出走十多年，如今80多岁的奶奶是她唯一的依靠。还记得那天，北风呼呼地刮着，阴冷的寒风抽打着行人的身躯，不由让人缩脖弓腰，徐徐前行。我刚进办公室，一个学生匆匆赶来，焦急地对我说："老师，有同学病了……"我心一惊，急忙赶往教室，只见这个女孩捂着肚子，面部肌肉因痛苦而变了形，额头上也渗出了汗珠……我赶紧拨通了她奶奶的电话，谁知却无法接通。随后，我搀她到办公室，给她测体温，倒热水……看她实在难受，又带她到诊所看病，然后把她带到房间，让她喝完药卧床休息。午饭时，我到食堂挑选她平时爱吃的饭菜，送给她吃。推开门，盖着两床被子的她，挣扎着坐起来，脸上挤出一丝微笑："老师，我不饿。""孩子，我知道你食欲不好，坚强点，吃些东西，病才好得快些呀！"她微微抬起头来，接过饭菜，一口口慢慢地吞咽着，房间里似乎只能听见她艰难吞咽的声音，顿时，我眼眶湿热、酸涩，赶忙背过身去……

数周后的一个周六，我驱车来到她的老家陡山河家访，阴灰的天底下，横着几个萧索的村庄。一间老屋，黑色的瓦楞上，几根枯草不屈地抖着，一进屋，黑黑的墙壁上，满满一墙奖状显得格外耀眼，她正趴在桌子上写作业，看见我来，她先是愕然，转而喜出望外。一番长谈后，我起身告别，她奶奶拉着我的手说："老师，孩子常常念叨你，她从小没有妈妈，你就是她的妈妈……""妈妈？"我望着奶奶枯瘦嶙峋的双手，松树皮一般，开裂处淌着丝丝的血，如婴儿红艳艳的小嘴。我的心猛地一颤，仿佛被深深剜了一刀……作为奶奶口中的妈妈，我是愧不敢当，而我能做到的只是周末偶尔抽空去她家，给她送点吃的、穿的，亲手做一顿家常菜给她吃，让她感受一下妈妈般的温暖……

这一年，我听到了一声"对不起"，却让我泪流满面。还记得那天，体育课上，可心同学晕倒了，我协同家长，忙前忙后将她送到医院，抬她去做各种检查，累到四肢瘫软。她醒来后的第一句话是："老师，对不起。"那一瞬间，我落泪了，我心疼地抱着她，就像抱着自己的女儿一样。这一声"对不起"，让我们师生的心更近了；这一声"对不起"，更坚定了我前行的步伐，我感受到了作为一名教师的幸福。

这一年，作为守在儿子身边的妈妈，儿子时常对我说："我怀疑，你不是我亲妈。"的确，这一年来，儿子的老师们比我这个妈妈做得好太多太多，班主任老师为儿子做早餐的次数比妈妈更多，语文老师晚自习后做的夜宵比妈妈做的更丰盛……

我时常在想：作为学生心中的妈妈，我还不及格；作为儿子心中的妈妈，我也不称职。但我一直努力做一名好老师、好妈妈，让孩子们能为拥有这样的老师而幸福，让儿子能为有这样的妈妈而自豪……

一切都是最好的安排，感谢每一次相遇，感谢有你、有你们，这条路我会一直走下去，与你、与你们一起，共沐知识的阳光，共担生活的风雨。这一生，我心似莲，待花开，迎清风，徐自来……

爱与责任，逐梦前行

新县千斤高级中学　黄海涛

时光荏苒，岁月如梭。我成为一名教师至今已有二十八载。一路走来，从年少志在远方，到潜心生长努力改变命运，再到如今用心办适合学生发展的教育，一路辛酸一路歌，我深知，爱与责任是做教育绕不开的两个话题。

年少尚轻狂　志在四方

在师专上学时，我就暗暗下定决心，要好好学习，从0.5%的推荐上大学名额中找到一丝机会，跳出农村。但命运却和我开了一个玩笑，三年的刻苦攻读和平时的名列前茅，到最后我还是被刷了下来，一切似乎又回到了原点。

1994年8月，本视为"尚方宝剑"的优秀毕业生证书在毕业分配时却显得一文不值，尽力争取后我还是被安排到乡中心小学当了一名教师，更无奈的是每月100多元的工资还常常拖欠。

在惨淡的现实面前，彷徨、无助、迷茫拷打着不足十八岁的脆弱灵魂，站在人生的重要节点，我不知该如何抉择……

在乡村的三年转瞬即逝，青年的热血鼓舞着我，我毅然决然放弃"带薪学习"的机会，只身前往郑州大学进行脱产进修。我要去外面的世界看一看，因为我不甘心就这样过一辈子。

成长的力量　豪情万丈

在郑州的两年，是我永生难忘的两年。为了不饿肚子，我只好做家教和利用周末打零工。在此期间，我遇到我们村里一个获得过"鲁班奖"的农民工项目经理，我多次到他的工地去改善伙食。在酒酣耳热之时，他给我说："一个行业，大家都以为是最低谷时，你只要努力，一定会出人头地。你是适合当老师的！"恰逢父亲突发脑溢血，卧病在床，媳妇需要出国，万般无奈的我又回到家乡，在苏河初中担任数学教学工作。我知道，只有靠自己的努力才能改变命运。在这里我刻苦钻研，学大纲、备教材、做考题、研究中招规律，多少个双休日，我在那间昏暗的小屋如切如磋、如琢如磨，好在努力的结果看得见，我侥幸在《中学生数理化》上发表了6篇文章，还获得了梦寐以求的几笔小稿费。接着，我被组织推荐为信阳市中小学数学骨干教师、信阳市中学数学学科带头人。我所带的毕业班的数学成绩名列全县第三，实现了学校里程碑式的突破，我也因此获得了一笔不菲的奖金，虽然仍是一张1900元的欠条，但那是我努力过的印记，也让我更加充满信心，坚定行走在教育的路上。不久，我担任了学校的政教副主任，同时担任数学教研组组长、班主任和九年级两个班的数学教学工作。虽然每天要处理的事情特别多，但我只觉得充实和满满的成就感。

也许是越努力命越好，2005年我被抽调到三中筹建办，负责后勤基建等事宜。接着我走上了管理岗位，负责后勤和食堂等工作，同时担任九年级的数学教学工作。当时一群被调侃为"土八路"的三中教师，在胡永红校长的带领下，憋着一口气，不舍昼夜，狠抓集体备课，优化课堂教学，仅仅两年，新县三中就华丽转身成为新县初中的排头兵。令我引以为傲的是，我所带的班级数学成绩名列前茅，其中学生邹国强以满分位列全县第一名，王森位列全县第二名。我分管的新县三中食堂也被评为当时信阳市仅有的四个河南省"一级食堂"之一，教育厅还奖励了学校10万元，引起不小的震动。当时的我，每天都激情满满，哪怕没有节假日也从没有任何怨言，而是珍惜这份充满幸福感的工作，珍惜学子们求知的眼神，珍惜每一位家长的尊重与信任。

责任与担当　追梦逐光

2014年7月，经过公选，我被县教育局任命为代咀九年一贯制学校校长，我感觉到身上的责任更大了。为了不辜负组织的信任，接下来的三年里，我吃住在学校，把自己的孩子也带到了乡下就读，全身心投入教育教学工作，学校成绩稳步提升，学生习惯越来越好，学校先后获得信阳市平安校园、信阳市教育系统先进集体等荣誉。在2016年的教师节座谈会上，我作为校长代表做典型发言，我的管理理念"把自己的手烙红，把事情摆在桌面上说"获得时任县长夏明夫的赞赏。我深刻意识到：教育最需要的就是责任和爱心，我们的努力终会有所收获！

三年后，我被任命为新县首府实验学校校长。面对组织的信任，我深感责任重大，稍有闪失，毁掉的可能是3000多个祖国花朵的前途命运。我把家搬到学校附近，和同事们一起，加强德育，加强教学，深化教改，让首府学校毕业班的成绩在全市名列前茅。

2019年3月，我被任命为新县千斤高中校长，这是全县唯一的农村高中，我深知，只有勤耕苦守，方能带领这样一群孩子成人成才。几年来，我们秉承"做一个有责任感的人"校训，坚持"办适合学生发展的教育"办学理念，以"三好三会"即人品好、身体好、习惯好，会读书、会写字、会运动为育人目标，积极实施"新四步教学法"，取得了可喜的成绩！我校连续三年在高考人数100多人的情况下，本科过线四五十人，2020年有6位学生被郑大体院录取，几个中考只有100多分的学生，在拿到本科录取通知书时，他们简直不敢相信自己的眼睛，喜极而泣。就在刚刚过去的2021年，学校面临涉外学院春招、高标准的育才学校开班招生，我觉得我极有可能成为千斤高中的末代校长。没想到高一招生人数达468人，创历史性纪录，不仅本乡、邻乡的学生来了，县城和邻县的学生也来了将近200人。因教室限制，很多学生未能报上名，还有一个学生，中招考了542分，执意到我校就读。说实在的，当校长、当老师，有人选择你、相信你，就是对你工作最好的肯定！

我和我的战友们也经常问自己：他们为什么选择千高？千高有什么？我们怎样才能对得起家长和学生的这份信任？我清楚记得去年毕业的一个男生，他爸因为缠访闹访被关了，妈妈改嫁，他平时在班里很少说话，见人都带着仇视的目光。有一次他生病请假回家了，班主任在吃饭时和我说起这个事。我和班主任立即赶到孩子家中，只见家里脏乱不堪，他一个人蜷缩在露着棉絮的被子里，我们赶紧带着他先吃饭，再到卫生院拿药，当我们把200块钱递给孩子时，他扭头哭了……虽然这个孩子最后只上了一个专科，但他后来见到我们都是笑嘻嘻的，愿意开口说话了，见到我也会抬起头笑着说声"校长好"。以心育心、以德育德、以人格育人格，也许就在这点点滴滴的小事中。

弹指一挥间，三十年转瞬即逝。祖国的强大和越来越好的教育政策让我倍加珍惜这份光荣的事业。我明白：一所学校应该是一个有温情的校长，带着一群有温度的人，用爱心、责任心、耐心，办有温度的教育。

班主任的酸甜苦辣咸

新县高级中学　余进

雨果曾经说："花的事业是尊贵的，果实的事业是甜美的，让我们做叶的事业吧，因为叶的事业是平凡而谦逊的。"班主任从事的就是这样的事业：他们把爱的种子播撒在学生的心田，用尊重、信任、包容和欣赏对待每一个学生，静待花开。很幸运的是，自参加工作以来，我一直从事班主任工作。我不是一个智者，没有什么高超的技巧，但是我愿意学习，喜欢探索，希望成为一个有智慧的班主任。一个班集体就像是一个大家庭，而班主任就是这个家的大家长。组成一个家很简单，可过好每一天的日子却没有那么简单。回顾班主任的工作，我觉得可以用五个字来概括其中的滋味：酸、甜、苦、辣、咸。

酸

十多年过去了，仍清晰记得当班主任的第一天，我站在讲台上大声向同学们宣布："从今天起，我就是你们的班主任了。"同学们寂静无声，头都未抬起。已经两个星期没人管理的班级实在是太乱了，都说新官上任三把火，我这个新官也没啥经验，就学着我上学时候班主任的样子，在讲台上滔滔不绝地和学生们讲起了规矩，不准这个，不准那个。后来我发现根本没人听我说话，班里还是一如既往的乱糟糟。这让新上任的我焦头烂额，没有办法，我沉下心来，开始自己摸索。我找来军训时的班干部，了解班级情况，发现其实这个班里乡下的孩子很多，很多家长都外出打工了，那么孩子们最缺乏的便是关怀。以后的日子里，我跟着他们一起跑操，一下课就到教室里和他们攀谈，关心他们的生活与学习，在自习课时给他们写下了第一封信，让他们传阅。就这样，在不知不觉中，他们改变了对我的看法和态度，也开始服从我的管理，我的班级也开始变得井然有序。原来能改变班级状态的不是生硬的制度，不是言语的灌输，而是努力激发学生的自尊，促进学生内心认识的改变，赢得他们内心的认同与追随，从而孕育出我们所希望的言行。

甜

每次组建新班级，我就带领孩子们布置我们的新家。一些漂亮的植物，我说这些是班花儿，要保护好，他们后来便把我叫作小花儿。还有他们动脑动手设计的班徽、改编的班歌，这些都让大家的心紧紧靠在一起。有一次，班里一向很温顺的一个学生因为和自己的妈妈闹别扭，在班里发起脾气，为了不影响其他学生，我第一时间将他叫了出来，等他冷静后，让他和我一起打扫走廊。我问他为什么发脾气，他说是和妈妈闹别扭，我问他拖地累吗，他不说话了，我知道他在思考，他已经知道了自己的问题。没想到第二天，他很不好意思地把自己的书包递给我，示意我回办公室打开，我打开书包，里面是半盒饼干和被挤压了的蛋糕。后来这个学生的家长告诉我，这是这孩子生气时妈妈买给孩子的，没想到他还能想到带给我，而且孩子和妈妈的关系也缓和了。饼干和蛋糕很甜。一个班级的意义在于能够容纳每一个学生，帮助每一个学生心情愉悦没有负担地成长，引导每一个学生向善向美。

苦

苦瓜吃起来虽苦，但对我们的身体却有很多好处。俗语也说："良药苦口利于病。"苦味虽不好受，可苦也不可缺少。记得高一下学期，我们学校举行高一学生远足活动。还没开始走，有些学生便已经开始哀叹太远了，自己承受不来。我告诉他们不用担心，如果实在走不下来，可以乘坐公交车。最终我们彼此鼓励，相互陪伴，走完了全程，没有一位同学选择乘坐公交车。三年来，不论我参加比赛还是讲课，我都会告诉他们，他们会看到我努力准备的样子，也会给我鼓励。三年来，不论他们有什么活动还是比赛，我也都会在旁边给他们加油鼓劲儿。在学生们觉得苦闷时，我陪伴左右，耐心开导，静待花开。

辣

辣味容易上头，也容易上火，可没有辣味偶尔刺激我们的味蕾，又会觉得寡淡无味。每个班都有"辣"得人头疼的学生，我们班也不例外。有个瘦瘦高高的男生，看起来不像是惹事的学生，但从开学的第一天起每天早上迟到，没有哪一天例外，让我很生气。我把他叫出来谈了谈，他的态度就是点头，点头，一直点头，我心想都单独谈话了，他应该会有所改变吧。没想到隔了两三天，他又开始无间隔迟到。于是我便私下联系他家长，询问是不是有什么特殊情况，他家长说每天自己负责叫他起床，叫一遍之后以为孩子起了，自己便又睡着了。其实孩子并未起床，起床后时间也就晚了，孩子不会骑车，跑到学校就迟到了。我告诉他的家长按时起床上学是孩子自己的事，给孩子定好闹钟，以后让他自己起床。又把学生叫出来对他说，希望以后他能养成习惯自己按时起床上学，他听从了我的建议。之后他再也没有迟到过，还学会了骑车。我在全班学生面前说他懂得改变，希望大家向他学习。有的学生就像小辣椒，不管辣不辣，都带着辣字。但是当我们能耐心听他们倾诉时，我们就教会了他们尊重；当我们没有抓住他们的错误不依不饶时，我们就教会了他们理解和宽容；当我们能真诚地鼓励他们的正确行为时，我们就教会了他们担当。

咸

咸是眼泪的味道，我的班级没有伤心痛苦的泪水，多的是感动的泪水。我是一个男老师，起初我并不善于表达心中的情感，即使我是教语文的，我也无法表露心中对他们的爱。我发现班里的学生和我一样，也不愿意将自己的情感表达出来，于是我便开始改变自己。母亲节到了，我发了微信给自己的妈妈，并截图给学生们看，提醒他们母亲节到了，爱需要及时表达。很快，我收到了很多家长的回复，说感觉自己的孩子懂事了。不仅如此，我还会时不时向他们表达我对他们的喜爱、放假时的想念，提前为快要开学的他们摆好桌椅，告诉他们，我静待他们的归来。后来，我收到来自他们的"表白"也越来越多。学生的身上有很多善与美的种子，需要我们每一位老师有发现的眼睛，去珍视、去呵护，让这些种子发芽、长大。因为教育的本质是发现一个人的长处。当我们对学生给予认可、信任、鼓励和推动时，学生们就会让我们看到一个又一个奇迹。

经历了学习生活的酸、甜、苦、辣、咸，我和我的学生们一起成长，共同进步，收获了一个又一个奇迹。

用耐心浸润学生的心田

新县第二高级中学 胡贞贞

小花园里的玉兰花又开了,这是我第二次邂逅它的美丽,也意味着我的班主任生涯进入了第二个春秋。在与84位个性迥异的孩子"交手"的两年时光里,有辛酸,有失落,但更多的是为人师表的自豪与欣慰。

高一刚入校时,孩子们还比较懵懂,对于新的校规更多的是不理解、不支持,也有很多抵触情绪,更有抱着侥幸心理的学生,将手机带入学校。班里有这样一位男生,脑袋灵光,是管纪律的一把好手,但他也是调皮捣蛋的典型,谈恋爱、带手机、无心学习,最终在高一下学期的最后一个星期退学了。我原本以为他离开学校后会记恨班主任对他的严格管理,没想到元旦的时候接到了他的电话。他告诉我,他现在工作很辛苦,也开始明白在学校时因为自己的任性,给班主任带来了很多麻烦,真心觉得对不住老师,还说要给我带丹东草莓回来尝尝……挂完电话之后我回忆起平时和他沟通交流的场景,我几乎没有当着全班同学的面批评过他,都是把他叫到走廊,给他梳理事情的前因后果,并给他分析其中的利害关系。我发现当我以平等的姿态,心平气和地与他沟通之后,效果还是很不错的。之后在和他家长的沟通中才知道,父母离异后他和爸爸一起生活,每次他犯错,他爸爸都是一顿毒打,很少进行有效沟通。也许我的耐心让他感受到了平等和尊重,让他愿意听我的劝诫。亲其师才能信其道,和学生的每一次交流,都是两种不同思想的碰撞,教师只有带着耐心和真诚,才能叩开学生的心门,走进学生的内心,实现春风化雨的浸润。

班里还有一位女生,她是后来转进的,有一段时间和班里同学的关系非常紧张,经常独来独往,有一次和同学发生矛盾,严重到把双方家长都请到了学校,还惊动了警方。她几乎每堂课都会睡觉,学业也弃之不顾,班里的一些任课老师认为她已经无法挽救了。但是作为一名女老师,我深知女生受教育的重要性。我也经常和她妈妈沟通,她妈妈因为被家暴,不惜一切代价和她爸爸离了婚,独自抚养两个女儿,因为工作压力大,平时和女儿沟通时,也缺乏一些耐心,母女二人经常一言不合就开始争吵,后来孩子就有一点抑郁倾向。她和同学关系不好,也不知道向谁倾诉。那段时间我经常找她谈心,刚开始是我说她听,后来她变成了倾诉者,而我更多的时候是在耐心倾听,适时给她一些小建议。渐渐地,她和周围的同学有话说了,课堂上越来越积极,学习成绩也提到了班级的中游,眼睛里都有光了!每一个孩子都是祖国的希望,有的孩子就像天使,不需要老师和家长过多督促,而那些有点小问题的孩子就像迷路的天使,他们需要老师和家长的耐心指引,最终也能长成参天大树。

不论是幼龄还是韶华,不论是单纯还是成熟,孩子的心都是柔软的,他们渴望爱,也能敏锐地感受爱。老师的一句话、一个眼神都能让他们的内心震荡。因此,要想让学生信服老师,老师也必须以平等的姿态,用十足的耐心,再本着一颗相信学生的心去教书,去育人,才会得到学生积极的回应!教育之路,道阻且长,我将于悠悠岁月中求知若渴,虚心若愚,不断学习先进的教育教学知识,将"四有"好老师的标准铭记于心,落实于行,赠学生满船星辉,而我也乐于在星辉斑斓里放歌!

从世纪楼到致远楼只有三年

新县高级中学　查新建

百日誓师的鼓声已经敲响，距离高考仅剩一百天了。初春的余寒尚存，我仿佛已经闻到栀子花的味道，紧张备考的气氛弥漫在致远楼每一个角落。今晚的自习课格外安静，只能听见学生奋笔疾书的沙沙声，我站起来，脑海里还回荡着白天学生的热血誓词、领导的谆谆告诫。逝者如斯，三年的时光转瞬即逝，恍然间，发现高考来得这么快。忽然很想对孩子们说些什么，却又实在不忍心打断他们在书山题海中飞梭的思绪。

我在教室里转了一圈，这个我转了无数次圈的教室承载着我和孩子们的梦想，三年的班主任工作，让我和学生们结下了不解的情缘，我在心里默念着每一个学生的名字，回想着这三年来的点点滴滴：叶红艳，你的努力老师都看在眼里，天道酬勤，你一定能在高考中取得好成绩；孙正豪，你的急躁性格一定要收敛一下，要学会与人和睦相处，学会换位思考，对人对事要多一点耐心；徐意明，虽然你的成绩一直很优秀，但是你一定不能放松，行百里者半九十，高考容不得丝毫懈怠；吴小宇，"小宇宙，大能量"，一个有着男孩名字的女孩，你还在怪老师把你名字写错了吗？提起你的名字，还真有一段故事……

那时我初来新县高中，学校安排我接手高一16班，教室在致远楼一楼东边，看着这群稚气未脱的学生，初出茅庐的我满是激情，自信能将他们送进理想的大学。然而，班主任工作的艰辛和细致程度远远超出了我的想象，班主任不仅要关注班级学生的整体成绩，完成学校安排的各项行政任务，还要有一颗敏锐的洞察心，及时发现学生的心理变化，文科班女生居多，女生的心理比较细腻，相比于男生具有较强的隐蔽性，她们很在意每一次考试的排名，很在意老师的每一个眼神，却很少直接表现出来。当时我简单地认为每一次考试结束，只需要将成绩排名，表扬先进、督促后进，就算是完成了成绩分析，然而事情并不是这么简单。

我清晰地记得那是高一下学期的期中考试，那次考试我们班的成绩很不理想，我想不通为什么我每天拼尽全力努力工作，学生的成绩还是不见起色，在这种情绪的影响下，普通的一次班级成绩分析会被我开成了"批斗大会"，为了营造所谓良好的学习氛围，我带着极强的主观性，自主调整了班级座位，并制作了班级座次图。随后的两天，我发现学生安静了很多，看我的眼神也带了几分畏惧。虽然我也曾反思自己的做法是否正确，但我又不断安慰自己"这一切都是为了学生好"，想让学生成绩进步，就必须严厉，只有严师才能出高徒。直到一天晚上，吴小宇拿着座次图来到我的办公室，激动地对我说："老师，我想对你说几句话。"看着她因激动而颤抖的身躯，我赶紧安抚她："有什么事情，慢慢说，不要着急，老师听着呢。""老师，我感觉你没有关注我，你在班级座次图上把我的名字写错了，我叫'吴小宇'，宇宙的'宇'，不是雨水的'雨'，你肯定不记得我了，你都不知道我叫什么……"她话还没有说完，泪水就哗啦啦地流下来……我从来没有想过一个字的失误居然会让学生受到如此大的伤害，加上她哭得厉害，一时我竟然怔住了。回过神来的我赶紧给她道歉："这次是老师的失误，对不起，老师不会再犯同样的错误，相信老师，我时刻都关注着你们……"那晚吴小宇同学说了很多，也哭了很久，我在茫然失措中反而显得木讷。说真的，我从没想过一个名字的错误会让学生受到如此大的伤害，也为此深感自责，原来，在学生眼里，老师对他的看法是那么重要，以至于容不得半点沙子。为了进一步了解吴小宇同学生活学习的情况，我翻看了她近期的成绩单，发现她成绩起伏很大，这次考试更是退步较大。于是，我私下里联系了她的父亲，这一次交流让我知道了关于她的更多事情。原来吴小宇同学患有甲亢，一直在接受治疗，虽然病情不是很严重，但是在高压紧张的环境下容易出现心慌、手抖、烦躁的状况，很小的诱因可能就会让她的内心受到很大的伤害。情绪的不稳定，严重地影响了她的学习，导致她成绩的大幅度波动。她现在正需要老师的关爱、关心、关注呀！

在整理完学生的资料后，我陷入了深刻的反思：只有严厉，真的就能出高徒吗？教育不仅仅是传授知识，更是一项关于"爱"的事业，学生如果在教育中没有感受到爱，又怎么会在以后的人生中爱社会、爱家人、爱自己？教育本就是个长期的过程，为师者只有用无限的耐心、无尽的爱心、无微不至的细心，才能在潜移默化中感化每一个学生的心灵。

  这件事之后，我做了两个改变：其一，重新安排座位，在征求学生意见的基础上，让学生自由组成学习小组，按每个小组的实际情况编排座位。其二，召开班级茶话会，我自费买了一些瓜子、糖果等和同学们共同分享，让学生在会上畅所欲言。那天的茶话会上，很多学生甚至说出来了藏在自己心里很久的小秘密。我发现，原来每个学生的内心都是那么丰富多彩，他们的梦想像蒲公英一样，带着希望的种子在蓝天白云里飞翔。2020年的教师节，学生神秘地把我拉进了教室，说是要给我唱首歌，"开始的开始，我们都是孩子，最后的最后，渴望变成天使……"我知道那首歌叫《北京东路的日子》，是南京外国语学校2010届高三6班毕业生所唱，16班的娃们是想把他们的梦想唱给我听呀！我把这个珍贵的场景拍成视频记录了下来，这是我和孩子们共同的回忆。

  致远楼下自习的铃声把我从回忆拉回现实，如今，这群可爱的娃即将化身"斗士"奔赴高考的战场，作为他们的班主任，唯有长陪伴、勤耕耘，做他们坚实的后盾，才能对得起青春理想，才能不负这份师生情。《北京东路的日子里》里面唱道"从一楼到四楼的距离原来只有三年"，在新县高中的日子里，从世纪楼到致远楼也只有三年，但这三年里我和16班的孩子们发生了很多故事，并且我们的故事还将继续，永不毕业。

极尽琐碎，却浸满美好

周河一贯制学校　郝琳娜

心若向阳，无畏艰难

2018年3月，我结婚了，结束了长达五年的爱情长跑。同时，因为异地，我不得不放弃市里干了五年的国企工作，于当年8月顺利通过特岗考试，成为一名人民教师。作为家里的独生女，虽然远嫁，但能从事教育事业，还是个"铁饭碗"，对我的父母来说也能稍微放心了吧。

本想上班后第一件事就是视频让爸爸妈妈看看我的学校，但走进学校的那一刻，想一想，还是忍住了，暂时还是算了。因为我住的寝室窗户四处漏风，夜夜都有几十只打不完的飞蛾，晒个被子能抖出十几只臭虫，上个厕所需要跑学校一圈才能到，日常的生活用水更是水与沙土的两掺……初入校园的那几日，我低估了我对山里农村生活的承受力。我不得不承认我每天以泪洗面，面对山里那些巴掌那么大的飞蛾，我内心是崩溃的！

记得有一次暑假回焦作，一个朋友对我说："真佩服你，你竟然愿意去农村，愿意在那山疙瘩里待那么久，要是我一定会疯的，不能穿好看的衣服，穿了也没人欣赏。"朋友说的话是有问题的，但是我没出声反驳，因为我坚信：一切都会好起来！

毕竟，这里的人们是那样友善，学生是那样可爱，破旧的操场上有师生最天真的笑容，简陋的教室里不变的是孩子们对知识的向往！

周河大山里的教学经历让我体会到了生活的不易，我深知：所有的经历都会是我们人生中最好的老师。所以面对学生时我更注重以身示范，给他们做好积极向上的榜样！我相信，所有吃过的苦、受过的累，总有一天会变成对生活的嘉奖，幸福都是奋斗出来的！

寓教于乐，快乐创作

我曾看到过这样一段话："教育是种子的事业，它的成功与否需要时间的见证。多年以后，我在学生心中埋下的教育种子能不能开花结果，他们会因为我的教育而变得幸福还是窘迫，这才是最重要的。"

记得有这么一个学生，他画了几条弯曲的线，告诉他的父亲说："看！我画的水母。"父亲看了说："这哪是水母啊？擦了重画，看我给你画一个！"于是一条具备了水母的所有特点的水母出现了。孩子拿来让我评价哪个更好，我当然能看出哪个是学生的画，于是笑着说："这幅（学生的作品）好，你看它们游得多欢快啊！另一个嘛，像个标本，没有生机。"孩子一下子高兴起来，对我说："老师，我爸总说我这是鬼画符，是在浪费纸和笔。"

听后，我一愣，不由得想：是啊，这样的家长应该也不在少数。在美术教学中常有这样的现象：怎么乱画啊？画得不像啊！怎么画得这么小啊？或是根本看不懂学生的画而指责道："你这画的是什么啊？"这些错误言论都会阻碍学生的学习成长。

而我的美术课，尤其是手工制作类的课，我承认是乱的、吵的，有时他们甚至不打报告就离开了座位，但学生们兴趣高涨，学习热情十足。只有真正动起来才会有体验、有创造。学生们情不自禁地找同伴，这正是合作学习的开始，他们在与同伴的合作和对比中得以成长进步。

学不可无友，好的学习伙伴之间可互通有无，取长补短，开阔思路，丰富技能。这时候，学生声音有点大，纪律有点乱，又何妨呢？

学生需要的是引导而不是灌输，学生眼中的世界是丰富多彩的，他们的观察和体悟往往有他们的视角，所以要尊重儿童的人格和个性特点。

心有所属，期待成长

2019年8月23日，我迎来了人生中的小棉袄——自己的宝宝。人们常说，有了孩子，就有了牵挂；有了牵挂，就有了羁绊。身边的人都不约而同地劝我："你都有娃了，就不要去周河上班了，换个地方吧！"

可是，我舍不得！舍不得我的学生，舍不得学校的一切。

由于我校的人员变动较大，我"被迫"临时接受了一个特殊班级的数学教学任务。这样，我就同时带全校的美术、少年宫、党务，还有六年级的数学。

为了能更好地平衡家庭与工作，我采取了最笨的方法——学校家庭两边跑。每天早上六点四十赶到洞口坐破破烂烂的小巴车到学校，夜里再赶最后一班车回县里。有的同事看我天天这么跑，就会说："你天天这么跑，还如此活力充沛，哪儿来的那么多精力？"

我哪儿来的这么多精力？一边是我穷极一生也撑不住的光，一边是渴望星辰大海的眼，岂容我偷懒？

为了更好地教好数学，我天天夜里哄娃睡觉后，就开始挑灯夜战：刷抖音，学段子，把公式、定义总结成通俗易懂的口诀或打油诗；刷试卷，提炼典型例题，培优提升；看国家资源网的视频资源，学教法。第二天一早，回到学校再请教有经验的教师。甚至有时，我会连线焦作那边的同学（也是老师）要焦作市的相关教学试卷和资料，总想着把更多、更好的资源提供给学生，以弥补农村学生信息资源落后的不足。努力就有收获，我们班的数学成绩是我校近几年来最好的。

在教书的过程中，我不单单讲知识，还会讲道理。有一次，我去一个残疾儿童家里回访，这时他的病情恶化了，总是出现自残的行为，总是要待在小桌子底下，他的妈妈被逼无奈就把他绑在了床上，并用小桌子套在他的身上。这个学生，我跟了有两年，突然又成这个样子，我心里也很不是滋味。他的妈妈说："孩子病情突然回到以前了，感觉这十几年白熬了，没有了盼头。"听到这话，我哭了！我感受到了一个母亲的不易与无助，感受了生命的无常。回来后，我就向学生讲述了这个事，想让学生珍惜来之不易的美好时光。谁知道，当我说到他被妈妈绑在了床上并用小桌子套在身上时，学生笑了。那一刻，我怒了！但是我也很快冷静下来，我觉得我很有必要和学生们探讨一下生命与尊重的话题——因为生命不是玩笑。于是，我给他们播放了视频资料，通过直观的感受让学生学会尊重他人，学会尊重生命。

不一样的教育，一样的坚守

我的教育之路还很长，我的教育成长历程是平凡的、艰辛的，但是成功的喜悦是甜蜜的。我依然愿坚守三尺讲台，用自己全部的爱与心血去浇灌每一朵花，坚守我平凡但又不凡的教育之路。

教学相长，修身正己

新县特殊教育学校　郑桂云

教育的本质，在于助人成长，不仅学生需要成长，老师也需要在工作中积淀成长，因此，教育路，也是教师自身的修行路。在教书育人的修行路上，我们是教育者，但在班主任工作的道路上，我们是学习者，而我们学习的"教材"，就是那一个个性格迥异的学生，是那一个个稀奇古怪的班级故事。今天，我给大家讲一个发生在上学期的班级小故事。

那天晚上快九点的时候，一个家长在电话里焦急地告诉我，他的孩子到现在还没回来。我内心在埋怨这位家长粗心大意的同时，第一时间在班级群里询问其他家长，几经周折，最终在热心家长的帮助下，我们在韩同学家里找到了这位没有按时回家的余同学。相信每一位班主任，对放学不回家的孩子都是既担心又害怕，因为学生一旦因没有按时回家而发生任何安全事故，家长、社会都会不自觉地把老师、学校推到风口浪尖。于是，第二天，我特意针对放学不按时回家这个问题开了一个非常严肃的班会。然而，就在当天夜晚，又是这位家长打电话跟我说，孩子又没回来。听完这句话，我心里一股邪火儿噌的一下就上来了，心想：这如果是我自己的孩子，看我不得狠狠教育教育！然而，这不是自己的孩子，如今首要的任务是先找到这位学生。有了昨天的经验，我这次直接给韩同学的家长打了个电话，在外地的韩同学爸爸听到这个孩子又有可能去他家了，他也又急又气，但由于韩同学独自在家，她爸爸没办法直接联系到她，同时我特别好奇这个屡教不改的孩子是出于什么目的"顶风作案"的，因此，我跟余同学的妈妈一起，计划将余同学"抓捕归案"。

按照韩同学家长发过来的详细地址，就着一肚子火裹着的满肚子好奇，我敲响了韩同学家的门，然而，余同学并不在她家。我边下楼边回想，会不会是自己在白天的班会上太严肃了，让她有了逆反心理？这时候，校长打电话告知，余同学是被一家别墅的主人"扣押"了。原来，放学回家的路上，余同学和韩同学看到路边别墅里的石榴十分诱人，她们就想摘别人家的石榴，但是离得太远够不着，于是胆子大的韩同学就让余同学望风，她准备翻别墅的院墙。就在这个时候，别墅的主人回来了，韩同学反应较快，从近两米高的院墙上跳下来立马窜得没影儿了，这个望风的余同学被别墅的主人逮住了。我们到处找孩子的这个把小时里，余同学被留在别墅的院子接受盘问。这件事的来龙去脉，坐在车里的家长透过我的电话听得真真切切，除了唉声叹气，她一句话都没说。返回的路上我嘱咐家长，我们不知道刚才孩子经历了什么，所以一会儿回到家不要急于批评她，先问清楚情况。

看到已经回到家的余同学，确认她只是被言语批评之后，我跟她妈妈努力心平气和地问清事情的来龙去脉，一问才发现，问题比我想的严重得多。一开始当我得知她们是摘石榴被抓住的时候，想着是小孩子贪吃，跟我们小时候在放学路上偷摘别人家的莲蓬没什么区别，无非就是被抓个正着，有点儿尴尬而已。可是一聊才知道，在这之前，她们随手摘了张家的柿子，又顺手摘了李家的石榴，断断续续好几次，而这次，居然是提前"踩点"了好几天，观察这家可能没有人，韩同学才这么大胆地翻院墙摘石榴。这让我意识到，她们这种行为，刚开始是小孩子的天真、淘气，但是几次下来，尝到了甜头，便到了翻人家院墙的地步，这次是石榴，下次会是什么呢？必须就这个机会让她们意识到自己的错误。余同学说，因为韩同学逃跑了，别墅主人非常生气，让韩同学必须来给他们承认错误，不然就会找到学校里去。我想，这可能就是一个让她们意识到自己错误的机会。

当晚，我将情况反馈给两家家长，家长对孩子犯这样的错误感觉非常痛心，余同学的爸爸立刻就从光山赶回来，韩同学的爸爸人在外地，不能及时返回，在电话中跟我沟通了很久。每一个孩子犯错的背后，都有很多隐形的原因，家长陪伴和理解的缺失，学校道德教育的缺位，孩子自身品德修养的欠缺，每一方都要从自身去反思。家长意识到这次错误背后隐藏的可能的后果，想借这个机会让孩子在承担后果的过程中真正认识到自己的错误。作为班主任，我在这件事上能做的，就是承担我自己的教育责任。考虑到我们是社区型学校，这类事情如果处理不当，我们学校的声誉肯定会受影响，所以，第二天，我带着这两个学生去登门道歉。两个孩子郑重地跟别墅的爷爷奶奶道歉，那位奶奶也是郑重其事地解释，为什么一定要求她们亲自来道歉："我知道，这些事，学校老师肯定教你们了，家长也教你们了，现在犯了错就要勇于承认。这么高的院墙，你要是摔坏了，算谁的责任？你们还小，要知道这种事不能做，做了就是一生的污点，如果你们再大点，或者你们是男孩子，我一定会找到你们的家长，找到你们的学校。现在我让你们来我家里道歉，是顾及你们的面子。你们虽然年龄小，但是错误的性质同样严重，从法律上讲，你翻到我家，哪怕是摘个石榴，也算是入室盗窃……"奶奶的话平实又有力量，我第一次感受到家庭教育、学校教育、社会教育三位一体的意义，社会教育能坚实有力地填补家庭教育和学校教育的缺憾。最后，两位老人摘下两个石榴，和善地递给两个孩子："以后想吃了，就喊句爷爷奶奶，说想吃个石榴，我肯定会摘给你，多简单的事呀！"然后嘱咐我不要在班里公开批评她们，虽然是一件错事，但是能来道歉，就够了，孩子大了，要顾及她们的面子。我发自内心地感谢他们能替孩子着想。

回学校的路上，我告诉她们："你们犯错了，老师、家长，还有这家的爷爷奶奶，之所以都想让你们去道歉，最主要的是希望通过这种形式，让你们懂得，有些错误是不能犯的，当然，对你们来说，这种错误，发现得越早，越是一件幸运的事，如果等你们再大一点，或者犯的错误更严重一点才发现，那性质可能就非常恶劣了。"为了保密，我让她们将这两个石榴存放在我这里，这件事就这样悄无声息地解决了，看着这两个石榴，我不知道这两个孩子能不能品尝出其他的味道。

这件事过后不久，余同学在一篇题为《我想变成妈妈》的作文中提到，她误认为妈妈有了弟弟后并不会在乎她是否按时回家，所以才会毫无顾忌地在同学家待着不回去，现在她意识到自己对妈妈有误解，懂得了妈妈的不容易。我忍不住将作文分享给她的家长，那一刻，我觉得教育最大的成就感，就是看到孩子这样清晰可见的成长。

我的班级管理理念都投射在我的班级故事里，我不知道我的理念是否正确，但每一个故事，都是我探索与成长的素材，每一个班级故事背后，教育的是学生，但考验的是老师。只有看准每一个班级故事背后的教育契机，才能又稳又准地释放教育的力量，鞭策学生一步步走向真善美。

教育本身就是一场修行，在今后的班主任工作中，在自我修身的漫漫长路上，我还需要跟着孩子们的脚步，教学相长，修身正己！

教育，从爱开始

新县职业高中　易文静

二十一年前，十八岁的我怀揣着美丽的梦想，踏上了教书育人这条充满希望的阳光之旅。漫漫长路，一走就是二十一年。其中，虽有山重水复疑无路的困惑，但更多的是柳暗花明又一村的惊喜。二十一年的辛勤耕耘，二十一年的默默守望，使我深深地爱上了教师这个平凡而伟大的职业。回首往事，当记忆的闸门被打开之后，这一路走来的点点滴滴，都如潮水般涌上心头……

教育家陶行知先生说过："没有爱，就没有教育。"还记得自己刚踏上讲台时，班上有这样一位学生，他性格孤僻，沉默寡言，不和同学玩耍，上课时从来不回答问题。他的反常表现，让我对他多了一份关注。通过多方打听，我才知道，原来在一场突如其来的车祸中，他失去了挚爱的妈妈。可怜的孩子，这么小的年纪，如何能承受这样巨大的悲痛与变故呢？我暗暗下决心，要用自己的爱，带他从丧母之痛中走出来！在学校里，只要我一有空，就找他谈心，带着他一起，跟同学们跳绳、做游戏，帮他借书，给他辅导功课。慢慢地，他的成绩有了提高，人也变得活泼开朗起来，也和同学们一起玩耍了。有一次我感冒了，声音嘶哑，说不出话来，他不知从哪里给我找来一盒润喉片，悄悄地放在我的办公桌上。我万万没有想到，我为学生做的一点点小事，竟然能够让他懂得去爱别人，原来爱是可以传递的！踏上这三尺讲台，也就意味着踏上了艰辛而漫长的育人之旅。然而，有了师爱，便有了一切！平时遇到有的学生不舒服，我就走到他身边，耐心询问；遇到同学值日不认真，我就拿起扫帚和他一起打扫；看到有学生进步了，我就会送上一句鼓励的话语……在我看来，爱学生是教育的开始。

2006年9月,我来到新县职业高中,工作环境变了,教学对象也变了,但我对工作的热情没有减,对学生的爱没有变。古语有云:"家有半斗粮,不当孩子王。"这句话真是说尽了老师的无奈与辛酸。在职高,闻鸡起舞属于老师,通宵达旦属于老师,循循善诱属于老师,语重心长、苦口婆心都属于老师。很多时候,一家一个孩子尚且难倒了不少父母,更何况一个金枝玉叶和混世魔王集合的班级?职高的老师又不是如来佛祖,想要教育好他们,谈何容易?

新学期开始,学校就安排我当高一7班班主任,外加带两个班的语文课。我记得当时班上有个学生叫小伟,家里条件优越,从小养成了我行我素、无拘无束的习惯。他起初的不良表现为逃学,为了纠正他,我采取了"看"和"管"两种办法。"看"即家长把他送到学校我就开始看,交代任课教师和班干部上课期间不能以任何理由把他放出去,并且我经常到教室外查看,下课后我站在学校门口防止他出去。然后利用课余时间对他进行"管",即说服教育。经过严密的"看"和苦口婆心的"管",终于他答应不再逃学了。可是,接下来,他又把精力从逃学转到了课堂捣乱上,做小动作、睡觉,影响周围同学学习。面对这种情况,我无数次对自己说:"我一定要尝试多种教育方法,让他成为更好的自己。"于是我主动和他谈心,给他写信,鼓励他,表扬他能战胜自己回到课堂。几个月过去了,他的学习态度端正了,对老师和同学的态度温和了,并且开始找同学补课了,就这样,每天进步一点点的他,高考时,终于考上了梦寐以求的大学。有一次,他在给我的一封来信中这样写道:"易老师,千言万语我不知从何说起,只能说:感谢您!如果没有您,我不可能坐在大学的教室里,您是我人生中遇到的最好的贵人!"那一刻,我真正体会到,为人师者,还有什么比看到自己的学生通过努力,终于学有所成更满足更幸福的呢?

二十一年里,类似的事情还有很多很多,我也慢慢懂得了,这种并不张扬的对学生的爱,就如同春雨一样,润物细无声。记得有一次晚自习,我和平常一样,在教室里辅导学生。因为天气炎热,有些学生显得心神不宁,连平时一直表现很好的吴同学,也在神游物外。看到这种状况后,我没有说一句话,只是静静走到他身边,把一篇名为《18年后,我终于可以和你一起喝咖啡》的励志文章放在他桌子上,他疑惑地看了我一眼,然后一口气读完了这篇文章。下课后,他主动找到我,动情地说了一句话:"老师,你放心吧,我会用行动证明给你看的！"从那以后，他学习更积极主动，做事更踏实认真，功夫不负有心人，高中毕业，他终于如愿以偿地考上了理想的大学。十多年来，每年春节，我都会接到他打来的电话："老师，你还好吗？我大学毕业了！""老师，我已经在一家不错的公司找到适合自己的职位了！""老师，我今年就要结婚了！""老师，我准备自己创业了！"……而每次电话里，他总是说，若没有当年我的那篇文章的激励，他不可能在学习上坚持下去。十多年来，这种亦师亦友的情感，就像一坛陈年老酒，封存在岁月里，历久弥香。作家冰心曾说："有了爱，便有了一切，有了爱，才有教育的先机。"这种爱，它可以是高考期间，我给学生端来的一锅热腾腾的饺子；它可以是学生焦虑迷茫时，我送给他的一个大大的拥抱；它可以是学生生病时，我递给他的一盒药、一杯水……还有一段话，曾无数次激励着我："爱在左，责任在右，走在生命之路的两旁，随时撒种，随时开花，将这一路长途点缀得花香弥漫，使穿枝拂叶的莘莘学子，踏着荆棘，不觉得痛苦，有泪可流，却觉得幸福。"

　　一分耕耘，一分收获。在与学生的朝夕相处中，我一直用这种默默无闻的爱，赢得了学生的喜爱和尊重。时光飞逝，岁月匆匆，衣带渐宽终不悔，为伊消得人憔悴！无论何时，我都要做一个眼里有光、心中有爱的老师。因为真正的教育，必定是源于爱！未来的路还很长，我唯有不断学习，不断成长，才能更好地讲述属于自己的教育故事，做一个问心无愧的好老师！

梦想之路，坚定地走

陡山河乡中心学校　汪晓玲

梦想与坚守

我只是一粒石子，愿成为这教师道路上的一块铺路石，"献身大道跨长空，烈日冰霜伴夏冬"，静静躺在泥土里，默默守护这片纯真的净土。

2014年9月，我揣着一个小小的梦想，毅然地来到陡山河乡中心学校，成为一名质朴的人民教师。学校只有两座教学楼，剩下的就是一排排瓦房和空荡荡的操场。时光飞逝，斗转星移。八年了，一路风浪，一路荆棘，我见证了这所学校所有的时光印记。如今，一座综合楼、一座学生宿舍楼、一座食堂岿然立在那里，似乎在诉说，学校硬件设施更新换代、日新月异，新老教师来来去去，你还依旧在这里坚守。

不计辛勤一砚寒！几年来我一直驻守在中心校毕业班，其间还坚持在村小支教两年。我热爱这份教育事业，将三尺讲台看作是施展人生才智的大舞台，将自己全部的智慧和心血融入教学中去。我耐心地教导孩子们，所带的班级成绩优异，受到了家长、学校的一致好评。但我要的不是那份夸奖、那份荣誉，我只是坚守最初的梦想，因为教书育人是我毕生所求，我要将这份信仰之心、敬畏之心、仁爱之心深深地刻在这片土地上。

爱与责任

带毕业班的这几年，我真真切切地走进学生中。我会操心、害怕、欣喜、珍惜。操心学生在学校过得怎么样，害怕他们会受伤，欣喜他们的每一次小进步，珍惜毕业前最后的时光。这群孩子就像我自己的孩子，教书育人，责无旁贷，但爱与责任更是我肩上之物。

我所带班级有一位胡学生，他性格内向，平时少言寡语。开学初，爷爷奶奶接连替他请病假，我敏锐地察觉出一丝丝不正常。为什么每次都是早晨肚子疼，每次爷爷奶奶还替他请假？带着丝丝疑惑，我四处调查打听。当天，主任和我一起去胡同学家了解情况，并耐心劝导。但是胡同学并没有因为我们的走访而有太多的改变。我调查排除了所有可能促使他不上学的动机：他在学校没有受到欺负和排挤，老师也没有因为他学习基础差而忽视他，且安排了一个优等生帮助他，还鼓励他管理班级的图书角。然而他请病假不上学这件事就像一局死棋，让我一度束手无策。我尝试了最后一个方法，我几乎每天都会主动和他父母聊天。我给他妈妈说："孩子这么小，不管成绩如何，我不希望他这么早放弃自己，而我们班也不会放弃他。"同时不停地劝说他的爸爸妈妈有一个人能回来陪读，也许他什么都不缺，只是缺少爸妈的陪伴。他爸爸妈妈显得很犹豫，孩子学习差似乎不值得他们放弃现有的工作。但我一直坚持和他爸爸妈妈沟通回来陪读这件事，终于他妈妈回来了。他们很感激我，说我这个老师比他们当父母的还操心负责。胡同学在妈妈回来后再也没有请过假，在学校也回归正常，并能认真听课交作业了。

事后有人说，像他这样语数外三门都是十几分的学生，如果不上学不正好有利于提高毕业班的平均分吗？我想：作为班主任，我肯定做不到放任不管。他年龄小，看不清以后的路的艰险。而我们老师教书育人，不能因眼前利益而装作看不见。对于学生，成绩固然重要，但对于学生的爱与责任更为重要。爱与责任是师德永远的灵魂！

2019年10月14日早晨，我班的叶同学家里着火了，家里所有的一切都被大火吞噬干净。当天下午，学校领导和我送他回家，在半路碰见了他那悲痛欲绝的妈妈，那是一个年过半百、历经沧桑的妇女。我们跟着她回到那个家，满目疮痍，狼藉一片，没有半点生活的气息，只留下无尽的灰烬和令人窒息的气息。火吞噬了他的家，更吞噬了他们对生活的希望。叶同学当场号啕大哭。作为他的班主任，我很心痛，也很担心他的承受能力。他虽照常上学，但似乎没了往日的活力。我知道那是因为他对生活充满了担忧。我也很着急，每天都会询问他的状况，住在哪里，需要什么帮助。我尽自己的微薄之力，给他买了书包和文具。在课堂上，多提问他，多表扬他。课下，帮助他纠正练习册。同时和任课教师沟通，让他们都多关注他。虽然，他暂时寄居在亲戚家，但我希望尽自己的努力，让他从进学校那一刻，就感受到集体的温暖，重拾信心，让学校温暖的时光暂时冲淡生活的苦难。大火无情，人有情。学校是他温暖的港湾，他也会慢慢强大，重新面对困难。

小力量、大爱心

在疫情肆虐之际，有一群人始终奋战在防疫抗疫第一线，用青春诠释责任与担当。他们始终坚守在各自岗位上，披星戴月，用他们的实际行动守护着这个乡村。他们就是青年志愿者。今年1月份，我时刻不忘自己共产党员的责任，积极加入志愿者行列，参加村街疫情防控志愿服务行动，肩负起村街繁重的走访排查、疫情检查站执勤等工作。我驻扎在小区入口，给进入小区的人员查体温、扫码登记，并提醒他们戴口罩，为社区安全工作贡献自己的力量。在全乡核酸采样活动中，出工出力，协助登记信息，维护现场秩序。用实际行动兑现自己对党的诺言，充分发挥党员的先锋模范作用，为陡山河乡疫情防控做出一份贡献。

疫情当前，人人有责。有一分热，发一分光；多一个铃铛，多一声响；多一支蜡烛，多一分光亮。我只是其中一分子，千千万万个我们加入，这场战役必将胜利。孔子说："其身正，不令而行。其身不正，虽令不从。"有时候想，我们师者除了传道授业，更应身正为范，做学生的表率，做他们的旗帜。"随风潜入夜，润物细无声。"

教学之路，道阻且长。教学之路是一场修行之路，我们要用超强的毅力去坚守，用博爱的心去培育，并完成自我的一次又一次的蜕变。

我期待未来有这样一群教师：他们眼里有光、心中有爱，独具慧眼，能耐心地培育每一朵含苞待放的花。多少个黎明，牵着朝霞做伴；多少个黄昏，踏着晚霞回还。他们慢慢守候，静待花开。他们的学生也热爱学习，积极探索，崇尚"亲其师，信其道"的真谛，共同探索这场生命之旅！

牵着蜗牛散步

吴陈河镇中心学校 彭冰

"掌万家灯火为江山生色，看一派光明让日月增辉。"小时候常听到颂党诗歌，那时只觉得党好伟大。如今，我也成了一名共产党员，从事着为党育人、为国育才的事业，骄傲又自豪。秉着不忘初心、牢记使命的理念，我坚定地耕耘在三尺讲台上，虽撸起袖子加油干的时间只有两年多，但一路走来，我和孩子们共同成长的点滴深深地印在了我的脑海里，如今我也成了一个有温暖故事的教书人。

慢一点，我与你并肩同在

孩子是慢慢成长的，教育孩子就像牵着蜗牛在散步，我们都在这个过程中得到淬炼。2021年秋，学校安排我当五年级一班班主任。开学的前一天我布置好了教室，那一晚我在脑海里预设了很多和学生们初次见面的场景，结果——我失眠了，但第二天还是早早地来班里迎接孩子，最终我们的初见以他们并不殷勤、我并不热情结束。

接下来，"领头羊"体验正式开始——

课堂是教学的主阵地。在教学方面，我要求他们课没预习好，不进课堂，重点留痕，组长验收，学会自制学具，每节课预备时间要备好上课资料；课上听讲要用心，每节课要经历思、探、说、述的过程；课后作业要先思考，无论是课堂作业还是家庭作业，要重视数学思维训练。我们就这样一起慢慢地坚持下来了，现在我们的课堂活动配合得更好了，学生的学习习惯更上一层楼了，也涌现出一些能说会道的教学小帮手，一些后进生在这种慢节奏中也逐渐进步。比如我班有两个腼腆的孩子，我再也没有看到上课垂下头的他们，看到的是他们笃定的眼神、自信举起的小手、阳光可爱的笑容。

没有规矩不成方圆。在班级管理方面，我采取了小组竞争机制，将孩子们根据学习效能、个人潜力、班级号召力、性格等方面分成四个小组，每个成员都承担小组职责，实行组间公平竞争、组内结对帮扶共奋进的机制，将学习、作业、卫生、安全纳入小组评比标准中，让每个人的各项行为表现在评比中得到直观展示，两周一评比，在班会课上进行表彰总结并颁发小奖品。奖品虽小，但在这个过程中我发现孩子们的集体责任意识更强了，比如每次大扫除，大家都很自觉地各司其职。而原本有些调皮的孩子为了展现自我价值，也开始有变化了。如我班那位贪玩的大男孩，刚开学的时候他上课不爱发言，课后不爱写作业，现在作业质量好了，上课能听见他的声音了，也能看到他高高举起的小手了。

慢慢即漫漫，孩子们的良好习惯在逐渐养成，我们都在这个过程中提升了自己的内涵。

慢一点，成长只有一次

孩子的成长是不可逆的，能参与他们的成长，是难能可贵的；能陪伴他们进步，是弥足珍贵的。所以，我也给自己立了小目标——要钻进这只蜗牛大队与他们一起集体成长一次。大大小小的班级活动我都认真筹划，和孩子们一起参与。比如，班级的手抄报、黑板报，有我们共同勾勒的线条；班级文艺比赛，孩子的表演服装上有我拙劣的缝补针脚，孩子的表演妆容是我精心打扮的……最想说的是运动会，为了让每个孩子都收获甜甜的回忆，我们从班级口号开始下功夫，在我的动员下，每个孩子拿来了纸箱子，我们一起制作班级口号牌，看着入场式结束时朝我走来的孩子们，我欣慰地笑了；活动中大家各司其职，运动员在奋力拼搏，后勤部队穿梭在各个赛点传送信息，为参赛选手服务，还有那一个个蹲在阳光下认真写播报稿的身影。看着大家顾不上休息写的一沓沓没机会播的稿子，看到孩子们纯真的笑脸，那一刻，我的眼睛湿润了，我才发现我们都和初次见面的时候不一样了，他们会对我笑了，会来黏我了，他们看我的眼神里有光了，我也不再是他们作文里那个从来不笑的数学老师了，在这段时光里，我们都在茁壮成长。

还想说的是那位英气的女孩，我们第一次交流是学生告诉我她不愿意吃饭，我放下碗筷来到教室，她溜圆的大眼睛瞪着我，仿佛在跟我示威，当时我真是极尽耐心温柔,但那次结果是我俩都没吃成饭。后来,我就总关注、接触她,可她就像泥鳅一样,每次我一靠近她,她就嗖的一下往后缩,通过了解才知道那是她受爸爸的拷打而留下的后遗症,那一刻我非常震惊。于是我平时便交给她一些任务,她做得都很出色,了解到她有体育特长,便给她在运动场上发光的机会,当我们给她喝彩加油时,我从她不善表达的脸上看到了纯粹的幸福。最让我难忘的是那次她玩乒乓球时不小心砸到同学的眼睛,我们刚开始沟通时她不吭声,我趁着大家都去上体育课开始慢慢对她说:"如果因为今天的班级安全事故我需要叫你的家长过来,你会得到什么结果?"她的话匣子瞬间被我这个问题打开了。我俩说了很多的话,我给她擦了伤心的泪水,也给我自己擦了心疼的眼泪。这次的交流成功地融化了她冰冷的心,从那以后,见到我她也会灿烂地笑,上课会认真听讲,有时还会互动。与她相处的这段经历让我想起了那句话——"教好别人都喜欢的孩子,说明你是个好人;教好别人不喜欢的孩子,说明你是个特别的人。"我也深知我还没有能力给她太多,还不足以让她特别,也不足以让我特别,但她前进的路上我给了她目光,给了她温暖,我想这应该是她成长中特别想得到的吧!

慢慢即漫漫,在这个过程中我们都有了一段不可复制的或珍贵或温暖或有光的成长经历,身为教育者,我们应该也更有义务去陪他们慢慢走好这段虽时光不长却对他们意义非凡的岁月。

"风正帆悬两岸阔,争先奋进正当时。"身为一名青年教师,生在新中国,长在红旗下,沐浴着党的光辉,接受党的洗礼,能让理想照进现实,何其幸福!我将继续践行自己面对党旗说出的每一句誓言,让青春在慢慢播种中延展宽度,彰显深度!

让青春之花盛放在大别山间

新县宏桥小学　孔文芳

很长一段时间以来，我一直被一个群体深深地感动着，他们质朴、智慧、至诚的形象让我的内心久久无法平静，不禁从心底油然升腾起十二分的敬意与满满的幸福感，敬重的是他们的品德素养，幸福感则源于自己也是其中的一分子。

立志而圣则圣矣，立志而贤则贤矣

（1930年，新县列宁小学）九十二年前，那时还没有我，后来的后来，听爷爷说起列宁小学始建于清朝同治年间，原为吴氏宗祠，后设一所私塾，再后来随着农民运动日益兴起，这里被吴焕先等革命先驱改为中山小学，及至1930年被改为列宁小学，而后沿用至今。时至今日，儿时的大多记忆已经模糊，但坐在爷爷腿上一边拂拭着他衣袋上的党徽，一边缠着他讲述"红田惨案"的场景却历久弥新。

唯有热爱，可抵岁月漫长。教育的初衷与归宿，都源于一份诚挚的爱。曾经，我遇到过这样一个学生，他不爱跟人说话，自律性差，脾气还倔，总沉浸在自己的世界里。每一节课我都尝试用眼神鼓励去敲击他的世界，但回应我的只有无尽的沉默和茫然无措的眼神。一次课间，有学生告诉我他在水龙头下面洗澡。我赶到时，他已全身湿透站在冬日教室外的走廊上，我询问缘由，他答道："今天出太阳了，我想让太阳把衣服晒干。"我既心酸又无奈，赶紧找来衣服给他换上。朗读时，我会走到他身边，低身询问他的感受，让他能够心安。慢慢地，孩子不再那么暴戾了，只是依旧有些孤僻。一次偶然的机会，我看到他在纸上涂鸦，还有模有样。几经波折，我鼓励他加入学校的美术社团。忽然一天，他像只小珍珠鸟一样撞到我眼前，支支吾吾地说出了这个好消息。我兴奋得差点儿喊出声来。后来，他经常拿着"新作"给我看，每当他有了一点点小小的进步，我都会给他一个大大的拥抱。他则骄傲地抿嘴一笑，那个笑容胜过冬日的暖阳，让我一生难忘。偏爱一个聪明的孩子太容易，持续关注一个特殊的孩子才是对老师极大的挑战。我相信，在未来，这个孩子还会站在更大的舞台，散发出更耀眼的光芒。我相信，在未来，还有更多的教育人会汇聚磅礴的力量，托起明天的太阳。

士不可以不弘毅，任重而道远

历史和现实告诉我们，青年一代有理想、有担当，国家就有前途，民族就有希望，实现我们的发展目标就有源源不断的强大力量。

（2012年，新县泗店乡中心校）十年前，彼时的我，还是一名初出象牙塔的师范生，怀揣着"到祖国最需要的地方去"的一腔豪情，我回到了生我养我的家乡新县，走进了孩提时的那所校园，踏上了曾经无数次幻想过的那方讲台。那时的我胸前没有党徽，心中没有底气，工作没有经验，好像除了一腔热血，其他什么都没有……

后来，我们有了新的教学模式，有了新的课堂导入，有了名副其实的体育、音乐、美术、计算机课程，我们也有了不同以往的师生关系。

（2017年，新县宏桥小学）五年前，彼时的我，刚刚转移到一个崭新的战场——一所规模更大、学生更多、压力更大的学校。第一天正式上班，赶上例行的升国旗仪式，望着黑压压一片的学生，我真的感受到了压力和责任，因为我知道那是无数个家庭的希望所在。看着孩子们脖子上的红领巾，再看看徐徐而升的国旗，不知不觉间一股暖流自心底漫延开来……

除此以外，随之而来的还有经典诵读、线上教学、综合实践、亲近母语、空中课堂等不曾有过的探索和琢磨，以及省级骨干教师、市级学科带头人、优秀班主任、文明教师等一系列荣誉与肯定。

（2019年，鄂豫皖苏区首府革命博物馆）四年前，彼时的我，正站在汹涌的人潮中，目光所及之处，满眼都是习近平总书记同烈士家属交谈的场景，"鄂豫皖苏区是我们党的重要建党基地""大别山精神是我们党的宝贵精神财富""要把革命老区建设得更好，让老区人民过上更好生活"，这些殷殷嘱托，至今回荡在耳畔，也被践行在日常的教育教学工作中。

"课没备好,不进教室"主题活动,让我们在教学技能上得到提升;"清澈的爱,只为中国"主题班会,让我们在爱国情怀上得到升华;"讲述班级故事,分享育人智慧"班主任成长论坛,让我们在班级管理上实现突破……

长风破浪会有时,直挂云帆济沧海

一代人有一代人的历史际遇,青春不只是人生的一段时期,更是心灵的一种状态,只要你有诗、有远方,就还有青春,因为青春,是一段无关年纪的旅程!

(2022年,鄂豫皖苏区首府烈士陵园)巍巍大别山云岭千重,清清小潢河烟波荡漾。站在中国共产党成立100周年的历史新起点,面对静静伫立的英烈墙,凝望胸前熠熠闪烁的党徽,回望坎坷起伏的来时路,在光与影、血与火的交错时空里,你的耳边是否再一次情不自禁地回荡起那句铮铮誓言:"我志愿加入中国共产党……"

2022年是党的二十大召开之年,注定又是极不平凡的一年。在以后的工作中,我会更加深入地认识"伟大出自平凡,英雄来自人民",大力弘扬大别山精神,在平凡岗位上续写不平凡的故事,为实现老区"两个更好"、中原更加出彩奉献自己的青春和力量。

师爱与责任同行

八里畈镇中心学校　陈芸波

师爱是阳光,它可以把冰融化;师爱是神指,它可以点石成金;师爱是雨露,它可以浇灌、滋润、感化孩子们稚嫩的心灵。三年前,我怀着对教师的崇拜、对教育事业的憧憬与热爱,通过特岗教师招聘考试,被分配到八里畈镇中心学校任教。在过去的两年里,我一直担任毕业班班主任及语文教学工作,带毕业班压力大、任务重,但是这两年我感受更多的是自己的成长。

刚到八里畈镇中心学校时,因为之前有代课的工作经历,我上手很快。不过我发现农村小学的孩子与我之前遇到的城里孩子有很大的不同,他们更加活泼、顽皮,而对学习却缺乏兴趣。家长也都忙于生计,没时间管孩子,更不用说班里大半是留守儿童,他们不仅缺乏管教,而且缺乏关爱。而我的事业,就是给孩子们爱,我决定从一点一滴做起,试着去关心他们,让他们体会到老师的关爱。谈到师爱,那就得从我的班级故事说起。

有一天午休,刘同学因为胆小不敢跟值班老师说想去厕所,结果尿裤子了。直到班长来报告我才知道,于是我送她回家换了干净的衣服。返回的路上,我看到她因为羞愧低着头闷闷不乐,我便轻轻摸着她的头安慰她,告诉她在学校里,老师就是她的依靠,无论有任何事都不要害怕,及时跟老师说,老师一定会帮忙的。在我的劝慰下,刘同学终于心情好转。从那以后,这个小丫头开朗多了,经常来找我谈心。看着这个孩子不再像从来那样怯怯懦懦的,我由衷地替她感到高兴。孩子们的成长从来不只是知识的增长,更重要的是性格的塑造,而性格的塑造需要家长和老师适时的关爱。这种关爱就像一点火花,能点燃孩子们心中的热情。

我本是一个极平常的人,因为做了教师,我的人生才有了不平常的意义。

我也是在农村长大的孩子，但相比这些孩子，我在小时候得到了父母更多的关爱，所以我更能体会到这些孩子缺爱的心声。一位教育家说："教师是学生人生道路上的领航人。"我牢牢记住了这句话，并时刻提醒自己，要努力教育学生成为一个高尚的有道德的人。班里有个女孩，因为与母亲闹了一点小矛盾，竟然将母亲反锁于家里。直到她母亲打电话给我，我才带着她回家去开门。开门之后，她的母亲一时气急扬手就要打她，我把她护在身后，劝她母亲冷静，碍于老师在场她母亲这才作罢，一时之间她们两人泪眼婆娑。我便让她们分开，先跟她母亲了解情况，开导她，告诉她孩子大了，不能像小时候那样，凡事只是命令，更应该去跟孩子商量，要照顾孩子的自尊心，不能简单粗暴，尤其是女孩子心思细腻，做母亲的更要细心呵护。她母亲连连点头，认识到了自己在管教孩子上的错误。我又劝女孩说，母亲很不容易，她想好好管孩子，奈何天天又忙又累，没有精力去细说，做子女的应该多体谅父母，帮父母分担生活的重担。好在女孩是个懂事的孩子，听了我的劝导之后，主动跟母亲道歉。看到母女俩解开疙瘩，不再有嫌隙，我感到农村教育的细碎与艰难。父母与孩子间，总还是爱在前，责任在后，但往往因为双方都不懂得表达自己，反而容易造成一些无法弥补的缺憾。这也让我更加深刻地认识到，班主任工作不只是教学，更是陪伴与关爱，需要的是细心与坚守、沟通与理解！

转眼我当班主任已经有两年了，在这两年里我感觉到了自己的蜕变，不仅仅有刚开始被认可的欣喜，更有成为班级"大家长"这个角色的欣慰。这两年既有艰辛，又收获累累硕果。我所带的毕业班取得了优异的成绩，我个人的班级管理能力也得到了校领导的认可与好评，我的不懈努力也获得了一定的荣誉，这些荣誉肯定了我的付出，也让我更加坚定。作为一名教师，我要以爱为名，用心体会，用责任充实我的教育生涯，让师爱与责任携手同行，不负"特岗"之称，尽职守护，踏踏实实地为农村教育贡献自己的力量。

桃李芬芳为师路，静守初心从容行

新县城关第一小学　李桂兰

人生真正的美，不是姹紫嫣红，也不是万水千山，而是静守初心，从容前行。

宁心静气，不忘初心

"从城市到乡村，只需要一张普通的车票，而对于农村孩子，从农村到城市，则需要无数个老师给他们带去更优质的教育，助力他们走上人生快车道。"二十多年前我从师范院校毕业，回到了生我养我的新县。成为一名无怨无悔的教育者，则源于我学生时代的教师梦——当一名爱孩子的好老师。

回顾自己受教育的经历，在恩师们的影响下，我深切地感受到大山里的孩子想要走出大山、考上大学是多么艰难，而大山里的老师就是孩子们的引路人。我在师范院校求学时，就暗暗下定决心，要努力学习并将获取的优秀教学资源带回家乡，让家乡的孩子开阔视野，增长见识，成为"眼中有光、心中有爱、脚下有路"的人。如今我已站在三尺讲台二十多年，我尽我所能，让更多孩子走出大山；我以爱为源，陪伴山区的孩子成长，并将这份爱一直传递下去……

脚踏实地，回归真心

三尺讲台，粉墨耕耘；春蚕烛光，润物无声。转眼间已经过了二十多个春秋，从教以来，我一直担任班主任及小学语文教学工作，虽然任务重、压力大，但是我干劲儿十足。农村孩子底子薄、基础差，很多孩子的父母常年在外打工，使得这些孩子的学习习惯和生活习惯非常差，课堂上睡觉、捣乱是常有的事。

这时我总会听到学生好心的劝告："老师，别的老师都不管他，你也不要管好了。"而我每次都说："不行，我不是别的老师，我要管。"身为人师的这颗心告诉我：不能放弃。每一朵花都有盛开的理由，每一片草都有泛绿的时候，不能抛弃和放弃任何一个学生。我们要用心去呵护他们，赋予他们怒放的生命。我相信：野百合也有美丽的春天！每当这时我都发挥"教学机智"，寻找他们不愿意学习的根源，运用教育学、心理学知识，从根源上着手去解决问题。这些学生或是留守儿童，或来自单亲家庭，他们内心如玻璃般敏感脆弱，格外需要关爱，渴求被关注。发现这些根源之后，平常在课堂上我总会从细节上关照他们，提问他们基础性的简单问题并及时鼓励，我会在每个孩子的作业本上认真地写上长长的鼓励的批语，课下和学生促膝而谈，通过谈学习、谈理想、加任务等方法，和他们成为朋友。慢慢地，他们对学习的态度也逐渐发生了改变，由以前的"要我学"变成了后来的"我要学"，同时也树立起"能学好"的信心，在学习上更有动力，更加追求上进。

作为一名教师，我一直追求在课堂上带给学生不一样的感受，在每节课中，力求丰富课堂教学形式，做到每节课以最好的状态、最好的方式展现给学生。在教具等教学资源不足的情况下，我常常自制教具，设计小奖品，策划学习游戏，自编口诀、歌曲等，调动学生学习的积极性。一旦他们取得进步，我总会变着花样给他们奖励。我竭尽所能，给孩子们以温暖和陪伴。

"一腔热血温故土，四季甘霖润嘉禾。"怀揣梦想，我行走在教育的路上，"撑一支长篙，向青草更青处漫溯"，不管是春花烂漫，还是雨雪风霜，我深信，终有一天，我会"满载一船星辉，在星辉斑斓里放歌"。

尽心奉献，坚守本心

2020年是不平凡的一年。放寒假那天，大雪纷飞，寒气逼人，我依然认真地站好最后一班岗，有条不紊地改完最后一场考试的所有试卷，等我饥肠辘辘摸黑回到家中，已经晚上八点多了。

正值人们欢度佳节之际，突如其来的疫情打破了正常的生活。假期，我一直跟学生保持联系，即使是元宵节，依然在线上认真地为学生们批阅作业、答疑解惑。"停课不停学"期间，我首先制订好线上教学计划，伴着清晨的寒气，简单吃几口早饭，早早地就到了自己的书房。没有隔离服，也没有防护衣，有的只是电脑、手机，以及一颗始终坚守与疫情做斗争的心。

我将镜头对着自己精心备课手写下的知识点，自行录制教学视频，通过班级小程序发送给学生并布置适当作业，每天叫醒学生的不是闹铃而是我的早读励志语，为了激发孩子们的学习积极性和斗志，我总是变着花样对学生进行各种奖励。学生因此喜欢我，都能自觉完成学习任务。

为了把教学效果落到实处，我对班里的学生进行分类指导，分别建立了两个不同的微信群。每天晚上我通过语音电话抽查背诵情况并进行单独辅导，每次辅导完都口干舌燥，但依然坚持不懈。

平常我就注重关注一些有关教学的公众号。线上教学一开始，我发到班级微信群的教学内容就得到同事们的一致认可。我到处搜集各种有利于教学的公益课，推荐给学生听，我也积极参与其中，听完课将重要的内容截屏发给学生，帮助学生记笔记。

线上教学启动后，教学模式变了，学生的学习方式也变了，有些家长嫌操作麻烦，甚至对线上教学有诸多微词，面对家长的质疑，我耐心解释，直至家长能理解并接受；面对疫情期间学生的焦虑，我化身知心妈妈，积极疏导。

耿耿园丁意，拳拳育人心；身于幽谷处，孕育兰花香。我们的青春，融进了太阳底下最光辉的职业——教师。把青春献给教育，桃李芬芳为师路，无论未来之路多么漫长，我愿静守初心从容行，化作春泥更护花。

微笑，让学生亲近你

新县城关第二小学　张静

一个会心的微笑，胜过冷语的批评、严肃的面孔；一个会心的微笑，消除了学生的顾虑，增进了师生的感情；一个会心的微笑，能激发学生的积极性和创造性，使学生更用心主动地学习。老师的微笑就是学生生活中的阳光，会成为他们生命腾飞的翅膀。

作为一个天天与富有个性的活蹦乱跳的孩子们在一起的音乐教师，每一天应对的是几百个学生，几百个学生就会有几百个小故事，这里我想跟大家分享的是我在教学中遇到的一个孩子的故事。

他叫小盛，是个很有个性的孩子，也是个很让老师头疼的问题学生。我刚接四年级的音乐课，就有老师给我提醒说，只要他不太过分就别管他，随他去。可见他多么让老师们头痛。他上课时从不拿笔写字也不唱歌，就喜欢吃东西，有时还会搞恶作剧，搞得课堂纪律一团糟。有一次上课他吃泡泡糖，我视而不见，不想去管他，谁知道他把泡泡糖粘到前面女同学的发梢上，弄得那个女同学大哭。这时我气坏了，拿着讲台上的一根尺子，朝他冲过去："把手伸出来！"我高举起尺子准备用力地打下去，这时他说了一句话："打就打，反正你再打也没有我妈妈打得痛。"这话让我的尺子停在半空中，再也打不下去了，也让我的怒火像漏气的气球那样泄了一半。我温声细语地问："妈妈每一天都打你吗？"他没有回答，旁边的同学说："他每天都不写作业，所以每天都被妈妈打。"我听了这话心里很不是滋味，在心里盘算着该如何帮助这个孩子。下课了，我灵机一动，叫他帮我把录音机搬到别班去，他愣了一下，但是很快就欣然地过来拿录音机了，我看得出他很高兴我给他这个任务，他有点受宠若惊的样子，问我："老师，拿到哪个班呀？"我微笑着说："你跟着老师来。"在路上我跟他聊了几句,可他显得很拘谨,不怎么说话。后来我每到他们班上课,都会用课余时间跟他接触,慢慢地,他对我已没有那么陌生了,也喜欢跟我讲话了。我从他那里得知,他的妈妈在市场里卖菜,爸爸去外面打工了,很少有时间陪他。我因势利导,跟他讲妈妈卖菜是很辛苦的,妈妈打他也是出于对他的爱护,妈妈打他时心里也是很难受的,只要他好好学习妈妈就不会再打他了。经过一段时间的开导,他开始有了一点进步,上我的课也老实了许多,我还经常找机会让他表现,然后在班上表扬他、鼓励他,帮助他找回自信。

教育实践告诉我们,后进生的心灵创伤只能用心灵的温暖来医治,精神的污染只能用精神的甘露来洗涤,多给后进生一点爱护和关心,把爱融入他们的心田,他们就会感受到教师真正关心他、帮助他,就会理解教师的教诲和劝告,进而产生追求进步的动机和行动。

有一次上课,他用脚去踢前面同学的后背,那个同学气愤地说:"老师,小盛用脚踢我!"我并没有责怪他,只是看着他微笑,他不好意思地把脚收回去,我明白对他来说,一个微笑胜过严厉的责怪。宽容不是对落后学生的消极迁就,更不是放纵学生的错误,而是像爱因斯坦认为的那样:"善于宽容也是教育修养的感情问题。宽容之中蕴含着了解、信任、等待,证明了教育者对自己的教育对象积累了足够的信心,也渗透了一种对事业、对于孩子的诚挚的热爱。"经过一段时间的接触,我发现小盛乖多了,虽然上课还时不时出现这样那样的状况,但是他已经有了一点进步,以前他从来不开口唱歌的,现在他也偶尔会开口唱歌了,令我感到很欣慰。我发现他的声音很美、很嘹亮,再一次上课时,我指名让他起来演唱,同学们听我点到他的名字都哄堂大笑,七嘴八舌地说:"老师,他不懂唱的。""老师,他最笨了,什么都不懂,数学考了0分,语文才考3分。"面对同学们的嘲笑,他低着头什么话都不说。我让同学们安静,然后严厉地批评了他们,我说:"小盛虽然这次考试不太好,但是不等于他不会唱歌呀,老师觉得他的歌声很美。"然后再对小盛说:"小盛,你的歌声真的很美,老师很喜欢听你唱歌,来唱一个证明给同学们看。"小盛这才勇敢地站了起来,他甜美、嘹亮的歌声征服了所有的同学,歌声刚落教室里顿时响起了热烈的掌声。也许这是小盛上学以来得到的第一次赞赏吧!他很高兴,下课后跑过来对我说:"老师以后你再叫我唱歌啊。"我说:"好,只要你愿意唱,老师会让你唱的。"从此他上课真的变了很多，他本来就是一个很伶俐的孩子，理解能力也很好。当时正好学校举办元旦文艺比赛，为了鼓励他，我给了他参赛的机会，同他的班主任商量让他代表班里参赛。开始时班主任也有顾虑，怕他完不成这次比赛，我大胆地给他打包票，认为他能行。结果小盛没有辜负大家的期望，获得了三等奖。

  微笑是教师魅力的武器，对好学生要微笑，对学习有困难的学生更要微笑。你的微笑对学生来说，是理解，是信任，是鼓励，他们由此感受到你的友善，有助于他们亲近你，从而喜欢你所教的科目。

  微笑能够照亮所有看到它的人，就像雨后的美丽彩虹，带给人们完美的期望；就像穿过乌云的太阳，带给人们无限的温暖。

说不完的故事，道不尽的爱

沙窝镇中心学校　杨莹莹

"十年树木，百年树人"，踏上三尺讲台，也就意味着踏上了美好的"育人之旅"。幸运的是，从教几年来，我一直担任班主任工作，在这几年的班主任生涯中，有心酸，有喜悦，有成功，有失败，也有诸多说不完的故事。

故事一：帮助他们快乐自己

2017年9月，我带着满心的憧憬来到了沙窝镇沙坪小学，上班第一年的我就被安排担任四年级的班主任。当时班里有两个比较特殊的孩子：一个是张同学，他是一个先天智力有问题的孩子，上课坐不住，连名字都不会写。他妈妈智力也有问题，爸爸常年外出务工，家里只有爷爷奶奶照顾他和妹妹，爷爷的身体也不太好。另一个是黄同学，他没有妈妈，爸爸也是常年外出务工，爷爷奶奶照顾他和弟弟，爷爷有些行动不便，还有点耳背。因为缺乏家庭教育，所以两个孩子的学习成绩都不好。这两个家庭都是建档立卡贫困户，入户家访的时候我了解到这些情况后，就想着能为他们做些什么，于是在学校里经常给他们俩"开小灶"，每次发小奖品的时候也不忘记他俩。一次偶然的机会，我得知新县的一家教育培训机构想要资助一些农村的贫困学生，我就跟他们联系并说明了这两个孩子的情况。那是一个下着小雨的周六，我接到培训机构负责人的电话，说下午让我带他们去一趟这两个孩子的家里。说实话当时我的内心有些抗拒，毕竟沙坪那么远，而我又刚从沙坪回到县城，但是想着只要能帮到他们，比什么都重要，于是就满口答应了。我叫上了另一个同事，一起带着培训机构的人去了那两个孩子家里。机构给这两个孩子每人资助了500块钱，钱虽然不多，可是对于没有经济来源的他们来说够一段时间的生活费了。看着两个奶奶用颤颤巍巍的手接下钱,我的心里比我自己拿到钱还高兴。

故事二:爱是相互的

第二年,我担任一年级班主任,当时班里只有19个孩子,个个活泼可爱,因为之前实习有过一年级班主任工作经历,所以管理这19个孩子对我来说不在话下。可能正是因为人少课多,每个孩子我都能兼顾到,只要一有时间就喊他们到办公室补课,相处的时间久了我们也就越来越喜欢对方。圣诞节的时候,我会给每人发一个圣诞老人棒棒糖,我生日的时候也给大家分蛋糕吃……和谐的师生关系让我感受到了作为教师的幸福感。由于学校工作的调整,我突然被通知要到中心校去工作,说实话内心是非常不舍的。离开之前我给每个孩子买了一套简易的学习用品,他们当时并不知道我要离开,还特别高兴。我是到中心校报到之后才回去收拾东西的,当时他们正好在上体育课,看到我回去都高兴地说:"老师回来了!老师回来了!"我在房间收拾东西的时候他们都守在门口,我看得出来他们很失落,但没想到走的时候他们一个个扒着车门不让我走,有的学生还哭了。感性的我看到这样一幕眼泪唰的一下就下来了,但是我不敢让他们看到,就立马坐进了车里。那次我是哭着离开的,也是我第一次因为自己的学生哭。从那之后,我对自己的教育工作有了更深刻的认识——爱是相互的,你爱孩子,孩子会更爱你!特别是对于农村的孩子,有的父母常年不在身边,老师给了他们母爱般的温暖,所以他们也会把爱寄托在老师的身上。

故事三:我的"神仙"家长

来到中心校后我再次被安排担任一年级班主任。作为班主任,与家长打交道是不可避免的,我也很幸运地遇到了一群通情达理、支持我工作的家长。还记得那次学校举行经典诵读活动,我在班级群里问了一下有没有家长愿意来学校给孩子们化妆,很多家长都在群里报名,还说会带上化妆品。中午一放学就有家长过来了,孩子们吃完午饭家长们就开始不停地忙活了,有的给孩子化妆,有的扎头发,有的换衣服,忙得不亦乐乎。所有学生梳妆完后我就带着学生去活动现场了,当我们演出完回到教室,发现本来一片狼藉的教室变得干干净净、整整齐齐的,这让我有点不敢相信。打开微信群才知道原来是我们班陈一鸣的妈妈在我们离开教室后把教室打扫了一遍，当时我真的特别感动。作为一年级班主任打扫教室是常有的事，但还是第一次有家长给我们打扫教室，当我对她表示感谢的时候，她却说："平时都是老师和孩子为班级出力，今天也让我做回值日生，为班级出一点力。"第二学期家长们知道我怀孕了，认为孕妇喜欢吃酸的，李子成熟的时候他们都让孩子把自家种的李子带给我吃。我感觉我那段时间吃的不是李子，而是家长们满满的爱。防溺水走访的时候，因为怀孕不太方便，又不太熟悉学生的家庭地址，我就在班级群里面问有没有家长愿意给我带路，没想到他们都争着要给我带路。最后我选择了漂亮小女孩余妙涵的妈妈，她大晚上骑电动车带着我去每个孩子的家里，并且会时刻提醒我注意安全，我真的特别感谢那位家长对我的照顾。因此我们班的家长也被同事们称为"神仙"家长。同时我也不禁自问：自己何德何能拥有这样一群"神仙"家长！我后来因为生孩子休了一段时间的产假，产假结束回学校上班时，他们都问我还能不能继续教他们的孩子，说实话我也想继续教，把他们对我的爱加倍地还给他们的孩子，只是由于学校的分工很遗憾没能梦想成真。不过那群孩子只要在学校里看到我都会主动跟我打招呼，特别是每次他们排队就餐的时候，当我从他们身边走过，一声声"杨老师好"让我感觉比吃了蜜还甜。我想，"神仙"家长的孩子也是"小神仙"吧！

这只是诸多故事中的几个小故事，同时这几个小故事也见证了我的成长。其实不管是哪个故事都是围绕着孩子和爱展开的，所以说没有爱就没有教育。这几年的经历也让我明白，做教育就是要把学生当作自己的孩子来疼爱，只有这样，教师才会变得眼明心亮，才会成为学生喜欢的好老师。但我也知道，自己做的还远远不够，"路曼曼其修远兮，吾将上下而求索"，我也期待我的育人之路上会有更多更精彩的故事……

心中有坚守，青春会值得

周河一贯制学校　林向兰

从前，提笔是诗塑的梦幻
而今，你们是笔下的牵挂
这场修行，是暗恋抑或是苦恋
都会好好去爱你们每一个人

从前，不大去思考师者之涵
而今，却多了一份解读之识
这趟旅程，有委屈抑或有迷失
想告诉你们，我一直都在

你们是我的小可爱
我很笨，但会慢慢努力去修炼
希望成为你们的大树

　　回想起这首青涩的小诗，便想起刚刚走上工作岗位时的我，那颗稚嫩而淳朴的心。十几年的读书生涯，终于让我有资格站在三尺讲台上，给每一个我所遇到的孩子分享我的所感所知。我很快乐，也很欣慰看着他们从茫然到了解，从淘气到认真，从被动到主动。我很乐意，也很勤奋地帮助他们走出学习的困境，理解学习的意义，掌握学习的能力，养成学习的习惯。这首小诗，正是2017年9月10日，我作为老师过第一个教师节的晚上写下的，我为我所从事的工作感到自豪和满足。如今，我已经在这个被群山环抱的校园坚守了五年,这首小诗中的"你们"也都已经顺利毕业。说起学生,我想用"值得"来形容他们。

2017年秋天,我通过特岗考试,最终选择了到这所山中的校园任教。初来乍到,不知是无知者无畏还是希望更快了解学生们,我自告奋勇地接下了七年级班主任的工作。初为人师,身上还残留着学生的气息,心中时时刻刻想着"身为人师,当以身作则"。在我努力备好课、讲好课的同时也很快就和孩子们打成了一片。

我带领学生举办了一月一次集体生日会,用爱敲开他们的心门;我定期给学生写信,用文字的力量摇动他们的灵魂。

当然,我有时也会因学生的调皮而埋怨,因他们的退步而急躁,因他们的违纪而失态,但在彼此的沟通和碰撞中,我逐渐找到了合适的处理方法。

班里留守儿童较多,成长环境或多或少对他们的性格造成了一些影响。有一次,一位留守儿童偷拿了同学的饭钱,我没有大张旗鼓地在班里进行调查,而是利用班会课讲了一个关于品德的小故事,用故事话道理,后来这位留守儿童主动把钱放在我宿舍并写了道歉的纸条。后来的后来,我变成了她最信任的人,当然这件事也成了我与她的小秘密。

法国作家卢梭说过:"没有榜样,你永远不能成功地教给学生以任何东西。"法国作家罗曼·罗兰也说过:"要撒播阳光到别人心中,总得自己心中有阳光。"所以,在告诉他们遵守纪律的同时,我也会以身作则。清晨的微光下,我会陪他们一起跑步,一起晨读;课间活动时,我会陪他们一起做游戏。

为了增强班级凝聚力,给孩子们留下一个美好的青春记忆,让学校的德育目标在实际的活动中达到最好的效果,八年级时我们开展了一系列特色班会活动——煎饼大赛、冰淇淋制作大赛、急速60秒、班服制作大赛、无敌风火轮等,我们在活动中不断成长。

孔子说:"其身正,不令而行。其身不正,虽令不从。"我们教师若不是路标,纵然理论再高、形式再好、艺术性再强,教育都会是无根之木、无源之水!

2019年秋天,我跟着孩子们一起升入毕业班,压力是史无前例的,我害怕他们每一个人因为现在的考试失利,而造成他们个人以后人生的重大失利。我努力寻找备战中考的方法,关注每个孩子的学习成绩、精神状态,以便于在出现偏差时及时"救火"。我给他们安排培优补差的学习方案,让他们分小组学习，还自己花钱买一些小奖品奖励进步较大的同学。

其实，对我造成更大挑战的并非如此，而是2019年末直至今日仍旧没有完全消弭的疫情。疫情之下，学校开始使用线上授课，我和孩子们都在摸索这种新的交流方式。它的好处是，可以不出门不见面就把课给孩子们讲了；坏处是，怎么讲也无法让孩子们全身心地投入学习中来。

再到后来，疫情稍缓，为提高线上参学率，我申请提前来校进行家访，不放弃每一位学生。临近中考，班里有学生厌学，不愿意来学校上课。那时候，我就想着，一个也不能少，我来时有多少人，他们走的时候，也要是多少人。经过多次电话沟通和三次家访，我终于把这位厌学的同学成功劝回来了。这时，我才觉得这个班级是完整的。

时间过得很快，孩子们似乎也感受到了中考的压力，都更加认真起来。有时候看着他们认真学习的样子，我竟心生不忍。可是，学习本来就是一个艰苦的过程。中考过后，很多同学都考出了好成绩，家长有打电话感谢的，有发短信感谢的，有亲手为我织鞋子以表感谢的。后来，让我无比震惊和热泪盈眶的是，我与先生举办婚礼时，他们竟然不约而同地赶来了。这时，我更加欣慰，更加笃定：心中有坚守，青春会值得。我并不图他们能给我带来益处，只希望，在我职责和能力范围内，尽可能地多给学生一些正向的引导和帮助，让他们能够在未来的路上少走弯路，走得更远，过得更好。

正如开头的那首小诗一样，与孩子们的相遇是一场修行，或许不够精彩，但将是我一生最宝贵的经历和财富。如今，我选择继续坚守在这个梦开始的地方，不停地遇见可爱的孩子们，不停地陪他们修行，在我能陪伴的这段时光里，给予他们知识和力量，照亮他们前行的路。我始终相信：心中有坚守，青春会值得。

在这里遇见更好的自己

新县育才实验学校　邵保锋

日子缓缓流逝，我来到新县育才实验学校也已快一年了。这一年，我有幸见证了学校的发展、学生的进步，一路上碰见很多人，做过很多事。我愿意把我的教育故事讲出来，它们都是平凡的日子中的美好回忆。

初相识，在怀疑中起步

2021年6月的一天，学校领导找我谈话，安排我去新成立的育才实验学校开展帮扶工作。接到这个任务，我的内心也有所怀疑，但我没有拒绝，因为我知道这既是一个挑战，也是一个机会。

我接下任务，立即开始着手新的年级的组建和招生工作。我在此过程中遇到了很多困难，特别是很多家长根本就不相信我们能够在9月份正常开学。各种流言蜚语和不信任的情绪在学生之间和社会上传播。为了打消学生和家长的顾虑，我们积极思考对策，招生组的老师开展了广泛的招生宣传和大走访活动。在短短一周时间内，我们跑遍新县所有的乡镇和周边县的乡镇，开展招生宣传。我们经常是一边开着导航，一边碰见有人的地方就停车问路。新县的大街小巷、乡镇农村都有我们的身影。夏季本就酷热，再加上雨季来临，走访非常辛苦，但困难并没有吓倒我，反而激发出我的工作热情。我清晰地记得，在箭厂河乡一个村子里走访时，一个学生家长指着门前的山谷对我说，过了这个田埂那边就是湖北了……

再相守，在奉献中前行

学生招进来后，日常的各项教学工作就要正常运转起来。从教师分工到班主任选聘，从备课组长的选择到备课活动的开展，从平时周测到大型联考，这些无不考验着我的各项素质。我既当年级主任，又当班主任，既给高三毕业班讲课，又给高一新生授课，忙是日常状态，但是我毫无怨言，因为我要对学生负责，对自己的选择负责。

疫情反复无常，2022年元月，学生又开始了居家学习。面对疫情防控工作，我毫不懈怠，每天组织备课组长、班主任迅速统计、详细核实每一项数据，做到教师日报、学生日报、特殊群体重点关注，建立档案，及时上报学校。数字统计工作看似轻松，但每一个数字背后都是关乎安全的大事，不敢有丝毫松懈。除了上报各种数据，我还要及时对学生进行学习动员，检查督促线上教学，组织考试等。

疫情期间送教材的一件事，让我明白当老师要有父母心。

"老师，您刚才在路过匡家大院的时候，是不是没看见我呀？我在路边等了您很久，您怎么就没看见呢？"

电话里传来学生的哭哭啼啼声，我赶紧告诉她："你先回家等着，一会儿我把书送到你家去！"

而此时，她并不知道，我正驱车盘旋在崎岖的山路上，按照预定路线图，沿村组选择最优路线将书送到学生手中，最远的是白云山下豫鄂交界处朴店村小界岭。从小界岭回到沙窝街上的时候，我又买上了一袋米、一袋面，去走访。因地点偏僻，导航无法到达，我一路靠问路边的行人才找到她家，她一家人都很高兴，但出来的时候，我心里还是沉甸甸的。

每个学生都是父母的心肝宝贝，是家庭的未来，老师必须像爱自己的孩子一样去爱学生。我是这样想的，也是这样做的。我深知，作为一名教师，虽然不能到抗疫第一线冲锋陷阵，但最大程度降低疫情对学生学习的影响，有效落实停课不停学的要求，是这一特殊时期教师义不容辞的使命与担当。疫情防控期间，我充分发挥模范带头作用，坚守初心，牢记使命，全身心投入工作中。

向未来，在承担中成长

在做好本职工作的同时，我还积极参与疫情防控的志愿者服务。岁月静好，是因为有人负重前行。我付出过，感动过，我明白了，师者父母心，不在口上，只看行动。

疫情期间为一个留守儿童打印试卷的故事，让我懂得帮助别人，快乐自己。

"哎呀，真是太感谢你了，我这么一大把年纪每天为孙子抄试卷，真是把老毛病都累出来了！你今天帮我打印这份试卷，我就少了很多麻烦。"

"大娘，您不必客气，这对我们而言都是举手之劳！"

"看你说的，多不容易啊，给我们打印试卷也不要钱，这么晚了还在这地方。对了，小伙子，你吃饭了没有，要不我回家给你下一碗饺子送过来吧！"

"大娘，谢谢您的关心，我刚吃过方便面了，一会儿就下班啦。您慢走啊！"

老大娘边走边时不时回头看看，嘴里念叨着："真是好人呀！"

每一朵花，都有自己的季节、自己的形态、自己的高光时刻，自由自在，努力生长，享受阳光雨露，扎根泥土，向上舒展！这是花的生命，也是人的生命。

有一次，当夕阳落下西山坳，坐在教室的门口，我突然觉得这一天就要结束了，但我依然在这里坚守，用我最美好的年华守护孩子们的成长进步。每一个孩子都是家庭的未来和希望，每一个孩子都是带着美好的期待来到这里的，所以我们要对学生负责，也是对自己负责。

送走了一届毕业生，又会迎接新的学生。和学生一起成长，这是我的初心使命，也是我的教育追求。我的教育故事还在继续，就这样向未来，一路前行……

纵是平凡也动人

吴陈河镇中心学校　代春兰

人人都说教书受苦，在古代就有"家有半斗粮，不做孩子王"的说法。七年前我就是带着些许无奈和失落的心情走上了三尺讲台，踏上了吴陈河这片沃土。在这既短暂又漫长的七年中，我结婚生子，收获了家庭；拜师学艺，收获了友情。其中有太多太多让我回味的东西。在这里，我就采撷其中的片段来与大家分享。

将心中美好的事情坚持到底

2014年9月，刚走出学校大门的我，重新踏入了校门。只不过，这次是由学生转变为传道授业解惑者。好不容易走出了大山，又迫不及待地走进了大山里的吴陈河镇阳土墩小学。初入校园的情景历历在目，那是一个阴雨天的早晨，瘦小的我拖着大大的皮箱，踏着一路泥泞，见到了我职业生涯中第一任校长，也是我永远的引路人——仲校长！是他用最和蔼的微笑、最亲切的话语告诉我如何为人处世，手把手教我如何开展有效的教学。他也让初入职场不满现状，甚至打退堂鼓的我逐渐平和。也正是在他的引领下，我下定决心立足教育，扎根教学。他教会我的不光是教学技能、生活技能，更重要的是，从他的身上，我看到了作为一个教育者必备的爱心——爱同事，爱学生，享受每一刻和学生相处的时光。没有体育教师，他就是体育教师，带学生打篮球、踢毽子；没有音乐教师，他化身音乐教师，带领孩子们识简谱、唱歌谣；当遇到雨雪天气，孩子没有家长来接的时候，他就是孩子们的守护者，深一脚浅一脚地走向大山的更深处，一路上欢声笑语。在大手拉小手的风风雨雨中，我领悟到了奉献的意义！

做一个幸福的教师

就这样,我在村小一待就是四年。四年间,虽然我遇到了各种各样的困难,但坚守教育的心却不曾有过动摇,因为我体会到了前所未有的幸福,收获了学生们太多太多的感动。它们是春日里一朵不知名的小野花,是炎炎夏日沾着几滴露珠的栀子花,是金秋十月飘香的丹桂,是寒风凛冽冬日的一抹暖阳。这些细小的片段都被我一一珍藏,拍照留念。每一次翻阅,它们像是一颗颗熠熠夺目的宝石,在我的记忆里闪闪发光!由于自己身体的原因,害怕自己会耽误这些我无比深爱的孩子,所以后来我向学校说明不再继续担任班主任,就这样把孩子们推离我的身边。这真是一件非常残忍又无可奈何的事,可为了能够帮助孩子们成才成人,我不得不适时地远离!我由原来的五年级一班班主任兼数学老师,调换成五年级二班的数学老师。消息不胫而走,在开学的前一天,秦同学的姥姥联系了我,她向我确认了这一情况,然后说孩子的世界崩塌了,在家里不停地哭,要和我视频。在打开视频的那一刻,我们俩都哭成了泪人,却又彼此安慰着,彼此回忆着,彼此温暖着。我说:"孩子,是金子在哪里都会发光,你明明就是千里马,那你的伯乐不光是我。老师相信,你依旧会是所有老师的骄傲、所有同学的榜样。虽然我目前不带你了,但咱们依旧是无话不谈的朋友!"

源于深爱,深于责任

收拾好对五年级一班孩子的怀念和不舍,带着对五年级二班孩子的责任和期待,我开始了探究式教学,探究他们的小心思,探究他们的个性差异,探究他们的无与伦比!第一次带五年级毕业班,又面对陌生的学生,我无比忐忑,可能是因为彼此的陌生,所以毫无悬念地,开学之后的第一次月考,我们班在三个班中"荣获"第一——倒数!在知道成绩的那个夜晚我失眠了,我不断地反思自己。第二天早上我特地调了课,早早来到教室,微笑着跟第一个学生打招呼:"早上好,很高兴认识你,我能抱抱你吗?"终于有一个学生发出大家共同的疑问:"老师,你说很高兴认识我。可我们不是已经认识一个月了吗?""谢谢你帮大家问出了这个问题,谢谢你让老师有话说,因为我想重新认识你们!我很愧疚,在之前的一个月没能好好认识你们、倾听你们、靠近你们,所以老师想抱抱你们。"

这节课我并没有立马分发试卷，而是和学生一起进行了长达两个小时的回顾，回顾我心目中他们每一个难能可贵的闪光点，以至于我们彼此都忘记了上下课的铃声。当我如老母亲般细数每一个孩子带给我的感动以及让我铭记于心的瞬间时，我数次哽咽流泪，孩子们也都在小声地抽泣！"老师，你别哭了，下次我一定认真对待，相信我。"一个女生哭着大声说，接着再一个又一个，声音也越来越大！我的孩子们再次感动了我！

在这之后的每一个早读，我都会早早地来到学校，热情地和每一个孩子打招呼。我的孩子们果然没有让我这位老母亲失望，我们不仅迎头赶上，甚至做到了后来居上！我很欣慰，但与此同时我也很心疼，我心疼我的孩子们，他们在课上课下该是付出了多少汗水和努力呀！

今天你可能很优秀，但明天也可能就落后了

七年间，身边除了一茬接一茬的学生，还有朝夕相处的"战友"。永远也忘不了在漫漫长夜，我和李姑娘互相打气加油，一起面对乡村流浪狗的追赶跳到桌子上，眼泪在眼眶里打转，瑟瑟发抖，抱成一团，却在流浪狗离去的一瞬间又破涕而笑。其中一个学期，由于师生人数减少，为了缓解学校经费紧张的局面，老师们主动扛起了为二十几个学生做午饭的重担。可刚刚走出校门的我们，哪里懂得柴米油盐酱醋茶呢，只有不服输的干劲。我被安排在周二，所以每到周二上午，上完第二节课，那时还是厨房小白的我，便怀着忐忑不安的心情飞奔到厨房，学着前辈们的模样，系上围裙开始淘米、蒸饭、炒菜。从不曾有过抱怨，因为我期待见到孩子们脸上那阳光般的笑脸。经过四年的村小锻炼，我们的厨艺确实见长了！也正是这段特殊的经历，让我更加坚定了"一切皆有可能"的信念和"我也可以"的决心，也深刻感受到教师这个职业的特殊性，体会到原来平凡也可以很美！

正如陶行知先生所说："不要你的金，不要你的银，只要你的心。"当我们满怀爱心面对每一个学生时，就已经在爱中获得了爱，那爱甜甜的，沁人心脾，回味无穷！

做孩子成长路上的一缕阳光

千斤乡中心学校　匡婷

这是我从教以来第一次写我的教育故事，故事很平淡，不是激起千层浪的一石，也不是晴空里的霹雳，它就像是路边的格桑、山涧的卵石、春风里的一缕阳光，也许并不轰轰烈烈，但对我而言，是成长，是激励，是收获。

回首从教的光阴，没有惊天动地，没有波澜起伏，可为师的那些日子里，平凡生活中的那些美好瞬间也能带给我满满的幸福感。2018年的秋天，在飘飞的粉屑里，我的教育故事就此展开。

故事一：做一位实事求是的教师

我从教的第一年，担任二年级数学教学工作。初为人师的我，有一天上完课，站在教室门口，被一名女生拦住了："老师，这个字怎么读？"我瞟了一眼，极力回忆，竟拿不准这个字，其实我只要转身去教室翻一下学生的《新华字典》，这个问题就解决了，可我却严肃地对她说："你不会去问语文老师吗？"话音刚落，只见这个孩子的眼神从遇到问题时的困惑转为惊讶、惶恐再到失落、无助，我有一丝慌乱了。正当我想找机会挽回的时候，上课铃声响了，她急忙跑回了教室。

我坐在办公室里，拿出备课本，心中却久久不能平静，内疚感也阵阵袭来，我的心里沉甸甸的，脸上很热。很快下课了，被羞愧包围了40分钟的我赶紧冲进教室，从课桌下抽出字典，递到那位学生的面前，对她说："刚刚那个字，其实老师也不知道怎么读，现在我们一起来查字典吧。"这件小事让我明白了，老师的一言一行都可能对学生产生深远的影响，作为教师，更应该树立终身学习的意识，实事求是，知之为知之，不知为不知，学会坦然面对自己的不足。

故事二：做一位有亲和力的教师

记得一个周一的早晨，和往常一样，我坐在办公室里批改学生交上来的作业。有一位女生的作业引起了我的注意，这份作业明显是抄别人的，并且有些题都没抄对。顿时，我怒火中烧，要是睁一只眼闭一只眼，下次她一定更不认真了，但现在学生自尊心强，要是把她严厉批评一顿，恐怕她以后不会喜欢数学了。思虑再三，我决定听听她怎么解释，于是用红笔圈出错得离谱的地方，同时在题旁写上"课间找我"四个字。

课后，她拿着作业本来找我了，眼神里带着一丝试探，还有一丝羞愧、一丝乞求，更有一点忐忑，她努力把内心的不平静藏在笑容后，但终归是孩子。看到她这一刻的样子，我觉得不用再说什么了，于是温和地笑着看着她，拦下了她准备好的理由，只让她给我讲那道题的思路。听完她的讲解，我微笑着冲她做了个"OK"的手势，她也回应了我一个微笑，在那微笑里，我看到了信任，看到了一份向上的力量，我庆幸没有采取极端的教育方式。在与孩子们一次次磨合的过程中，我慢慢学着宽容、学着理解，其实学生对老师的要求并不高，只要我们真心一点、平等一点，他们就会心满意足了。

故事三：做一位懂得赏识的教师

在我首次当班主任的那年，班里转来了一个新生，个子高高的，讲起话来很憨厚。一段时间后，我发现在课堂提问环节，他总是举手，可让他回答时却答不上来，引得下面同学窃笑不已。我很是不解，几次都觉得他是不是以此为乐，故意扰乱课堂秩序，可看着他委屈的表情，我又不忍责备，猜测是否另有隐情。一个偶然的机会，我找他谈话，他说："如果老师提问时我不举手，同学就会说我是'傻大个儿'，我举手是为了证明我不傻。"听完，我恍然大悟，于是和他约定，课上，如果他真的会，就高高地举起左手，如果不会就举起右手。渐渐地，他越来越多地举起他的左手，越来越好地回答出问题。因为和我有着特殊的约定，这个原本极可能在太多的嘲笑中沉沦的孩子，慢慢向优等生靠拢。如今想来，这个小男孩在我手中完成了完美的蜕变，我真的很欣慰。帮助孩子成长，靠的不是传统的说教，而是内心的爱，要用爱去叩启孩子们心灵的大门。

我很荣幸，我从事的是夸美纽斯口中太阳底下最光辉的职业。虽然没有轰轰烈烈的感人事迹，也没有值得称颂的大作为，但是，在我眼里，每一位学生都是含苞待放的花蕾，我愿做其绽放路上最温暖的那一缕阳光。